湖北省社科基金一般项目（后期资助项目）成果

文化与解放：
雷蒙·威廉斯文化思想研究

黄开栋　著

九州出版社
JIUZHOUPRESS

图书在版编目（CIP）数据

文化与解放：雷蒙·威廉斯文化思想研究 / 黄开栋
著. -- 北京：九州出版社，2024.6. -- ISBN 978-7
-5225-3050-5

Ⅰ. G0

中国国家版本馆 CIP 数据核字第 20248TG045 号

文化与解放：雷蒙·威廉斯文化思想研究

作　　者	黄开栋 著	
责任编辑	陈丹青	
出版发行	九州出版社	
地　　址	北京市西城区阜外大街甲 35 号(100037)	
发行电话	(010)68992190/3/5/6	
网　　址	www.jiuzhoupress.com	
电子信箱	jiuzhou@jiuzhoupress.com	
印　　刷	武汉鑫佳捷印务有限公司	
开　　本	170mm×240mm　16 开	
印　　张	14	
字　　数	228 千字	
版　　次	2025 年 1 月第 1 版	
印　　次	2025 年 1 月第 1 次	
书　　号	ISBN 978-7-5225-3050-5	
定　　价	88.00 元	

目录
CONTENTS

绪　论

雷蒙·威廉斯（Raymond Williams 1921—1988）是英国二战后最具影响力的文化思想家之一，他出生于威尔士的一个普通劳工家庭，18 岁高中毕业后以优异成绩到剑桥三一学院主修文学，在此接触了剑桥传统文化理论。大学时期，时逢二战爆发，他被征召入伍，学业因而中辍，直到 1945 年才得以返校继修。大学毕业后，他全身投入到来自牛津大学社会主义教员组成的"工人教育协会"中从事成人教育工作，并关注着工人阶级文化的发展。20 世纪 50 年代中后期，他积极参与《新左派评论》的创建与改组，将其作为开展文化研究的重要理论阵地。1972 年，他在赴美国斯坦福大学访问期间接触到与英国不同的电视传媒机制，感受到现代传媒给文化领域所带来的深刻影响，遂将传媒研究作为晚年主要研究的文化问题。1974 年他升任为剑桥大学戏剧学院教授，直至去世。

纵观整个威廉斯的学术生涯，其文化思想的形成主要来自两个方面。一方面，威廉斯在剑桥学习时期深受传统精英主义的熏陶，特别是利维斯的文学批评方法对他影响最为深刻，为他日后开展文化研究提供了重要的方法论基础。需要指出的是，尽管深受利维斯的文学批评理论影响，但威廉斯的理论旨趣却始终与精英主义相背离，他志在打破"高雅文化"与"大众文化"的藩篱，将文化研究扩大到日常的生活领域，从而开辟新的文化理论空间。另一方面，工人阶级家庭出身促使威廉斯在早年时期就接触到马克思主义理论，他通过广泛地学习和阅读马克思主义著作，坚定了马克思主义信仰，在广泛吸收西方马克思主义的有益成果之后，提出了颇具影响力的"文化唯物主义"，极大地推动了文化马克思主义的发展。

总的来说，从文化领域开辟马克思主义的理论研究正是威廉斯文化思想的特色之所在。威廉斯始终秉承马克思主义的立场观点和方法，不仅在研究视野上密切关注着"大众"和"工人阶级"的现实生存境遇，还坚持将人的解放作为其学术生涯与实践活动的出发点和落脚点。正是源于这种理论上的自觉和对现实的关切，威廉斯从文化视域探讨了有关人的解放路径。有基于此，本书试图以文化与人的解放之间的关系为视角，对威廉斯的文化思想进行系统的分析与梳理，希望对相关研究有所助益。

一、选题意义

英国文化马克思主义是一支从文化领域来扩展马克思主义理论意蕴的重要力量。该流派对传统的马克思主义理论进行了重新解读，主张从文化视角重新审视马克思主义在当代的理论发展，他们强调文化与政治的联系，认为文化并非单纯的经济或政治反映，而是一个具有能动性的社会力量，对塑造社会关系和推动社会进程有着十分重要的作用。其代表人物雷蒙·威廉斯秉承马克思主义的立场观点和方法，将文化研究同历史唯物主义有机地结合起来，创建了文化唯物主义，并对现代资本主义社会中人的生存境遇展开深刻分析与批判，试图构建以"共同文化"为核心的社会主义新图景。就此而言，文化唯物主义不仅丰富和发展了历史唯物主义，还为当前分析和批判文化和政治、经济、社会深度融合的现代资本主义社会提供了一个有力的理论武器。其理论建构既阐发了马克思主义理论内在关于人的解放意蕴，又通过文化分析和文化批判彰显了马克思主义理论的当代价值。因此，在当前日益严重的文化危机背景下，深入、系统地研究威廉斯的文化思想有着重要的理论意义和现实意义。

第一，研究威廉斯的文化思想有助于我们深化对马克思主义的"解放"主题的理解。自西方启蒙运动思潮兴起后，"人的解放"逐渐成为一个普遍的哲学主题和政治要求。马克思主义哲学更是旗帜鲜明地将人的解放作为整个理论学说的核心主题和旨趣，并昭示人的解放的终极形式就是人的自由全面发展。囿于特定的历史条件，对马克思主义"经济决定论"的解读一度导致经济作为基础的重要性被过分强调，解放经济生产力甚至也被看作衡量人的解放的唯一指标。随之而来的，就是文化常常被简化为受经济基础所支配的上层建筑，甚至在某种程度上造就了对"文化"研究的漠视与忽视。在威廉斯看来，将文化简化为上层建筑的做法褫夺了文化本身所内含的创造力，也显然违背了马克思的本意。在马克思那里，文化作为人的创造物，不仅是主体本质力量对象化的一种具体显现，还蕴涵了重要的解放力量。

有鉴于此，为了打破"经济决定论"对人们"主体能动性"的压制，重新唤起文化的解放意蕴，威廉斯对"文化"予以探讨和阐释。一方面，他通过重新界定"文化"来赋予文化整体性、日常性和共同性，以扩大文化的内涵。另一方面，他在反思基础与上层建筑模式的基础上，强调了文化的物质性、实践性和过程性，以彰显文化的力量。正是通过对"文化"概念的理论分析与探讨，威廉斯揭示了"文化"内在的所能整理过去、改变现实、创造历史的解放力量。

　　综上而言，威廉斯的文化思想极大地丰富与完善了马克思主义的文化视域，既弥补了"经济决定论"过分依赖经济因素的弊端，也恢复了"文化"功能在整个马克思主义解放思想中的应有地位。尤其是对"文化"解放意蕴的揭示，为理解马克思的解放理论提供了一条当代阐释的新路径。他对"文化"的研究提醒我们，文化不仅只是抽象的观念，还是一种现实的力量，它不仅体现着日常生活的总体性，还能实现人及其实践的主体性。因此，研究威廉斯的文化思想对于进一步深化对马克思主义"解放"主题的理解、丰富对马克思主义"解放"思想的解释力都具有重要的理论意义。

　　第二，研究威廉斯的文化思想有助于拓宽马克思主义当代批判的理论视野。作为批判分析当代资本主义社会的重要武器，拓宽马克思主义理论视野是为了更好地理解和解决当代社会所面临的问题，从而推动社会的进步和发展。二战后世界格局的快速演变与发展对资本主义产生了深远影响，战后资本主义新变化最为突出的体现之一就是资本的触角已经渗透到社会生活的方方面面，资本对人的控制与奴役变得愈发隐蔽和普遍，仅从经济角度对资本主义展开批判已无法深入和全面地理解资本给现代人所造成的生存困境。另外，经济全球化的发展又进一步推动政治、经济和文化领域都发生了较大变化，当前个人、社会、阶级、性别、民族、国家等问题也在不断注入文化研究领域，不同文化的冲突与交融更是折射出当前世界历史发展的总体趋势的复杂性和尖锐性，传统的阶级理论也无法对当前世界范围内各种新兴社会运动作出普适的解读。正是因为上述种种变化，导致传统理论已无法有效应对当代资本所带来的文化危机。

　　针对现代社会所呈现出的多元化、多样性、差异性、边缘性的发展态势，威廉斯运用跨学科的方法加以审视与思考，将文化研究拓展到历史学、人类学、经济学、社会学、文学批评等诸多方面，强调文化与政治的联系，促使文化研究从关注阶级、性别、种族延伸到传媒文化、大众文化等更为开阔的领域，为拓展马克思主义在当代的批判视野，增强对资本主义社会的批判力度提供了新的批判路径。因此，学习与借鉴威廉斯跨学科的文化研究方法无疑对于我们认识世界的新变化、应对当前社会的现实矛盾、拓宽马克思主义的理论视野、增强马克思主义理论的批判力度，都有着深刻的理论意义和现实意义。

第三，研究威廉斯的文化思想能为当前我国当代文化建设提供有益启示。文化是一个国家、一个民族的灵魂。文化建设就是要发挥文化在培育弘扬主流价值、提升国民素质、推动社会发展、提升国家软实力、维护国家安全中的重要作用。为此，当前中国的文化建设如何从西方先进文化发展中汲取经验和教训，走一条符合中国特色社会主义文化建设总体要求的道路，是一个十分重要的现实课题。一方面，从外部环境影响来看，西方发达资本主义国家在整个国际话语体系中有着很大的比较优势，这些都离不开西方所倾力打造的文化软实力。而我国自改革开放以来经济实力虽然得到极大发展，但是文化软实力却未同步提升，因此在应对西方话语霸权时常常处于被动劣势地位。从这个角度来说，威廉斯所提出的有关本土化与民族化的理论以及对文化霸权的创见，能为文化理论话语体系构建提供有益启发。另一方面，从内部发展需要来看，文化建设是中国特色社会主义事业"五位一体"总体布局的重要组成部分，其要求就是以人民为中心，即文化发展为了人民，文化发展依靠人民，文化发展成果由人民共享，文化建设要从根本上服务于中国特色社会主义事业的总体布局。威廉斯的文化思想不仅秉持着以人民大众为主体的政治立场、注重发掘大众文化的积极意义以揭示大众文化的民主潜力，还提出了"共同文化"这样一个重要的整体性概念，其宗旨是让人民大众全面自由地参与到社会历史的发展中来，从而构建一个能够凸显整体生活意义和价值的文化共同体，从而在文化维度上实现人的解放。有鉴于此，研究威廉斯的文化思想能为当前中国的文化建设合理定位和大众文化的发展提供有益启示，其"共同文化"思想还能为构建人类命运共同体提供可能的理论辅助。

二、国内外研究状况述评

（一）国外研究状况述评

作为当代英国著名的文化思想家、文学评论家和马克思主义理论家，威廉斯的文化思想在西方学术界因文化研究的热潮而逐渐受到关注，并产生了日益广泛的影响。从现有学术成果来看，国外学者对威廉斯文化思想的研究主要集中在以下几个方面：

第一，对威廉斯文化思想的文献研究。简·格拉克[1]的《雷蒙·威廉斯的异己心灵》是首部专门研究威廉斯文化思想的著作。全书以戏剧、文化、社会主义和小说四个主题将威廉斯的文化思想总体串联起来，以"异己"为线索分析了其文化思想的多面性与边缘性，揭示了正是这种文化思想特征使他成为一个独立的个体，游离于新左派思想家之间的争论，并与其他思想家相对隔离。弗雷德·英格里斯[2]于1995年出版了关于威廉斯的第一本传记《雷蒙·威廉斯》，该书内容包含大量的实际采访和文本材料，资料翔实而全面。作者以文化历史为大环境，以文学为背景，通过大量的实际采访和文本材料，呈现了威廉斯的学术理论和政治文化立场中所具有的矛盾性，并以威廉斯文化思想为主线，巧妙融合其个人成长与学术思想发展。除此之外，阿兰·奥康纳[3]也对威廉斯有相对全面的阐述，他早期对威廉斯的文化思想研究主要集中在《雷蒙·威廉斯：写作、文化与政治》一书中，提出威廉斯文化思想的突出特点就是有着强烈的社会实践性和关联性。后在2005年，奥康纳出版了总结性成果《雷蒙·威廉斯》一书，就威廉斯有关文化、传媒、文学批评等等的思想作出了综合的分析与评价。约翰·阿尔德里奇和丽西·阿尔德里奇[4]于1994年共同撰写了《雷蒙·威廉斯：创造联系》一书，运用跨学科的方式研究对比了威廉斯的文化思想。他们认为，要想全面理解威廉斯的文化思想，需遵循其本人提出的理念，即将政治、经济、教育和文化进行关联研究。书中详细介绍了威廉斯文化思想的多个方面，包括小说、散文、戏剧、电影、文学批评、文化社会学、文化研究、媒体研究和政治，并评价了威廉斯在理解文化、政治和社会方面所作的贡献。

第二，对威廉斯文化思想专题研究。保罗·琼斯[5]2004年出版的《雷蒙·威廉斯的文化社会学：一种批判性重构》强调"文化社会学"为威廉斯文化思想

---

[1] Jan Gorak. *The Alien Mind of Raymond Williams*(University of Missouri Press), 1988.

[2] Fred Inglis. *Raymond Williams*(London: Routledge), 1995.

[3] Alan O'Connor. *Raymond Williams*(Rowman and Little field Publishers), 2006.

[4] John Eldridge and Lizzie Eldridge. *Raymond Williams: Making connections*(London: Routledge), 1994.

[5] Paul Jones. *Raymond Williams Sociology of Culture*(Palgrave Macmillan), 2004.

的核心主题，与以往研究威廉斯的著作不同，本书不再以威廉斯的独立作品作为一个个孤立的研究对象，而是根据威廉斯作品中体现出来的整体学术发展规划，以重要的理论问题为纽带，把威廉斯的作品作为一个整体来研究，并对其文化唯物主义思想提出了独特见解。约翰·希金斯[1]的《雷蒙·威廉斯：文学、马克思主义与文化唯物主义》从理论与历史角度探讨威廉斯的文学、政治与文化思想，分析其与马克思主义的关系，并详细阐述其文化唯物主义理论，同时，敏锐地注意到威廉斯的文学批评与文化唯物主义之间微妙的关系，从时代背景等方面考察了威廉斯完成其马克思主义思想理论的全过程。海威尔·迪克斯[2]2013年出版的《雷蒙·威廉斯之后：文化唯物主义与英国的分裂》聚焦于威廉斯文化唯物主义理论的新见解，并运用该理论解释英国近代特殊政治进程。阿塔哈·霍根[3]于2013年出版了《雷蒙·威廉斯：文化意识形态中的兴起与残余》，该书详述了雷蒙威廉斯关于文化意识形态的观点，指出意识形态问题是文化研究中最为重要的组成部分，强调了意识形态与文化之间的互动，并借此指出大多数文化都是建立在对现代文化的充分认识之上的，而现代文化仍然隐藏在文明的表象之下。

第三，对威廉斯文化思想的比较研究。托尼·品克尼[4]是威廉斯的学生，他在1991年出版了《雷蒙·威廉斯》一书。该书对威廉斯的文学批评思想进行了深入探讨，系统分析与研究了威廉斯的小说作品，并将其与同时代的文学家进行了比较分析。在他看来，威廉斯的小说不仅折射了政治与文化力量的交融，还借助小说表达了对文化政治思想的诉求。丹尼斯·德沃金[5]是国外较早系统研究英国马克思主义的学者，早在1993年他就与莱斯利·罗马合编了《超越边境之乡的视野：雷蒙·威廉斯与文化政治》，从文化政治角度探讨了与威廉斯相关的学术论文。德沃金于1997年出版了其代表作《文化马克思主义在战后英国》，并将威廉斯视为战后英国文化马克思主义的代表人物之一，并将

[1] John Higgins. *Raymond Williams Reader*(Oxford: Blackwell Publishers), 2001.

[2] Hywel Dix. *After Raymond Williams*(University of Wales Press), 2013.

[3] Al-Tahat Thogan. *The Emergent and Residual in Cultural Ideology of Raymond Williams*(United States: LAP Lambert Academic Publishing), 2013.

[4] Tony Pinkney. *Raymond Williams*(Seren Books),1991.

[5] Dennis Dworkin and Leslie G.Roman ed. *Views Beyond the Border Country: Raymond Williams and Cultural Politics*(London: Routledge), 1993.

威廉斯同战后英国文化马克思主义的其他人物予以比较，分析与其他人物的思想的异同点。安德鲁·米尔纳[1]在《重新想象文化研究：文化唯物主义的前景》中梳理威廉斯的文化唯物主义理论发展，关联当代文化思潮并与其他学者思想进行比较，揭示其理论缺陷。除此之外，在涉及文化研究的其他著作中，也有对威廉斯的文化思想的专题论述，例如尼克·史蒂文森[2]的《文化、意识形态和社会主义》，汤姆·斯蒂尔的《文化研究的兴起》，约翰·斯道雷的《文化理论和通俗文化导论》都对威廉斯的文化思想予以专门讨论，并将其同其他文化理论家进行了比较。

第四，对威廉斯文化思想的批评研究。威廉斯文化思想涉及领域较广且观点相对独立，一些学者就此提出了诸多批评的意见。如 E.P. 汤普森批评威廉斯的思想过于保守或立场含糊，缺乏理论战斗力，他不赞成威廉斯将文化定义为"整体的生活方式"，提出文化应被看作"整体的斗争方式"。汤普森对威廉斯的阶级观也持怀疑态度，认为其忽视了阶级和阶级斗争的实际存在及其重要性。特里·伊格尔顿[3]则在《批评和意识形态》中认为威廉斯对文化的定义是一种"空洞的人类学的抽象之物"，这种泛文化主义抽离了文化本身应有的逻辑力量。在他看来，文化有着自身特定的领域，如果将其作为囊括一切的社会整体概念不仅夸大了文化的作用，还将其推向另一个决定性力量的极端。伊格尔顿还对威廉斯的文化革命思想提出批评意见，认为威廉斯的文化革命在其立场上是一种"渐进主义"，这种渐进式的改良主义会严重低估资本主义国家的政治权力，对资本逻辑的力量也会产生严重误判，简而言之，这种和风细雨与毛细血管式的文化革命无法从根本上解除资本对人的奴役。此外，部分学者还批评威廉斯在文化思想上倾向于文化民粹主义和地方主义，其文化思想中也缺乏对女性及种族问题的深入探讨。

（二）国内研究状况述评

国内对雷蒙·威廉斯文化思想的研究大体可分为两个阶段。第一阶段为

---

[1] Andrew Milner. *Re-imagining Cultural Studies: The Promise of Cultural Materialism*(London: Sage Publications), 2002.

[2] Nick Stevenson. *Culture, Ideology and Socialism: Raymond Williams and E.P. Thompson*(Vermont: Avebury), 1995.

[3] Terry Eagleton. *Criticism and Ideology: A Study in Marxist Literary Theory*(London:Verso),1978.

20世纪90年代至本世纪初，有关威廉斯的研究论文分散于不同学科，缺乏系统研究。第二阶段从2007年至今，是研究的上升期，具体表现为专著译介和论文日益丰富，内容也从推介评析发展为整体研究。同时，随着国内学界对西方马克思主义研究的不断深入，有关威廉斯的文化思想也引起学者广泛关注。目前，尽管国内研究起步较晚，但数量和质量都有所提升，并逐步发展为主题研究和拓展研究。

（1）从著作翻译来看：自1991年威廉斯的代表作《文化与社会》在北京大学出版社首次出版后，他作为西方文化及文论学者的身份进入国内学界。之后，冯建三翻译的《电视：技术与文化形式》助推了威廉斯的媒介传播思想。进入21世纪，威廉斯的著作如《现代主义政治—反对新国教派》等陆续在国内出版，奠定了对其文化与文学思想研究的基础。此时也出现了有关威廉斯的整体评价性的文章，如王尔勃发表的两篇《威廉斯及其晚期代表作〈马克思主义与文学〉》和《文化唯物论与文化研究——从雷蒙·威廉斯〈马克思主义与文学〉中获得的启示》的代表作。近几年《漫长的革命》《乡村与城市》《希望的源泉》等译著相继出版，也进一步为国内学者完善了有关威廉斯的重要文献资料。总的来说，这些译介和评析作品为国内研究威廉斯文化思想提供了重要文本基础。

（2）从主题研究来看，相关研究主要涉及如下的四个方面：文化理论问题、文化政治问题、文化社会问题以及文化共同问题。

一是关于威廉斯的文化理论的研究。威廉斯的文化理论在国内开始受到重视，主要归功于其文化唯物主义。傅德根的《走向文化唯物主义》[①]是国内首部系统研究威廉斯文化理论的博士论文，系统介绍了其文化唯物主义思想。吴治平[②]强调文化唯物主义就是威廉斯文化思想的核心，旨在阐释经济基础与上层建筑的关系。研究的不断深入促使国内学者对文化唯物主义与历史唯物主义的关系有了不同看法。欧阳谦[③]认为文化唯物主义回应了当代社会问题，拓宽了马克思主义文化理论，对调整和完善历史唯物主义的理论建构有着重大的意

---

① 傅德根：《走向文化唯物主义》，博士学位论文，中国社会科学院研究生院外文系，1998。

② 吴治平：《雷蒙德·威廉斯的文化理论研究》，兰州：甘肃人民出版社，2006。

③ 欧阳谦：《"文化唯物主义"的理论建构及其意义》，《教学与研究》2010年第12期。

义，即在某种程度上对历史唯物主义是一种"重释"。而田江太①则认为威廉斯的文化唯物主义思想忽略了意识形态和政治经济学基础，滑向了泛文化主义，背离了历史唯物主义。

二是关于威廉斯的文化政治问题的研究。威廉斯文化批判的理论基石在于对文化研究与政治相关性的高度重视。文化研究作为一种新兴的理论范式还兼具了十分重要的政治使命。据何卫华②的观点，威廉斯的文化思想中表达着十分坚定的社会主义政治立场，并将文化作为政治革命的重要途径，通过凸显大众文化形式实践中的政治潜能，揭示文化、权力和意识形态之间的关联，从根本上赋予文化研究以明确的政治意图，即将文化作为政治干预、改造社会和推动社会进步的重要手段。赵国新③则进一步将威廉斯的文化理论与新左派的文化政治相结合，通过威廉斯的视角审视新左派和文化研究的历史演变与理论发展，揭示威廉斯与新左派之间的政治共生关系。

三是关于威廉斯的文化社会问题的研究。威廉斯的代表作《文化与社会》是文化研究领域的经典之作，该书将文化与社会学结合来考察文化变迁，不仅拓宽了文化研究的视域，也开启了跨学科研究的理论先河。国内先后有两部以威廉斯文化社会学为主题的博士论文，即樊柯的《走向文化社会学》和王晗的《雷蒙·威廉斯的文化社会学思想研究》。该文以威廉斯的文化生产和文化传播为主线，对诸多文化问题予以探讨与梳理，强调威廉斯是用文化视角来考察社会生活的全部领域，其众多文化思想都可以在文化社会学中建构起联系。王晗指出威廉斯的文化社会学思想是一个开放的理论建构，具有跨学科性、批判性和对话性的理论特点，并认为威廉斯是基于文化现代性的理论诉求，重构了以文化生产、文化传播、文化体制、文化构形、文化政治为主体的文化社会学理论框架。另外还有学者如杨炯斌④则把威廉斯文化社会学的产生归结为三点缘由，即"传统文化社会学"的不足、文化理论的相对匮乏和文化观念的全面拓展。

① 田江太：《雷蒙·威廉斯的文化唯物主义思想探析》，《内蒙古大学学报（哲学社会科学版）》2016 年第 3 期。

② 何卫华：《雷蒙·威廉斯：文化研究与"希望的源泉"》，北京：商务印书馆，2017，第 195 页。

③ 赵国新：《新左派的文化政治：雷蒙·威廉斯的文化理论》，北京：外语教学与研究出版社，2009，第 21 页。

④ 杨炯斌：《威廉斯的文化社会学》，《黑龙江社会科学》2011 年第 2 期。

四是关于威廉斯的共同文化问题的研究。赵金平[①]认为威廉斯的共同文化思想是其文化理论同马克思的共同体思想有机结合的理论产物，突出大众主体性和大众文化功能，蕴含着文化民主的政治诉求。他强调共同文化是威廉斯从文化层面对"真正的共同体"所作出的深刻解读，是对马克思的"共同体"思想的深化与发展。陈磊[②]分析"共同文化"理念是威廉斯文化理论的重要基础，它扭转了精英文化与大众文化对立的局面，开辟了大众文化的研究范式。正是这种文化范式的开启为左翼政治转型提供了理论武器，推动文化问题成为左翼知识分子的理论焦点。王小强[③]指出，威廉斯从文化扩张、到文化革命、再到长期革命是其整个"共同文化"逻辑思考的序列展开，关注的对象是现实生活与现实生活中的人，或者说，他所关注的是最为人性的东西。

（3）从拓展研究来看，为了进一步发掘威廉斯的文化思想价值，国内学者"一方面不再满足于某单独领域对威廉斯的个案研究，而是将其纳入英国马克思主义发展史、马克思主义文论与美学理论传统以及英国文化研究等多种知识源流之中进行跨学科、多角度、全方位的审视"[④]，另一方面也通过借助威廉斯的文化思想来分析西方马克思主义的前沿问题。如在生态学马克思主义与马克思主义的空间理论的影响下，空间问题与生态问题也成了探析威廉斯文化思想价值的理论增长点。就生态问题而言，李兆前[⑤]认为威廉斯所谓的理想的未来新社会就是一种生态社会主义思想。在他看来，威廉斯的生态社会主义思想有两个维度，一是社会主义的生态，一是生态的社会主义。社会主义的生态主要解释未来社会应该具备的生态特征，生态的社会主义主要从未来社会主义结构模式、人与自然的关系、各社会元素之间的关系等方面阐明新社会范型。对于空间问题来说，刘进[⑥]认为威廉斯对英国现代文学的空间批评是其文化（文学）批评中最重要、最具特色、最有价值的构成部分。他指出，在威廉斯的空间批评中，威廉斯着力于从"乡村""城市""边界"三种空间形态以及彼此

---

① 赵金平：《雷蒙·威廉斯"共同文化"思想：基于一种整体性的文化观》，《学术交流》2015年第4期。

② 陈磊：《雷蒙·威廉斯"共同文化"观的形成及其意义》，《历史教学》2016年第3期。

③ 王小强：《谈雷蒙·威廉斯的"共同文化"思想的价值关怀》，《海南开放大学学报》2011年第4期。

④ 黄璐：《中西学术视域中雷蒙·威廉斯研究》，《江西师范大学学报》2011年第6期。

⑤ 李兆前：《雷蒙·威廉斯的生态社会主义思想》，《理论月刊》2014年第5期。

⑥ 刘进：《论雷蒙·威廉斯对英国现代文学的空间批评》，《外国文学》2007年第3期。

的关系和历史演变出发来勾勒英国现代文学地图，并在这种勾勒中潜在地寄寓对现实生存空间的批判、对理想生存空间的期待、对新的"共同体"的憧憬。

（三）国内外相关研究存在的问题

20世纪80年代大多数研究主要集中在威廉斯的生平事迹上，尽管这些传记性质的研究为后来的学者提供了丰富的资料基础，但在挖掘其思想深度方面显得略显不足。进入20世纪90年代后，研究焦点逐渐转向与社会问题和学术热点的结合，尤其在新闻传播和社会学等领域取得了新的突破，这些研究多侧重于威廉斯在文化研究领域的理论贡献和影响，对于其文化思想自身的独立性和系统性仍显不足。到了21世纪，随着文化研究的逐步升温，在深入研究文化唯物主义的同时，有关威廉斯的文化空间理论、文化社会学、文化生态学等其他重要思想理论也有了较为深入的探讨。纵观近年国内外的发展历程，学界对威廉斯文化思想的研究已经经历了从专题研究到综合研究的转变，并呈现出系统研究的发展态势。文献统计分析表明，有关威廉斯文化思想文献数量逐年上升。具体来看，不仅研究范围正在逐步扩大，研究领域也从哲学与文学向社会学、美学和新闻传播学等学科延伸扩展。从研究动态来看，对于威廉斯文化思想的研究主要表现为两个基本方向：一方面是注重加快对有关威廉斯文化理论的翻译介绍，特别是推进相关丛书的出版；另一方面是鉴于文化研究的逐步升温，学界将威廉斯的文化思想作为新的学术热点，通过立足社会现实，回归经典本源，创新思维范式，以问题为导向，以跨学科的形式拓展文化研究。

尽管关于威廉斯文化思想的相关研究已取得一定进展，但根据当前的研究状况，国内外对于其文化思想的研究仍存在以下几个问题：

第一，关于威廉斯文化思想的整体研究。威廉斯的著述繁多，他的研究领域较为广泛，涉及哲学、历史文学、政治、艺术、大众传媒等诸多领域，所以对研究者来说，无论是在知识储备上还是在研究取舍上都是一大挑战。但正如威廉斯在文化研究中所倡导的那样，从整体上把握内部各要素的相互关系是"文化分析"的关键核心所在，这种"整体性"研究方法对于研究威廉斯文化思想来说一样适用。前期研究多局限于其某个独立作品，将其作为孤立的研究对象，或是从某个学科出发来分析其相关问题，鲜有依据威廉斯学术思想中的重要的理论问题为纽带对其进行"整体性"的探析。

第二，关于威廉斯文化思想的理论特质。由于研究视角和运用方法的不同，部分学者片面地理解威廉斯的文化思想，对之作出有失公允的评价。例如伊格尔顿就指责"威廉斯的文化马克思主义在认识论上是唯心主义的，在政治观念上是改良主义的，因此他至多是一个左派利维斯主义者，而根本谈不上是马克思主义者"。而在霍尔看来，文化研究"是在马克思主义周围进行研究，研究马克思主义，反对马克思主义，用马克思主义进行研究，试图发展马克思主义"。这些评价实际上都在一定程度上遮蔽了威廉斯坚定的马克思主义立场。实际上，有学者就曾指出，"任何一种理论当其能够把自己对社会的唯物主义批判与马克思追求的人的全面发展的实践目标结合在一起，对人类解放的内涵做出实质性的新的理解时，它就对马克思主义的发展作出了贡献"[①]。因此，阐明威廉斯文化思想的理论特质，揭示其与马克思主义哲学的内在联系，也是一个亟待解决的重要理论问题。

第三，关于威廉斯文化思想中的价值意蕴。威廉斯重视对文化问题的研究，强调文化关乎人类解放。在他看来，文化的核心意义和最终目的就是实现人的自由与解放。文化作为一种整体生活方式，文化解放就是有关整体生活方式的解放，是有关"整体性"的解放。文化解放既包含了社会、经济、政治、文化等各个领域，又贯穿历史发展的不同阶段，真正体现了人的解放的整体意蕴。因此，威廉斯始终将"人的解放"作为其文化思想的核心，关注大众主体解放的境况，凸显文化所蕴含的解放潜能，从文化维度开辟人类解放的新路径。但鉴于威廉斯研究的总体现状，国内研究者们对于威廉斯文化思想的解放意蕴的阐释大多还局限于某个领域，而未能突出"人的解放"在文化思想的中心地位。为此，如何把握威廉斯文化思想中文化与解放的核心关系，也是一个值得探讨的重要问题。

三、研究思路、研究内容及研究方法

（一）研究思路

本书从文化与"人的解放"的关系角度出发，将威廉斯置于英国新左派思潮的兴起和整个西方马克思主义理论文化转向的背景中，依照其文化思想的发展脉络，对其文化思想展开"整体性"的理论研究。笔者认为威廉斯的文化思

---

① 汪行福：《国外马克思主义历史与现状的思考》，《哲学动态》2018 年第 10 期。

想是在探寻文化与解放的过程中而展开的。一方面，威廉斯深度发掘马克思主义理论中长久被忽视的文化视域，并对历史唯物主义进行重新阐释，提出了旨在强调文化的物质性和生产性的文化唯物主义，打破了经济基础与上层建筑的机械性决定关系，赋予文化以整体性、复杂性、实践性和物质性的特征，彰显了历史唯物主义的当代生命力。另一方面，威廉斯以文化的辩证法代替经济的辩证法，以文化政治学批判取代政治经济学批判，强调人在历史发展中的主体能动作用，从文化领域对资本主义所展开的全方位分析与批判，深化了文化批判理论主题，凸显了文化批判的价值功能。

因此，笔者认为威廉斯是在继承马克思主义有关解放的整体性意蕴的基础上，强调文化所蕴含的解放潜能，从文化维度开辟人类解放的新路径。而这也是理解威廉斯文化思想的整体性逻辑的关键所在。依据威廉斯的理论诉求，遵循马克思有关"解放"的内在逻辑，将文化介入到政治解放、社会解放和人类解放的这三个具体的环节与领域中来予以探讨，在根本上明晰威廉斯文化思想中文化与解放的内在联系。具体来说，主要围绕工人阶级主体、身份以及文化等问题勾勒出威廉斯政治解放的研究框架，以探讨文化与政治解放；从威廉斯文化社会学的理论观点来聚焦现代社会的发展危机，围绕由资本主导的现代工业、现代技术、现代城市这三个最具代表性的领域展开文化分析与文化批判，以探讨文化与社会解放；从威廉斯共同文化的思想上来把握人类解放的内在张力，依据共同文化的原则，通过文化扩张的方式，建构了理想的社会主义图景，以探讨文化与人类解放。在明晰威廉斯文化思想的整体解放意蕴后，本书还就其文化思想的理论定位，理论品质和理论得失进行相关分析，进一步阐释威廉斯文化思想的价值和意义。

（二）主要内容

全书除绪论外共分为六章，分别从三个部分展开论述。

绪论部分主要介绍了威廉斯生平背景，同时交代了本书的目的、意义和研究方法，并且在总结国内外对于威廉斯文化思想研究现状的基础上对与本书相关的问题作出必要的梳理与探讨。

第一部分为第一章和第二章，主要探析了威廉斯文化思想的理论缘起与解放旨趣，战后英国社会历史的新变化和"新左派"文化思潮的兴起引起威廉斯对战后社会政治图景展开深度思考，而英国传统精英文化观、经典马克思主义文化观、西方马克思主义"文化转向"则推动威廉斯的文化思想不断走向成熟。该部分还就威廉斯文化思想的关键概念、解放意蕴做出具体分析。一是讨论威廉斯对"文化"与"解放"两个基本概念的分析与阐释；二是论述威廉斯的文化唯物主义理论，以及开展文化分析的主要方法手段；三是考察威廉斯文化思想的解放意蕴，阐明文化是解放的根本力量。

第二部分为本书的主体部分，由第三章、第四章和第五章组成，分别探讨了威廉斯文化思想中关于政治解放、社会解放与人类解放的思想内容，进一步展开文化与解放的关系。首先，涉及政治解放的部分，结合威廉斯政治解放的理论视域，针对工人阶级及其文化在当代所面临的挑战与困境，以文化主体来切入工人阶级革命实践意识，通过其关于政治解放的策略方案揭示威廉斯文化思想中的政治解放诉求。其次，涉及社会解放的部分，依据威廉斯的文化社会学理论，从文化生产角度对现代资本主义社会进行诊断与分析，从其对现代工业、现代技术、现代城市的文化批判中揭示威廉斯文化思想中的社会解放路径。最后，基于威廉斯的"共同文化"理论，围绕威廉斯所建构的文化共同体思想，揭示其文化思想中的人类解放图景。即以生命平等为前提，以与邻为善为内核和以自然扶持为导向的重要原则，通过积极的文化扩张途径与方式，打造文化共同体下的美好社会图景。

第三部分主要对威廉斯文化思想作出相应的理论评析。着重探讨了威廉斯的文化思想与西方马克思主义文化哲学的关系，以及与英国文化马克思主义的关系。分析与揭示威廉斯文化思想的理论特质与价值意蕴，并对其进行客观的理论评价，希冀在威廉斯的理论得失中为我国当代文化建设提供有益的理论启示。

（三）研究方法

1. 文献研究法。以威廉斯的原著为文本基础，在对文本进行综合梳理与评价后加以提炼与总结，综合其他学者的研究成果，展开对威廉斯文化思想的论述。

2. 历史分析法。将威廉斯的文化思想放置在所处的时代背景与理论渊源中考察，结合当代资本主义社会的新变化和新发展的背景下，从整体上把握威廉斯思想的演进历程，凸显出其独特的历史意识、现实意识和问题意识。

3. 比较研究法。威廉斯作为英国文化研究的奠基人，与同时代的英国理论家有着密切的联系。因此将威廉斯与其他英国文化马克思主义理论家进行相应的对比研究，有助于理解威廉斯的理论立场及理论得失。

4. 理论与实践相统一的方法。注重结合中国的国情需要，服务于中国当代文化建设需求，展开对威廉斯文化思想的研究，希冀为我国当前文化建设献计献策。

四、可能的创新点与不足之处

（一）本书的选题具有一定的创新性。本书尝试从关联文化与解放视角对威廉斯的文化思想进行整体性研究，揭示威廉斯是在秉承马克思主义的理论立场和价值诉求的基础上，从文化维度开辟了一条人类解放路径。本书将威廉斯在文学、社会学、政治学、传播学、人类学等等各个领域的思想进行整体性分析与探讨，萃取一条以人的解放为核心的理论主线，彰显威廉斯文化思想的理论特质与价值意蕴。

（二）本书对威廉斯的文化思想的评价具有一定的创新性。本书认为威廉斯文化思想在英国整个文化研究领域中发挥着承上启下的作用，其文化思想中所探讨的问题始终贯穿于整个英国文化马克思主义的发展始终，他在推动文化研究的基础上，还为积极应对社会生活多元化发展和走出社会主义的政治困境提供了有效的理论支撑。尤其是他所确立的文化唯物主义范式，不仅奠定了整个英国文化马克思主义的理论基础，还丰富与拓展了历史唯物主义的文化维度。

（三）本书对威廉斯文化思想的解放逻辑阐述具有一定的创新性。本书认为以"人的解放"逻辑展开来总结和概括威廉斯的文化思想是本书的一大创新点，也是理解威廉斯文化思想的理论发展与理论价值的关键所在。人的解放可划分为政治解放、社会解放、人类解放三个部分，这三个部分从共时性上看是相互区别，各有所指的不同向度，从历时性上来说又是联系紧密，环环相扣的发展环节，它们共同构筑了人的解放理论的全部内容，所以将文化介入到政治解放、社会解放和人类解放的这三个具体的环节与领域中来予以探讨有利于从整体上把握威廉斯文化思想的内在解放逻辑。

（四）本书对威廉斯的社会解放思想的阐释有一定的创新性。本书从威廉斯文化社会学的理论观点入手来勾勒其文化社会解放的理论框架。具体来说，就是通过"文化"来聚焦现代社会危机，围绕由资本主导的现代化进程中的工业、技术、城市等问题展开对资本主义的"文化批判"，揭示出威廉斯的社会解放思想。值得一提的是，以往对威廉斯的城市文化问题的研究重在强调其对文学空间的审美批评，而淡化了其对生活空间的现实观照。为此，本书将基于城市马克思主义的理论旨趣，重审威廉斯的城市文化思想的价值与意义。

本书的不足之处在于，首先，由于威廉斯的著作颇多，涉及广泛，对威廉斯的文化思想所进行的全面和系统的文献梳理必然还存在着一定的遗漏之处。其次，如何将威廉斯在文学、社会学、政治学、传播学、人类学等等各个领域的思想加以有效整合是本书最大的难点，因此再对威廉斯文化思想进行整体性阐述也会难免有所欠缺。最后，鉴于学识所限，本人对威廉斯文化思想的理论评析的深度和广度上还有所欠缺，需要通过深化学习来加以完善。

第一章　威廉斯文化思想的理论缘起

威廉斯是英国重要的马克思主义者和文化研究的奠基人，他将马克思主义理论与英国本土的文化研究结合起来，在不断汲取和融合过程中构建了独树一帜的文化理论，致力于通过文化变革探寻人的解放路径。纵观整个威廉斯的学术生涯，对"解放"问题的不懈探索是其贯穿始终、不断深化的核心论题。

从时代背景来看，战后英国社会历史的新变化和"新左派"文化思潮的兴起引发威廉斯社会政治图景展开深入的思考，文化政治批判的语境让威廉斯看到"文化"具有解放的潜能，坚信"文化"是一种解放的力量。

从理论来源来看，他对文化问题的关注与思考始于剑桥期间与英国传统精英文化观的接触，剑桥的文化批评与文化分析理论方法为他反思精英文化与大众文化的对立提供了理论铺垫。经典马克思主义文化观引导威廉斯将文化实践紧密结合现实生活，对"基础/上层建筑"命题的深入反思不仅为文化唯物主义的形成提供了理论基础，而且凸显了文化领域在工人阶级解放中的关键作用，开辟了解放工人阶级的新领域。西方马克思主义在理论上"文化转向"，特别是乔治·卢卡奇、安东尼奥·葛兰西、法兰克福学派、路易·阿尔都塞等学者关于文化问题的研究，也为威廉斯提供了宝贵的思想启示，为进一步深化文化思想提供了理论支撑。威廉斯在坚持历史唯物主义的基本立场上批判地吸收了这些理论家的理论成果，形成了独具特色的文化理论，从而在文化维度开辟了解放的新路径。

第一节　威廉斯文化思想形成的时代背景

威廉斯文化思想的形成与发展，根植于特定的时代背景与历史环境。两次世界大战对欧洲乃至全球产生了深远影响，英国社会历史状况也因此发生了巨大变革，并引起英国知识分子对社会状况进行深刻反思。英国本土涌现的新左派运动，正是他们对时代进行深刻反思的显著体现。正是这种社会历史变迁与新左派文化思潮的兴起，激发了威廉斯对现实困境的深度思考。

一、二战后英国社会的新变化

"反法西斯战争的胜利，极大地改变了世界范围内政治力量的对比，使各种力量进行了大的调整，各个国家、民族、阶级和阶层的地位都发生了巨大变化，世界经济格局和政治格局都出现了大的变动。"[1] 英国在经历两次世界大战后，经济受到重创，金融霸主地位随之丧失，曾经的帝国景象一去不返。为重振经济发展，英国一方面全面调整政治、经济、社会政策，另一方面则借助美国的《马歇尔计划》来恢复自身的经济。战后工党执政的首届英国政府推行了一系列的改革措施来振兴经济和改善社会形势。一是通过企业国有化来保障国民经济正常运行，从而实现经济的快速运转。二是通过经济干预政策实现对财政、金融、贸易和部分生产的控制，主动地指导和调节经济发展。三是通过一系列社会福利立法的措施奠定英国社会福利国家的基础。这些改革措施都为战后初期英国经济的恢复发挥了重要作用。

相对于战前的社会状况，英国同世界上其他发达资本主义国家一道经历了一段经济黄金时期。战后发达资本主义国家"通过资本主义内部的重组，再加上经济事务的国际化，形成黄金时代的核心"[2]，实现经济繁荣增长。国际化的进一步加强，世界经济体生产能力大幅提升，资本主义国家"共同的目标，

---

① 商文斌：《战后英共的社会主义理论及英共衰退成因研究》，北京：中国社会科学出版社，2010，第 18 页。

② 霍布斯鲍姆：《极端的年代 1914—1991》，郑明萱译，北京：中信出版社，2014，第 338 页。

是要创造出一个生产日增的世界，一个国际贸易不断增长的世界，一个全面就业、工业化、现代化的世界"①。

经济发展引起政治变革，战后英国政治的一个重要特点就是推行所谓的"共识政治"，"即从艾德礼政府到70年代中期的30多年里，英国保守党和工党不论哪个党上台执政，都执行大体一致的内外政策，在充分就业、福利国家、混合经济、对工会政策和外交防务等一系列政策的取向上基本一致、达成共识"②。在这期间，尽管两党交替执政，但"共识政治"保障了英国经济政策的稳定实施，并呈现出持续增长，失业率低，物资丰富，人民消费水平不断增长的经济态势。

经济发展致使福利国家最终确立，推动战后英国的社会状况发生显著变化，主要表现在以下几个方面：一是社会经济的稳步增长，大规模失业和贫穷得以遏制，福利系统的保障使得物质生活得到充分改善，传统的工人阶级生活水平得到极大提高，逐步迈入"中产阶级"的生活序列。二是美国消费主义对英国工人阶级产生剧烈冲击，消费成为人们热衷的生活方式。三是大众传媒技术的发展，信息化时代文化传播方式的多样化与普及化同样深刻改变了人们传统的文化观念。正如托尼·朱特所描述的那样，"在经历了长达40年的战乱和经济大萧条之后，西欧大陆的经济早已失去了原先的雄厚基础，但仅仅在一代人的努力下，它就开始仿效美国的经济发展和消费方式"③。

这一短暂的繁荣时期被称为"丰裕社会"，它"带来的不仅是社会结构、生活水准和行为方式上的重大变革，同时造就的还有全新的生活方式和文化风格，报纸、杂志、广播、电视和广告等大众传播理论的快速崛起，大众文化成为人们日常生活的重要组成部分，对每个人的生活都有着重大的影响"④。

作为社会主义运动主体的工人阶级的生活方式得到了改善，工人阶级运动却陷入了停滞。工人阶级满足于当下社会的现状，丧失了反抗与批判意识，对自身的认识也发生微妙变化。20世纪50年代左派的失利进一步加深了工人阶级运动的低迷状态，工人阶级对政治的冷漠以及知识分子退出政治舞台宣告了

① 霍布斯鲍姆：《极端的年代1914–1991》，郑明萱译，北京：中信出版社，2014，第343页。
② 刘杰：《战后英国共识政治研究综述》，《世界历史》2000年第1期。
③ 托尼·朱特：《战后欧洲史》（第2卷），林骧华译，北京：中信出版社，2014，第113页。
④ 何卫华：《雷蒙·威廉斯：文化研究与"希望的源泉"》，北京：商务印书馆，2017，第59页。

英国社会主义运动的新危机。可以说，这一危机既是左派的文化危机，同样也是左派的政治危机。因此，威廉斯立足于战后英国社会新变化，重新审视"文化"的内涵、功能以及立场，强调文化的地位、作用和解放潜能，来寻找新的政治资源、新的革命策略、新的革命主体，以期重振社会主义事业。

二、英国新左派文化思潮的兴起

战后英国社会的新变化引起政治格局的深刻改变，左派文化的日渐衰落，使得共产党内部的知识分子开始重新审视战后英国的社会政治格局，并催生了新左派这一政治思想运动的兴起。面对战后英国社会涌现的新现象与新挑战，理论家们将研究视野转向社会生活本身，研究领域也从政治与经济层面转向文化层面。新左派的理论家们以"文化"作为切入点，以文化批判展开对社会现实的关注思考，以文化实践作为变革社会的有效途径，希冀从文化领域为工人阶级寻找解放力量，以不同于传统左派的政治诉求来挽救社会主义运动的危机。

新左派文化思潮的发展过程大致可划分为两个阶段。第一阶段，自1956年至1962年，以理查德·霍加特、威廉斯、爱德华·汤普森等为首的第一代新左派思想家们，基于对斯大林主义的深刻反思，结合英国社会的具体实际，逐步摸索并构建了一种具有鲜明本土特色的马克思主义理论形态，即英国文化马克思主义。进入第二阶段，从1962年延续至1980年后期，以安德森、霍尔等为代表的激进知识分子展现出更为国际化的眼光和政治追求，渴望掌握更高理论水平的马克思主义，致力于引入西方马克思主义理论资源，以期在英国构建一种更具国际化马克思主义特征的理论体系。

第一代新左派成员大多数是共产党员，"这些人是一群拥有非常类似成长经历、教育背景和社会经验的思想家，尽管他们的政党属性和思想资源略有不同，但是他们对很多理论问题和政治问题的态度和立场都非常接近"[1]。1956年的共产主义危机，特别是赫鲁晓夫对斯大林所做出的秘密报告和苏联入侵匈牙利事件对党内知识分子造成的剧烈影响。这批党内知识分子对危机事件发生后英国共产党所做出的消极回应感到失望，并对英共不加批判地予以支持苏联入侵事件表示不满。他们认为这种全盘接受苏联政策的态度有悖于真正的马克

---

① 张亮：《英国新左派思想家》，南京：江苏人民出版社，2010，第3页。

思主义精神。尽管在他们看来"党的作用仍然不可小觑，因为它在随后的政治事件以及新的政治环境中都对曾经的共产党员产生了很大的影响……这次危机也对新左派的政治观点产生了影响"①，但是仍希望在新的历史条件下，要求党重新思考和定位自身和他们的运动。

党内知识分子为深入探讨马克思主义在英国展开的新的理论与实践方式，自发联合创办了《新理性者》刊物。他们期望通过此举，为英国的社会主义运动探索出一条与苏联模式不同的新路径。《新理性者》杂志的创立影响深远，甚至在相当长的一段时间里，"《新理性者》始终是持异议的共产主义者与无政党的新马克思主义者的主要理论标杆"②。得益于期刊的不断发展以及其鲜明的政治立场，该组织吸引了越来越多"志同道合"的理论家们走在一起。他们主张"宣扬另外一种曾一度消失的共产主义思想，重视东欧持不同政见者的观点，探索英国浪漫主义文化所拥有的激进思想谱系，并且重新评价了马克思主义理论的基本思想和精神"③。从根本上说，这体现出他们本质上更加注重坚持阶级斗争的马克思主义传统和践行社会主义人道主义的理念。

此外，以斯图亚特·霍尔为首的一批牛津大学学生，因反对英国干预苏伊士危机，创办了《大学与左派评论》。他们则希冀通过文化研究，包括但不限于社会批判、文学批判和社区规划来关注当代英国社会的现实状况。基于相同的政治理念与政治诉求，这些党内知识分子与青年才俊在一起旨在"创造一个植根于英国传统，但是不停留于过去的正统的民主社会主义政治，确立承认战后经济和文化变化的政治"④。为实现这一目标，《新理性者》与《大学与左派评论》最终合并成为《新左派评论》杂志。这一合并标志着新左派运动的正式诞生，尽管他们并不是一个真正意义上的政治团体，但他们的努力无疑为左派开辟了新的政治空间。

就新左派思潮的整体发展而言，理查德·霍加特，威廉斯，爱德华·汤普森等第一代新左派的代表人物，均主张将理论研究的视域自觉聚焦于"文化"，将文化与政治联系起来，以期在马克思主义理论中发掘新的生长点。第一代新

① 迈克尔·肯尼：《第一代英国新左派》，李永新译，南京：江苏人民出版社，2010，第14页。
② 李勇：《英国的新马克思主义与左派》，《中国社会科学报》2017年第2期。
③ 迈克尔·肯尼：《第一代英国新左派》，李永新译，南京：江苏人民出版社，2010，第25页。
④ 丹尼斯·德沃金：《文化马克思主义在战后英国》，李凤丹译，北京：人民出版社，2008，第64页。

左派运动尽管只维持了六年便匆匆收场，但其对战后社会主义发展过程的影响不容忽视。他们通过开启文化研究的理论范式，以一种文化主义的立场取代了经济主义的立场，用文化政治学批判取代政治经济学批判，以文化批判来观照社会的现实变革，为马克思主义理论注入了新的活力。威廉斯也正是在这一时期完成了《文化与社会》《漫长的革命》《传播》三部最为重要的著作。他通过深入剖析文化与社会发展的内在联系，强调了"文化"在社会主义思想中的重要地位，为新左派提供了一套社会与政治分析的理论方法，开创性地拓展了文学、文化研究、传播理论和成人教育等新兴领域。

1962年佩里·安德森出任《新左派评论》杂志编辑，标志着英国新左派运动由第一代开始转向第二代。在第二代新左派理论家们看来，第一代新左派的文化主义显得太过经验并缺乏理论支撑，甚至在某种程度上夸大了工人阶级文化的作用，并进一步指出第一代新左派所主张的人道主义更像是一种浪漫的期许。因此，为了纠正文化主义过于本土化与经验化的弊端，他们将理论视野拓展至西方马克思主义，积极引进吸收欧洲重要马克思主义理论家（诸如乔治·卢卡奇、路易·阿尔都塞、安东尼奥·葛兰西）的理论成果，旨在提升文化研究的理论化深度，探寻更具可操作性的科学方法，希冀为文化研究发展注入新的力量。

结构主义范式可以看作是第二代新左派为解决文化主义弊端，提升文化理论深度所做的一次理论尝试。他们通过借鉴阿尔都塞的结构主义理论，对早期文化主义存在的理论缺陷进行了深入剖析。这些理论缺陷突出表现为：一是文化主义过于本土化和经验化，难以构建具有普遍意义的理论话语，其封闭僵化的特性限制了文化马克思主义的理论深度和广度。二是由于脱离科学范式的支撑，文化主义面对外来消费文化与传媒文化冲击无法做出有效的回应。三是文化主义过于关注历史经验的细节，而忽视了历史发展的整体性。

阿尔都塞结构主义的引入对整个新左派的造成深远影响，促使第一代新左派成员不得不从不同立场与角度予以回应。其中，代表人物汤普森以全盘否定的态度而与第二代结构主义展开激烈的论战，并提出了许多有力论点。他一方面抨击结构主义缺乏认识论上的合法性，即只适用于抽象理论而无法阐释日常性的认识活动，另一方面他认为在停滞化的结构之中无法对过程性和历史性问题做出有效回答。这两点反驳也给了威廉斯十分重要的理论启示。只不过相对于汤普森的激进态度，威廉斯更像是一个温和的改良主义者，从不同程度上综合了文化主义和结构主义的合理之处。总的来说，无论是文化主义还是结构主义范式都各有所长，都在文化研究中展现了其独特的理论价值，推动着文艺研究走向新的理论建构。

1964年霍加特与霍尔创立了"伯明翰当代文化研究中心"[①]，成为英国文化研究发展中一个重要事件。中心的成立标志着文化研究走向更为理论化与学术化的道路，同时也宣告了第一代新左派运动走向没落。霍尔担任中心主任后，为了调和第二代新左派结构主义与第一代新左派文化主义的冲突，试图通过引入葛兰西的"霸权理论"完成对结构主义与文化主义的超越。之所以要借助霸权理论来丰富文化研究，是因为他们认识到新的消费文化和媒体文化正在塑造一个崭新的资本主义霸权模式，工人阶级文化受到消费文化的深度冲击，导致工人阶级整体性及其革命意识逐渐下滑。

至此，文化领域进而成为无产阶级与资产阶级重要的斗争场所。尽管结构主义相较于文化主义有一定程度上的理论提升，但是"阿尔都塞结构主义是马克思主义的经济决定论底色、教条主义、功能主义，尤其是对阶级斗争的忽视，极大地限制了它作为马克思主义文化及意识形态分析方法的潜力"[②]。相比之下，葛兰西的霸权理论将文化视野从阶级扩展到整个社会，将研究领域指向更为广泛的大众文化，为文化研究转型提供了重要理论基础。正是由于大众文化在工人阶级融入现存资本主义社会的过程中起到了非常重要的作用，因此，霍尔遂将文化分析与社会、政治、经济研究紧密结合起来，以期在文化领域中找

---

① 伯明翰当代文化研究中心（Birmingham Centre for Contemporary Culture Studies）：作为英国伯明翰大学的一个研究生研究中心，当代文化研究中心对英国文化研究的发展起到了关键性作用（英国文化研究领域中数量可观的杰出人物在他们事业的某一阶段曾在此中心学习过）。自1968年至1979年在理查德·霍加特和斯图亚特·霍尔的领导下，中心主要研究主题中的典型以及分析技巧。在霍尔的带领下，研究主题从起初对于不同阶级"有什么的"文化的兴趣发展至大众传媒的中心性以及青年和亚文化、教育、种族和性别等相关领域。中心自创立以来就是跨学科的，在社会学和文学批评领域成就最为突出，同样在历史方面也毫不逊色。中心的理论发展可以在某种程度上被看作是对美国大众媒介研究方法的一种回应。利用包括阿尔都市和巴特的结构主义在内的当代欧洲知识资源，中心将媒介分析为具有意识形态和霸权色彩的种种机构。因此，流行文化被理解为社会中被剥夺权利的边缘团体进行抵制和协商的地方。中心工作的另一特点即其研究的合作性质。中心一系列的工作报告成为其研究院和研究生发表言论的重要媒介。在理查德·约翰逊及后来乔治·洛伦的领导下，一些评论员注意到研究中心的研究重点从媒介的文本分析转变成了日常生活的历史。1988年，伯明翰当代文化研究中心变成了文化研究系，除研究生的研究以外还增设了本科课程。伯明翰大学于2002年关闭了这个中心。

② 徐德林：《重返伯明翰》，北京：北京大学出版社，2014，第293页。

寻抵抗文化霸权的力量。

纵观整个新左派运动的创立与发展，对威廉斯的文化思想形成有着十分重大的意义，并产生了深远影响。一方面威廉斯积极参与新左派倡导下的共产主义活动、人民阵线、成人教育和核裁军运动等实践方式来关切和推动现实，为工人阶级谋求不同于传统的政治诉求；另一方面在新左派运动也为威廉斯提供了与其他理论家就社会文化问题进行争鸣的机会与平台，激发了他的理论热情，为其学术思想的形成和发展创造了有利条件。通过与新左派成员的理论互动，威廉斯得以从文化视域更加深入地关注与思考社会问题，从而不断完善和丰富其文化思想理论。

第二节　威廉斯文化思想的理论来源

威廉斯对"文化"的思考与关注深受英国本土文化研究的影响，同时也与个人独特的成长经历息息相关。追溯其文化思想的理论渊源，我们可以发现，早在剑桥求学期间，威廉斯便对文化问题有了初步接触。英国传统精英文化观为威廉斯开展文化研究的提供了深厚的理论基础，而经典马克思主义文化观及工人阶级家庭的成长环境则为他坚定了人民的政治立场。此外，西方马克思主义的"文化转向"也起到了关键作用，推动威廉斯文化思想最终走向理论成熟。

一、英国传统精英文化观对威廉斯的影响

文化研究在英国兴起并非偶然，其根源在于英国深厚的文化理论传统，这种文化传统与工业革命有着密不可分的关系。工业革命的完成引起英国社会的深刻变革。尽管工业化进程极大地促进了社会物质生产的发展，但同时也无情地冲击了英国原有的政治和文化传统，改变了英国社会的文化状况。最为显著的变化就是催生了以标准化、通俗化、娱乐化为特征的大众文化，直接导致原本亲切淳朴的民间文化被批量生产的大众文化所替代，使英国陷入了严重的文化危机。为了应对这一危机，一批英国学者提出了重拾具有批判性和建构性力量的精英文化观，试图以此摆脱工业文明所带来的文化困境。这种以推崇精英

文化为核心的精英文化观不仅对英国的文化思潮产生了深远影响，而且作为一种文化传统一直延续到20世纪初。这一观点为后来的文化研究奠定了理论基础，推动了文化研究的兴起和发展。

精英文化观的早期代表人物马修·阿诺德（Matthew Arnold）活跃于19世纪的维多利亚时代。这一时期，英国通过工业革命在国际上确立了工业强国的地位，然而国内的社会矛盾却日益凸显，社会矛盾日趋尖锐，工人运动此起彼伏。阿诺德在分析当时的社会状况后指出，工业规模的迅速扩张不仅带来了人口的急剧增长和实体经济的蓬勃发展，同时也催生了工业主义的盛行，导致了人们对工业的盲目崇拜和对物质的过度追求。这种发展态势不可避免地催生了大量如贫困、无知和动荡等社会问题等。为应对当时的社会问题，阿诺德着手在"文化"里寻找抵抗的力量，需要指出的是，他所说的"文化"是指"通过阅读，观察，思考等手段来获取世界上最为优秀的知识与思想，以便更好地了解到事物发展的真实规律，从根本上使得人们的行动能够有章可循，进而达到更完美的境界"[1]。简单来说，他所强调的"文化"乃是指"世界上最优秀的思想和知识"。在他看来，文化是一切最优秀文化思想的积淀，文化与人类生活状况保持着有机联系，担负着维护社会有机发展的功能，蕴涵了让人性产生美和价值从而对抗物质文明的社会力量。因此他倡导并主张从"美好与光明"的传统文化中寻找应对总体变革的力量，呼吁人们应超越阶级、宗派、个人的界限而促进人类文化发展。这种"超越"阶级的文化理念不仅深化了人们对文化功能的认识与理解，也为文化变革注入了新的理论活力。问题在于，阿诺德认为真正能够担负起文化使命的群体是各个阶级中有教养的"残余分子"，并认为只有这些"少数人"才能"怀着极大的热情去传播时代最为优秀的知识和思想，使之能够传到社会的各个角落"[2]，而传统的贵族、中产阶级和无产阶级都无法独立维持人类文化的发展。尤其是阿诺德对工人阶级的文化地位秉持的是一种否定态度，他在其代表作《文化与无政府状态》抨击指责劳工阶级是一群"随心所欲，各行其是"的"群氓"，认为工人阶级的贫困生活状态和愚昧思想状态决定了他们总是站在"文化"的对立面。

---

① 马修·阿诺德：《文化与无政府状态》，韩敏中译，北京：三联书店，2013，第132页。
② 马修·阿诺德：《文化与无政府状态》，韩敏中译，北京：三联书店，2013，第34页。

尽管阿诺德的文化观具有一定的局限性，如过分夸大工人阶级的愚民形象、抬高"少数人"的文化特权等，但他的思想仍对后来的文化研究产生了深远影响，正是阿诺德开启了精英文化"救赎"的先河，强调"文化"在社会中所扮演的重要功能，突出"少数人"的引领作用。威廉斯在批判吸收阿诺德观点的基础上，进一步探讨了文化与社会变革之间的关系。他一方面批判吸收了阿诺德把"文化"看作是一种具体的生活方式和一种过程的观点，认可其以追求教育的方式来拯救文化的设想。另一方面，他也反对阿诺德在理论上对大众与工人的轻视，这种否定大众文化的精英文化观最为致命的是无法将其担当文化大任的"残余分子"有效组织起来，从而导致所谓的"文化使命"最终只能停留在"构想"之中。

托马斯·斯特尔那斯·艾略特（Thomas Stearns Eliot）继承阿诺德从总体和有机的视角来理解文化发展的总体路向，并对"文化"的定义做出极富创意的见解。与阿诺德所处的时代不同，艾略特所面对的文化困境演变为现代性精神危机。他认为，工业主义对文化的侵蚀日益加剧，导致人们过于关注经济学意义上的"进步"，而忽视了人的内心需求和情感诉求。同时，第一次世界大战的爆发对自文艺复兴以来的宗教信仰、资本主义制度以及"理性精神"的合法性和优越性提出了质疑。这种情况下，现代人的精神基础受到了严重挑战，陷入了极度的空虚和混乱。为了消弭现代性精神危机，他将文化救赎的希望寄托于民族宗教传统。他认为工业主义的盛行使得人们热衷于世俗名利和物质追求，使现实生活远离了宗教与艺术，最终丧失了精神上的自我。因此，艾略特赋予文化以全新的定义。他在《关于文化定义的札记》中提出："文化是一种特定民族的生活方式"[①]，以此强调文化是共同生活在一个地域特定民族的生活方式的体现，涵盖了文学艺术、社会制度、风俗习惯和宗教等多个方面。为进一步凸显"文化"的功能作用，艾略特将文化分为个人文化、集团文化或阶级文化，整体社会文化等三个不同层次。他指出个人文化依赖于集团或阶级文化，而集团或阶级文化则依赖其所属的社会整体文化，整体社会文化则占据着核心地位。通过对文化层次的重新划分，艾略特实现了对文化内涵的四种转变：

---

① T.S.艾略特：《关于文化定义的札记》，载《宗教与文化》，成都：四川人民出版社，1992，第90页。

"一是从精神转向行动；二是从有意识转向无意识；三是从系统的理论知识转向感性经验；四是从高雅转向流行"[①]。至此，艾略特提出"文化是整体的生活方式"的论断，"宗教与文化都是一种整体的生活方式，它不要任何个人、阶级集团对其再进行任何规划与设定，这种生活方式会自由地进行有机生长，它将特殊性、多样性、统一性融为一体"[②]。

艾略特认为一个健康发展的、理想的社会应该是由基督教集团所表征的"精英集团"统治的社会。尽管他也强调文化的发展离不开全民共同参与，但是总的来说，他同阿诺德一样都是把文化救赎的重任寄托在少数精英群体。威廉斯十分赞同艾略特所提出的文化作为一种整体的生活方式这一重要论断，并借鉴艾略特对"文化"予以重新定义的方式将文化界定为"整体的生活方式"，在此基础之上完善了"整体"的概念，使得整体性不再是一个模糊笼统的整体性，而是具备实践可能性的整体性。同时，他也吸收了艾略特将文化诉诸全民共同参与的重要理念，力求在文化研究中为"大众"文化谋求应有的地位。

弗·雷·利维斯（F.R.Leavis）是英国20世纪里最为著名的文学批评家，将传统精英文化推向了一个全新的高度。鉴于其思想巨大影响力，人们将其所开辟的精英文化思潮称之为"利维斯主义"。相对于艾略特消极悲观文化衰退论，利维斯将文化症结归咎于工业文明下日益泛滥的大众文化。他认为这种以通俗小说、电影、报刊、广告为载体的大众文化充斥了商业化、机械化、功利化的特征，它使人们沉湎于各种物欲横流的幻想之中，从而钝化了反思与批判的能力。为了解决这一文化危机，恢复人与社会的"有机"联系，重塑文化的"权威"与"秩序"，利维斯从文化观照社会的视角，聚焦于文化的"伟大传统"，主张通过掌握高雅文化的"少数人"来引导社会，采用文学批评的方式抵御大众文化的侵蚀。他坚信文化的"伟大传统"的重要性，并认为文学批评是维系这一传统的关键手段。文学能够赋予人们的感受力、敏悟力、鉴赏力和判断力，从而蕴含了抵制工业文明僵化人们思想的力量。因此，利维斯期望通过"文学批评"培养大众的辨别能力和批判意识，创造一种新的"有机的"文化秩序，

① 胡小燕：《重构"文化"：T.S.艾略特与雷蒙德·威廉斯之间的关联》，《山东社会科学》2015年第10期，第75页。

② 胡小燕：《重构"文化"：T.S.艾略特与雷蒙德·威廉斯之间的关联》，《山东社会科学》2015年第10期，第76页。

以应对工业文明带来的社会问题。基于这一理念，利维斯创办了专注于文学批评的刊物《细察》，并围绕刊物为中心打造了一个学术团体。他们运用文学批评的方法全面审视社会和文化实践，对广告、流行音乐、大众传媒、消费主义展开深入批判，从而发起了激进文化与文明的运动，对后世影响深远。同阿诺德和艾略特一样，利维斯认为"少数人"才是解决文化危机的关键所在。他认为文化传统的断裂源自语言的断裂，只有语言的运用才能传承传统以拯救文化的颓废，而具备这种语言能力的仅仅是"少数人"，这也是推崇精英文化观的学者所持有的一贯立场。

剑桥求学期间，威廉斯曾直接受教于利维斯，因此相对于阿诺德与艾略特来说，利维斯的精英文化观给予他更多理论启示。在《政治与文学》中，威廉斯直言不讳地指出利维斯的文化激进主义从三个方面对他本人产生深刻影响："一是利维斯广泛的抨击范围与对象以及带有批判性的态度。二是在利维斯的文学研究中发现了实用批评。三是利维斯对教育的极度强调"[1]。事实上，威廉斯的文化思想中处处体现出利维斯主义的底蕴。利维斯所推崇的文学批评和文化批判方式孕育了浓厚的文化主义氛围，促使威廉斯自始至终都是从"文化"里寻求对社会秩序的建构。

阿诺德、艾略特、利维斯基于对工业文明的批判，将研究焦点转向文化领域，从文化维度探讨人类生存境遇，运用文学批评的方法介入社会生活并应对文化危机，塑造了英国精英文化的"救赎"传统。威廉斯深受这种英国传统精英文化观的熏陶，一方面他继承传统精英文化对经典价值的捍卫，继续从文化领域寻找变革的力量，以应对新的社会危机。但他并不认同传统精英文化观极力抬高少数文化精英的地位，轻视和贬低普罗大众的功能，将文化视为少数人特权的做法。另一方面，威廉斯没有局限于传统精英文化观的理论框架之内。在他看来，文化不是少数精英的专属，而是应该为广大民众所共享。因此，他在研究中致力于打破精英与大众之间的界限，将"大众"定位于文化发展的主角，突出"大众"文化的积极性，为文化发展的多元化和包容性提供了可能，从而实现了对传统精英文化观的超越和创新。总的来说，传统精英文化观对威廉斯

---

① Raymond Williams, *Politics and Letters: Interview with New Left Review* (London: Verso, 1981), pp.49–50.

的影响是复杂而深远的，既是他文化研究的起点，也是他不断反思和创新的动力，并贯穿其整个学术生涯，塑造了他独特的文化思想和理论贡献。

二、经典马克思主义文化观对威廉斯的影响

威廉斯曾坦诚在剑桥求学期间主要受两种学说的影响，一个是利维斯主义，另一个就是马克思主义[①]。他在晚年著作《马克思主义与文学》里回顾道："1939年我在剑桥主修英语文学课时在与同学们之间的讨论中我首次接触到马克思主义的文化观和文学观。其实当时我对马克思主义或者说是社会主义（共产主义）的政治经济学分析方法和观点已经比较熟悉。因为我的工人阶级家庭出身使我较早地就接受了马克思主义所阐述和主张的基本政治立场。"[②]。囿于特定时代条件，威廉斯指出他剑桥时期所接触到的马克思主义文化观和文学观就是由这种立场派生而来，而在经过广泛阅读马克思主义著作和深入了解马克思主义历史后，他才了解到他所学习的马克思主义文化及文学理论实际上是由普列汉诺夫（Plekhanov）根据恩格斯晚期著作的观点加以系统化的，随后又由苏联主导的马克思主义流派所加以普及的。

通过考察与分析，威廉斯指出这种当时流行于英国的马克思主义正统观念其实是一种马克思主义与英国本土激进民众主义的混合产物。尽管这种混合产物与马克思主义或许有些不同，但是"这是一种积极的、被普遍认可的大众观念，它更重视的（也可以说是它的优势）是文学的形成而不是对文学的评判，它首要强调的就是，让积极能动的文学与我们大多数人的生活发生联系"[③]。也就是说，威廉斯肯定了这种马克思主义文学观的能让文学同大多数人的生活产生的联系。当然，威廉斯也指出随着对某些问题的进一步阐释和争论，使得这种"马克思主义"一度陷入了一种僵化的立场模式，进而阻碍了马克思主义理论的积极发展。总之，如果要厘清这种马克思主义对威廉斯文化思想所产生的影响，就有必要对其简要考察一番。

[①] 按照威廉斯自己的解释，利维斯主义是英国传统精英文化观的集大成者，这里的马克思主义主要为经典马克思主义理论。

[②] Raymond Williams, *Marxism and Literature* (London and New York: Oxford University Press, 1977), p.1.

[③] Raymond Williams, *Marxism and Literature* (London and New York: Oxford University Press, 1977), p.2.

首先，纵观马克思与恩格斯的著作，他们并没有提出明确界定的文化概念，而是"将文化作为一种不证自明的概念来使用，通常是以精神生产、精神生活、社会生活、意识形态、观念、文明、思想等词汇表征他们的文化概念"①。正是由于马克思与恩格斯看到了文化概念本身所具有复杂深刻的内涵，所以避免过多使用"文化"一词本身，而是用"意识形态""文明""精神生产"等等词汇强调了文化的现实基础和政治性。一般来说，我们所熟知的马克思和恩格斯有关文化的经典阐述源于马克思在《〈政治经济学批判〉导言》。马克思认为"人们在自己生活的社会生产中产生一定的、必然的、不以他们的意志为转移的关系，即同他们的物质生产力的一定发展阶段相适应的生产关系。这些生产关系的总和构成社会的经济结构，即有法律的和政治的上层建筑竖立其上并有一定的社会意识形态与之相适应的现实基础。物质生活的生产方式制约着整个社会生活、政治生活和精神生活的过程。不是人们的意识决定人们的存在，相反，是人们的社会存在决定人们的意识。社会的物质生产力发展到一定阶段，便同它们一直在其中运动的现存生产关系和财产关系发生矛盾。于是这些关系便由生产力的发展形式变成生产力的桎梏。那时社会革命的时代就到来了。随着经济基础的变更，全部庞大的上层建筑也或慢或快地发生变革。在考察这些变革时，必须时刻把下面两者区分开来：一种是生产的经济条件方面所发生的物质的、可以用自然科学的精确性指明的变革，一种是人们借以意识到这个冲突并力求把它克服的那些法律的、政治的、宗教的、艺术的或哲学的，简言之，意识形态的形式。"② 在这里，马克思与恩格斯从物质与意识的辩证关系出发，强调了物质生活的生产方式制约着人们的精神生活，通过划分经济基础与上层建筑的方式阐述了经济与文化之间的关系。需要指出的是，马克思与恩格斯并没有明确提出文化的概念，但将文化范畴归结为由经济基础所决定的上层建筑。为了贯彻历史唯物主义的观点，恩格斯在晚年写给布洛赫的信中再次强调，"根据历史唯物主义的观点，历史过程中的决定性因素归根到底是现实生活的生产与再生产"。在恩格斯看来，经济因素在整个社会总体发展趋势和实践活动中扮演十分重要的角色，甚至是发挥着决定性的作用。但是恩格斯也认为尽管经

---

① 胡海波、郭凤志：《马克思恩格斯文化观研究》，北京：中国书籍出版社，2015，第 12 页。
② 《马克思恩格斯文集》（第 2 卷），北京：人民出版社，2009，第 591 页。

济因素发挥着决定性的作用，但是它也绝不是决定社会发展的唯一因素。他为此阐释了经济基础和上层建筑之间的相互作用，并提出文化等因素作为上层建筑的一个重要部分有时也发挥着巨大的反作用。正是围绕经济基础和上层建筑，以及意识形态的话题，马克思主义的文化思想才得以阐释与展开。

威廉斯认为马克思对基础与上层建筑的命题的阐述是整个马克思主义文化理论的重要前提，但是由于马克思对这一前提采用的是比喻的手法，导致人们容易将其联想为某种凝固的、界限分明的空间关系，进而产生了新的问题。正如恩格斯所说，如果有人把经济因素看作是社会历史发展的唯一决定性力量，那么这一命题本身就会成为毫无意义的空洞说辞。实际上，恩格斯也强调经济因素在某种程度上的确是基础性的存在，但是上层建筑等因素也在历史斗争中发挥着决定性的作用。换句话说，经济因素在一定程度上的确制约着其他因素的发展，但这种对经济因素的强调并没有否定其他因素在社会发展中的意义和价值。威廉斯认可并接受了这一观点，认为文化不是孤立的，而是与社会、经济、政治等因素密切相关，尤其强调了文化与社会其他领域的互动和联系。

其次，第二国际最具代表性的马克思主义理论家普列汉诺夫在继承发展马克思恩格斯的文化理论基础上，强调文化的阶级性，并对马克思主义的文化理论进行相应的改进和扩展。具体说来，主要有以下三个方面：一是重视文化的能动作用。普列汉诺夫在《论一元论历史观的发展》中延续了恩格斯"互相作用"的概念，指出社会存在和文化是相互起作用的，只是在最终的意义上由生产力来决定。二是强调文化的阶级性。普列汉诺夫认为每个阶级都有自己的文化，他解释道既然至今一切社会的历史都是阶级斗争的历史，那么利益冲突导致的阶级之间的斗争对社会生活便有着极其强烈的影响①。换句话说，不考虑阶级斗争的作用就无法理解社会思想发展的规律，也就是说阶级斗争因此对文化发展有着重大作用。三是丰富马克思有关上层建筑的思想。普列汉诺夫通过分析改造马克思与恩格斯关于意识形态的虚假性的论断，赋予意识形态概念一定的中立性从而确立马克思主义意识形态的科学性。他指出，任何国家和民族甚至不同阶级都有自己的意识形态，意识形态只是包括如哲学、艺术、宗教等等在内的思想理论体系，所以作为一种思想体系的马克思主义本身也是无产阶级的

---

① 《普列汉诺夫哲学著作选集》（第4卷），北京：三联书店，1974，第336页。

意识形态。值得肯定的是，普列汉诺夫始终坚持从历史唯物主义出发来探讨文化的起源、发展和内涵，指出文化的形成是主客观条件共同作用的产物，文化的发展有赖于生产力的发展且是一个有规律的客观历史过程。同时他还认为文化在整个社会整体中是一个重要部分，尽管文化的发展决定了政治与经济的发展，但是上层建筑也有着推动政治与经济发展的巨大能量。

威廉斯认可普列汉诺夫关于文化具有阶级性的观点，指出不同阶级有不同的文化表现和文化利益，并对工人阶级文化提出独到见解。在他看来，不能简单地将工人阶级文化理解为工人阶级自己生产的东西，也不能将其描述为专为工人阶级生产的东西，工人阶级文化应该是参与"共同文化"建设的组成部分，工人阶级文化是工人阶级提升自我、获取文化领导权，并最终获取革命成果的根本途径之一。

再次，相对于普列汉诺夫，列宁更加注重将文化问题同大多数人的社会政治生活联系起来。这是因为普列汉诺夫与列宁所处的环境不同，前者以理论家的身份长期在国外从事理论研究与宣传工作，而后者以革命活动家的身份大部分时间都集中在革命活动与组织工作上，这就决定了相对于纯理论问题而言列宁更加关注社会现实问题。早年的列宁基本继承普列汉诺夫关于历史唯物主义的文化理论思想，在深入研究哲学问题后他才逐渐形成了一套自己的文化理论。其主要内容为通过"文化革命"为俄国的无产阶级文化革命与文化建设的展开提供一套理论模式。第一，主张批判地继承资产阶级文化。他主张吸收人类一切优秀文化遗产中有价值的成果，特别是继承与发展资产阶级文化中有益的部分来服务于无产阶级文化建设。第二，提出文化"灌输理论"。针对工人阶级自身历史条件的限制，他主张通过"灌输"方式将社会主义理论灌输到工人运动中以促进无产阶级革命实践，因为在他看来，"工人本来也不可能有社会民主主义的意识，这种意识只能从外面灌输进去"①。各国的历史经验也都证明，工人阶级单靠自己本身的力量无法形成工联主义的意识，也无法形成统一力量同厂主展开斗争等等。第三，强调党的文化领导权。列宁认为党必须领导文化建设，这是社会主义文化建设的先决条件，脱离了党的领导便无法正确地创造无产阶级文化。综合来看，列宁作为伟大的无产阶级革命家和理论家，其阐述

---

① 《列宁选集》（第1卷），北京：人民出版社，1995，第317–318页。

的文化理论无疑开创了马克思主义理论的新境界。可以说，他所提出的"文化革命论"为文化相对落后国家提供了一条新的文化建设路径；通过强调文化产生与社会实践的内在联系深刻地揭示了文化发生、内涵与结构等主要内容；通过对各种文化因素的具体分析厘清了文化发展的阻力所在；通过突出文化的阶级性与继承性为发展无产阶级领导权奠定了重要的理论基础。

事实上，威廉斯的文化革命思想就深受列宁的启发，威廉斯在此基础上强调了文化的实践性，认为文化不仅仅是观念和意识形态的表现，更是人们日常生活实践的一部分。此外，威廉斯还认为，相对于之前理论家从真实和虚假的含义去剖析意识形态的意义，列宁以中立甚至是肯定的态度来论及"意识形态"的作用与功能更值得探究。

最后，斯大林为了马克思主义理论学说的深入普及与有效传播，在继承上述理论家的学说过程中，延续了列宁有关"文化革命"的思想和灌输理论的方式，在此基础上进一步论证了"文化革命"的目的与任务，还就文化的阶级性与民族性提出诸多新的见解，丰富了苏联马克思主义文化建设的理论内容。需要说明的是，斯大林对整个苏联马克思主义文化理论作出了巨大的贡献，但是囿于时代的局限性，其文化理论也充斥了一些弊端造成了消极的影响。伴随着他晚年"个人崇拜"之风盛行，他通过自身的地位和理论权威将马克思主义理论整体上进行条块分割，导致其在一定程度上偏离了马克思主义文化理论的有序良性发展。尤其是在西方马克思主义的学者看来，斯大林模式主导下的马克思主义渐渐呈现出了一种消极的、静态的和僵化的发展态势，甚至因为某些问题的争论越来越专业化和狭隘化，以至于在某些方面违背了马克思的本意。同样，威廉斯也认为这种马克思主义对社会存在与社会意识、经济基础与上层建筑等问题的机械教条化的解释导致了各种简化主义的还原论和经济决定论的盛行。基于这种机械教条的政治弊端与思想缺陷，为了摆脱这种僵化模式的影响，开辟马克思主义理论和政治空间，打通实现社会主义的第三条道路。威廉斯尝试重新考察马克思主义的文化思想本身，从文化视域探索新的政治路径，通过反思经济基础与上层建筑二元模式，重新挖掘"文化"的解放力量，以便恢复积极的、动态的、绝非僵化且不断辩证发展的马克思主义。

三、西方马克思主义"文化转向"对威廉斯的影响

为了进一步丰富和完善马克思主义社会革命理论，以卢卡奇、葛兰西为代表的早期西方马克思主义者旨在探寻一条适合西方人走向自由和解放的社会主义道路。他们"提出了以超越物化①、培养无产阶级的阶级意识、争夺文化领导权为主要内容的文化革命和意识革命构想，并由此开启了20世纪新马克思主义关于现代社会的文化批判范式"②。与马克思的异化劳动理论不同，西方马克思主义在理论上的"文化转向"，强调马克思主义从哲学和意识形态研究转向文化和意识形态领域，突出文化的社会性与政治性，试图通过文化的变革来促进社会的变革。威廉斯认为，西方马克思主义在文化意识形态问题上所实现的"文化转向"，为其理论探索提供了全新的视野和思路。正如他在《马克思主义与文学》中强调，广泛接触西方马克思主义的理论著作，尤其是卢卡奇、葛兰西、法兰克福学派和阿尔都塞等人的作品，对他重新解读经典马克思主义具有关键性影响。

首先，西方马克思主义早期代表人物卢卡奇深入马克思主义传统，力求重新恢复马克思主义的批判本质，希冀为欧洲无产阶级革命实践寻找一条新的理论路径。卢卡奇认为在他所处的时代，资产阶级是通过文化意识形态来控制和支配人，其目的在于使个体认同资产阶级的文化和统治秩序。因此在他看来，仅仅依靠传统的唯科学主义的马克思主义是无法对当前的时代问题做出有效解答。他指出经典马克思主义理论视域将分析重点聚焦于资本主义生产方式，突出经济基础的重要性，将文化解读为受经济基础所支配的上层建筑，从而使文化表现为一种由经济决定的实践产物。文化向度的缺失导致经济基础与上层建筑的二元关系呈现为一种片面的经济决定论，这不仅曲解了马克思的本意，还简化了社会历史的发展过程。尤其是在经济决定论被机械、庸俗的马克思主义者视为唯一可导致社会主义革命的历史规律之后，文化问题几乎遭到他们完全忽视。为此，卢卡奇指出，"马克思主义作为一种批判性和实践性的社会发展

---

① 物化（Reification）：字面上是指从主观的东西或人类到无生命物体的转化。因此，在社会和文化理论中，最广泛地来讲，物化是指人类社会（归根结底是有意识和有目的的人类行动的产物）作为一种外部的、似乎自然的约束力逐渐与其社会成员进行对抗的过程。从理论层面上来讲，物化理论是由卢卡奇借助马克思的商品拜物教理论发展而来。

② 衣俊卿、胡长栓：《马克思主义文化理论研究》，北京：北京师范大学出版社，2012，第145页。

理论学说，显然不应该是一种宿命论式的经济决定论，而应该是一种历史主动性的方法论。"①

针对资本主义的新变化，卢卡奇认为马克思主义正统性应该体现在方法而不是结论上，"他主张从文化哲学的视角重新解释马克思主义哲学，并把马克思主义哲学解释为以总体性辩证法为基础，包含经济批判、哲学批判和文化意识形态批判在内的一种总体性理论。"②简单来说，他认为应该借助考察和分析文化意识形态领域的问题来应对资本主义社会的总体统治。卢卡奇从"物化意识"和"阶级意识"入手意识形态问题，揭示了意识形态并非只是经济基础的简单反映，而是有着维护或颠覆社会秩序的重要场域。他分析指出西方工人革命失败从根本上说就是意识形态问题的具体显现，由于工人阶级主体意识的丧失和历史主动性的缺乏导致革命最终走向失败。因此，在卢卡奇看来，意识形态斗争的问题不仅是整个社会革命的关键问题，还是推动社会变革的前提所在。为了解决文化意识形态问题，重启马克思主义的理论优势，卢卡奇期望运用"总体性"理论对马克思主义予以重新解读。

卢卡奇的"总体性"理论强调社会现象应该被看作是一个统一的、有机的整体，而不是孤立的、片面的存在。只有通过对社会现象进行全面的、总体的理解，才能揭示其本质和规律。展开来说：第一，卢卡奇指出总体性是一种具体的总体性，总体范畴要求对社会生活进行总体的、全面的理解。事物并非孤立存在着，而是存在于一个统一整体中相互制约中的不同环节、部分和要素，孤立的事物只有在总体中才能得到理解。作为一种整体化思想，总体性范畴使我们看到整体所凸显的决定性作用，即整体大于部分的优先性。第二，卢卡奇认为辩证总体是能动性的产物，是主客体的统一，社会历史之所以是一个统一的整体和过程源于同一主客体之间的相互作用。"在总体性中，主体和客体是相互依存并统一于总体的，否则总体性就不会存在。总体性只有把主体自身作为一个整体时，才能真正把客体当作一个整体来认识"③。第三，卢卡奇认为

---

①　欧阳谦：《文化的转向》，北京：中国人民大学出版社，2015，第38页。
②　王雨辰：《经典西方马克思主义政治哲学的理论主题与基本特点》，《社会科学辑刊》2016年第6期，第10页。
③　王雨辰：《青年卢卡奇的文化哲学初探》，《武汉大学学报》（人文科学版）2002年第3期，第268页。

总体性还蕴含了过程性，"总体性强调把现实当作一个历史过程来理解。总体性将过去、现在、将来连接起来而渗透在现实的发展变化之中"①。

事实上，"总体性"理论的提出就是为了强调意识与历史之间的辩证关系，换句话说，意识的变化本身就与历史的变革同属一个过程，对意识的理解不能脱离历史，历史的变革也需要意识的发展。在卢卡奇看来，只有"无产阶级"能够通过正视现实的历史状况将主客体统一在批判的实践活动里，才会有真正把握历史发展的客观可能性。换句话说，无产阶级的"阶级意识"就是一种辩证的总体观，它是无产阶级实现社会革命的关键所在。卢卡奇对"总体性"范畴予以深刻解读，旨在将其构建为一个兼具实践性和主体性概念，来统摄历史过程中物质与精神的统一。考虑到文化对于社会总体的整合作用，它便成为了一个连接历史性和意识性的关键概念。正是这种文化哲学视角的开启不仅打破了传统理论中唯经济论的束缚，还从文化视域开辟了马克思主义理论发展的新路径。

卢卡奇在西方马克思主义"文化转向"中发挥了基础性作用，对威廉斯的文化思想产生了深远影响。威廉斯在其文化研究中，特别强调文化的总体性和有机性。他认为，文化不仅仅是一种孤立的艺术形式或意识形态，而是与社会、经济、政治等多方面的因素相互交织、相互影响的，因而主张对文化进行跨学科的研究，以揭示其与社会其他方面的关系。具体而言：一是对文化概念赋予总体性特征。威廉斯在文化理论中就曾明确指出对文化的认识就需要借助总体的视角，如"文化这个总体被孤立分割为艺术、观念领域、美学、意识形态或上层建筑的不同部分时，没有任何一个部分能够被人们真实地抓住其本质，也没有任何一个部分能被人们理解为一个真实的实践，因为这些部分都无法作为整体的社会物质过程的要素被人们加以把握"②。可以说，他正是借鉴了卢卡奇总体性范畴赋予文化概念以整体性、能动性、过程性的特征，并以此强调从整体去把握各要素之间相互联系的方式来开展文化研究，并用文化分析的方式揭示社会历史发展过程中的复杂关系。二是从文化维度强调工人阶级的主体性。在卢卡奇所解读的文化概念中，主观精神是尤为看重的一个层面，事实上，文

---

① 欧阳谦：《卢卡奇的总体性思想辨析》，《教学与研究》2012 年第 4 期，第 65 页。

② Raymond Williams, *Marxism and Literature* (London and New York: Oxford University Press, 1977) p.94.

化主义在社会革命中的根本目标就是开掘个体的主观能动性，从而重启工人阶级的主观革命动力。威廉斯对工人阶级主体意识的重视显然也受到了卢卡奇的理论启示。三是对经济决定论的反思。为了消除经济决定论的消极影响，卢卡奇从文化维度展开对历史唯物主义的解读。总体性范畴旨在凸显马克思所强调的要将感性世界、客体和现实都理解为人的感性活动，以摆脱那种机械庸俗、唯经济因素地解读社会历史发展过程的窠臼。

其次，葛兰西同卢卡奇一样十分重视文化在社会革命中的作用，并对意识形态问题展开了深刻的理论思考。在他看来，每个社会都有自己特定的意识形态，这与人类对于社会相继的经验和认知有关。通过对比东西方社会结构的不同，葛兰西分析了资本主义意识形态的功能与作用，提出了文化霸权理论。

葛兰西在总结欧洲工人革命失败的教训后指出，由于东西方社会结构的不同导致了二者革命结果不同，相对于东方社会而言西方社会除了政治社会，还有一个独立的市民社会。而市民社会的存在正是东西方社会结构差异的关键所在，它直接影响了西方革命的成功与否。为了说明市民社会对于统治与革命的重要性，葛兰西提出文化霸权理论。他认为目前可以确定的两个上层建筑的重要阶层一个是市民社会，一个就是政治社会。所谓的市民社会其实就是"通常被称作'私人的'组织的总和，它的角色相当于统治集团通过社会行使的'霸权'职能，而政治社会则是相当于通过国家和'司法'政府所行使的'直接统治'或管辖职能"①。他进一步指出，这种西方社会独有的市民社会使得资产阶级不但拥有政治上的领导权，同时还取得了文化或意识形态的领导权。因此要想在西方取得革命的成功，必须夺取意识形态上的文化领导权。具体来说，第一，注重意识形态斗争的作用。葛兰西认为唯经济主义的马克思主义只重视政治社会的暴力斗争而忽视了市民社会中的意识形态斗争，所以导致了西方革命无法成功。第二，强调知识分子的职能。在葛兰西看来，"知识分子便是统治集团的"代理人"，所行使的是社会霸权和政治统治的下级职能。"②正是他们制造与传播了统治阶级的意识形态。葛兰西认为知识分子作为文化霸权的历史主

---

①　安东尼奥·葛兰西：《狱中札记》，曹雷雨、姜丽、张跣译，郑州：河南大学出版社，2014，第11页。

②　安东尼奥·葛兰西：《狱中札记》，曹雷雨、姜丽、张跣译，郑州：河南大学出版社，2014，第11页。

体，他们既可以参与意识形态的建构与维护，也可以从事意识形态的批判与破坏。因此，西方社会要想取得革命的胜利，则必须培育无产阶级的"有机知识分子"。第三，坚持文化场所的斗争。葛兰西指出，无产阶级要想取得文化领导权，必须经历长久艰苦的文化"阵地战"。在他看来，文化领域俨然已经成为无产阶级与资产阶级斗争的场所，文化在这里成为一个夹杂着妥协与斗争的动态领域，是一个不同力量之间不断进行调整、趋于平衡的过程。

总的来说，文化霸权理论对政治领导权、文化领导权和综合领导权所作的分析与阐释，为欧洲工人阶级社会革命提供了新的理论基础。威廉斯吸收与借鉴了葛兰西"文化霸权"理论中有关文化问题诸多见解。一方面肯定了"霸权"作为一种概念超越了"文化"与"意识形态"，更加有利于对文化过程与文化关系展开深入研究；另一方面借鉴了从文化霸权的视角来社会主义运动和社会变革，并强调文化领导权的建设不仅要求领导者和精英分子的努力，更需要大众的参与和认同。

再次，循着"文化主义"的发展逻辑，法兰克福学派对战后发达工业社会普遍的异化现象和现代人的文化困境予以深刻剖析，开启了更为深入的"文化意识形态批判"理论。针对资本主义新变化所带来的新问题，法兰克福学派详细考察当代社会的总体现状后，他们认为发达资本主义社会通过文化工业和大众文化输出资本主义的意识形态来控制人的内心世界，将现代人异化成为丧失批判向度的单向度的人，并以此强调资本主义社会的异化在根本上是一种深层次的文化危机。

法兰克福学派"从'否定的辩证'出发，把当代西方社会既看作是一个'总体文化'的社会，也看作是一个'总体统治'的社会，并对资本主义社会展开了社会和文化批判。"① 具体来说，法兰克福学派认为发达工业社会稳定运行的一个根本原因在于它们有一个维护现行社会秩序的统治工具，即技术理性与大众文化深度融合的新型意识形态。这种工业主义下的大众文化已经沦为了非创造性的、商品化的、标准化的文化消费品，丧失了追求自由与超越的文化本质。为此，他们批判大众文化对资产阶级"意识形态"的维护功能，认为资产阶级所倡导的文化工业和大众文化在本质上就是一种充满欺骗性的虚假意识，成为

---

① 王雨辰：《哲学批判与解放的乌托邦》，哈尔滨：黑龙江大学出版社，2007，第59页。

一种操控和压抑现代人的异化力量。

尽管在总体上法兰克福新学派都把文化意识形态斗争作为批判理论的核心主题。但是在对待文化工业的态度上，法兰克福内部还是产生了一定的分歧。针对这些标准化、大众化和同一化特征的文化产品，阿多诺和霍克海默是持否定与激烈批判的态度。在他们看来，这种文化产品不仅扼杀了人们自身的想象力与创造性，还通过消费主义的强大力量操纵和欺骗大众的生产与生活，使人们丧失了批判意识，削弱了反抗能力。马尔库塞在此基础上进一步阐发现代人成为受资本支配进而异化为追求虚假需要的单向度的人。他指出"现行的大多数需要，诸如休息、娱乐、按广告宣传来处事和消费、爱和恨别人之所爱和所恨，都属于虚假的需要这一范畴之列"[1]。而正是这些虚假需求遮蔽了人们对自由与解放追求的真实向往。但是本雅明在分析批判这种工业文化的基础上则提出了不同看法，并且还从艺术层面肯定了工业文化积极进步的一面。在他看来，机械复制技术的发展打破了传统意义上统治阶级精英垄断文化的局面。正是文化工业的生产与传播使得大众获取更多的"文化"体验。同时，本雅明还进一步挖掘这种"大众文化"里所蕴含的革命潜质，以期推动社会政治进步。

威廉斯有针对性地批判吸收法兰克福学派的文化理论。一是他批判吸收了法兰克福学派将消费主义价值观作为资产阶级意识形态的重要论断，并对媒介商业化的"大众文化"与自发形成的"工人阶级文化"作出了明确的区分，强调并不是所有的"大众"都是消极被动的消费者，同时肯定了工人阶级文化的独特意义与积极作用。二是继承了法兰克福学派关于文化生产的有关论述，形成了具有物质性与社会性特点的文化生产研究范式。三是发展了法兰克福学派有关技术传播的思想，在威廉斯看来，大众媒介不只是技术理性发展的结果，还是人类社会发展的后果，它与我们的社会政治经济生活紧密相连。他既认可了"现代传播技术为工业社会带来革命的力量，以层出不穷的创新的可能和现实，给资产阶级社会的政治、经济、文化传统造成最大的冲击，也给各种新的文化形式的产生发展带来了契机"[2]，但他也从文化视域对技术理性展开了深入的理论批判。

---

① 赫伯特·马尔库塞：《单向度的人》，上海：上海译文出版社，2008，第6页。
② 许继红：《雷蒙德·威廉斯：技术解释学思想研究》，北京：人民出版社，2016，第184页。

最后，阿尔都塞结构主义①理论也为英国"文化研究"提供了新的视角与研究范式，推动了文化研究的深入和发展。阿尔都塞通过对社会历史等多方面的考察，着重从政治层面来展开对意识形态的深入研究，开辟了意识形态研究的全新视域并提出了极富原创性的文化理论。

结构主义通过强调结构的决定性作用，来揭示事物的本质和内在逻辑。在结构主义的理论框架中，意识形态被视为一种社会现象，它反映了社会结构和文化系统的深层次结构和规律。展开来说：第一，意识形态是一种普遍无意识的结构，是永恒和普遍地存在人类社会之中，阿尔都塞把意识形态看作是一种超历史的存在，同时也把"人"看作是意识形态的产物，并认为意识形态结构塑造了人们对现实的认识。第二，意识形态在塑造人的社会关系中发挥了重要的作用，这种塑造不仅体现在现实的关系中，还体现在想象的关系中。阿尔都塞认为意识形态在某种程度上就等同于幻觉和暗示，表达了人们与生存世界之间的想象关系。换句话说，意识形态本身并没有虚幻和真实之分，更多的时候体现了人们在理解自身现实生活时一种想象需求。第三，意识形态的基本职能是实践的和社会的，阿尔都塞指出意识形态在人类的社会生产生活中扮演了支配者的角色。意识形态作为一种思想结构，其本身并不存在真实与否的问题，因为人们的思想、感知和经验都已渗透到这种思想结构之中，因此人类对世界和社会历史的任何自觉意识都是受这种无意识客观结构的支配。

值得一提的是，阿尔都塞的矛盾多元决定理论也为威廉斯提供诸多启示。阿尔都塞认为社会发展是由各种不同矛盾共同构成的，不平衡的状态不仅以简单的外在形式出现，还以每一个矛盾内在形式出现，即"矛盾是同整个社会机体的结构不可分割的，也是同该结构的存在条件和制约领域不可分割的；矛盾在其内部受到各种不同矛盾的影响，它在同一项运动中既规定着社会形态的各方面和各领域，同时又被它们所规定"②。他进一步指出，社会作为一个复杂统一的整体，分别由经济、政治和意识形态等三个层次建构而成。在真正的历

---

① 结构主义：是一种被广泛应用到诸多领域的研究方法（如社会科学、人类学和文学批评）。人们普遍认为结构主义可以追溯到费迪南·德·德·索绪尔的一本名为《普通语言学》（1916）的著作，尽管俄国结构主义理论家罗曼·雅各布森首次运用了结构主义这一概念。在索绪尔的书中，他试图建构一种对意指过程的科学阐释，这被他称为符号学——符号的科学。即在他看来，所有的语言（不仅包括口语，还包括各种交流方式）都可以被分析为关系的结构体系。

② 路易·阿尔都塞：《保卫马克思》，顾良译，北京：商务印书馆，2010，第89页。

史发展是通过经济、政治和意识形态的交替作用而推动的，并不是以一种"单纯的"形式或某一层次独立发挥作用。换言之，真正的历史进程是在上层建筑的许多形式中为自己"开辟道路"，而不仅仅依靠某一形式的特定力量，因此，在所谓经济因素起决定的过程中其他有效决定性因素的作用也同样不可忽视。这种多元决定论思想也为威廉斯调和文化主义提供了关键性的启示，并为威廉斯提出文化动态三元结构理论提供了坚实的理论支撑和丰富的素材。

综上所述，在西方马克思主义的"文化转向"过程中，文化研究层层递进，不断深化，折射出"文化问题"不仅是面向当代社会变革的现实需要，同时也是在回应马克思主义文化维度的理论需求。特别是在"60年代和70年代，英国马克思主义者致力于与欧洲文学理论、哲学理论和社会理论传统的拥护者进行批判性对话，而这种对话为英国文化马克思主义的发展产生了不可磨灭的影响"[1]。

在威廉斯看来，综合考察这些理论对文化概念的运用，为他提供了一种批判与阐释的新方法，进而同马克思主义建立一种新的自觉联系。其一，"文化转向"强调文化在社会变革中的重要作用，促使威廉斯的研究更加关注文化与社会现实的关联，而不是仅仅停留在文化文本的解读上。其二，"文化转向"推动了威廉斯对文化概念的重新定义，从而更全面地揭示文化与社会的关系。其三，"文化转向"还启发了威廉斯的研究方法。他开始采用跨学科的研究方法，结合社会学、政治学、心理学等多个学科，对文化现象进行更为深入的分析和解读。

① 丹尼斯·德沃金:《文化马克思主义在战后英国》，李凤丹译，北京：人民出版社，2008，第9页。

第二章　威廉斯文化思想的解放旨趣

从文化维度开辟人的解放道路，正是威廉斯文化思想的旨趣所在。对文化的重新定义是威廉斯整个文化思想的理论起源，对解放的诉求则是其整个文化思想的理论归宿。通过对文化概念的考察与梳理，威廉斯扩展了文化的内涵，将文化界定为整体的生活方式，赋予文化以实践性和物质性的特征，强调"文化"与"物质"的联系，并在此基础上提出了文化唯物主义。文化唯物主义不仅是威廉斯展开文化分析的重要方法论基础，也是他阐发有关解放思想的核心认识论原则。随着文化唯物主义的理论逐步展开，威廉斯文化思想的解放意蕴得以不断显现。

第一节　威廉斯文化思想的关键概念

威廉斯的文化思想中，"文化"与"解放"两大关键词贯穿始终，深入剖析并系统阐述其现代内涵，对于精准把握其理论生成至关重要。因此，本节将聚焦于这两个基本概念，深入探讨其在威廉斯文化思想体系中的核心地位。

一、对"文化"概念的考查与界定

古今中外，关于"文化"的界定众说纷纭。自泰勒对"文化"提出首个现代定义以来，有关文化的诠释就层出不穷。这种现象不仅凸显文化本身的内涵的复杂性，也反映文化的定义涉及各种不同的社会、历史、知识的多样性。由于文化概念这种指涉对象模糊、外延泛化波动、研究视角不同的特征，导致对文化的界定标准愈发难以统一，对文化概念的辨析愈发显得困难。有的学者认为"文化"是由于自身的普适性而成为一个歧义丛生的概念，另一些学者则认为，这种"歧义丛生"正是文化研究的繁荣与活力的体现，它展示了人类生活方式的多样性、选择性和创造性。进而言之，文化在对话思想交流中不断塑造自身的概念内涵，成为不同学科领域和思想体系中不可或缺的重要组成部分。文化作为一个多层面、多样态、多质态的概念，综合性、多义性、广域性就是其根本特征。面对文化意涵的复杂多变，如果没有对文化概念的理论自觉，势必会导致文化分析无章可循，进而无法形成任何有益的文化理论。因此，厘清文化的内涵指向和外延边界乃是开展文化研究的重要前提。

在西方，"文化"一词可以说是最为复杂的词汇之一。文化一词可追溯到古拉丁文 colere，最初的意涵有居住、栽培、栽种、保护、朝拜等等，主要为人类居住和养殖之意。随着时间的推移和空间的转换，该词的含义演化为人类作用于自然、社会及自身，并使得自然存在、社会存在所发生的一切符合人类主观意图的变化。作为西方文明起源的古希腊拉开了对文化问题思考的序幕。古希腊人在对自然的追问中创制了真正的哲学，不仅奠定了后来西方文化思想的基石，还提出了诸多关于文化发展所需探究的核心问题与答案，因此文化最为古老的定义离不开早期的哲学意涵。两千年前的哲学家马库斯·西塞罗，他提出了"cultura anima philosophia est"这一说法，英文释义为"culture is the philosophy or cultivation of the mind"。即文化是哲学或心灵的培育。从词源上看，cultivation 的原意指耕种，引申意为培育，这个定义强调了文化和自然的联系，同时还有脑力劳动同体力劳动的联系。

在早期用法里，文化还是一个表示"过程"的名词，这一用法一直延续到中世纪。例如，15 世纪时，文化主要的意涵里包含着农事方面对动植物的照料与成长。至 17 世纪初，通过隐喻的手法，文化从"照料动植物的成长"的意涵延伸为"人类发展的历程"。18 世纪后，启蒙的兴起丰富了文化的内涵，文化开始与理性、教养、知识等概念深度融合在一起，逐渐成为精神的一种"替代品"。到了 19 世纪，爱德华·泰勒从人类学角度对文化概念重新予以定义，使得文化一词首次在真正意义上具备了现代内涵。在《文化的起源》中他如此说道："文化或者文明，从其广泛的民族志意义上而言，它是一个错综复杂的综合体，包括知识、信仰、艺术、道德、法律、习俗和人们作为社会成员所获得的任何其他能力和习惯"①。有学者指出，泰勒将文化与文明等而论之的做法相较于前人从不同侧面对文化概念予以阐释来说是一个显著的分水岭。泰勒的定义为人们全面理解文化提供了一个清晰的框架，使得文化作为一个复杂而综合的概念进入了人类的视野，"文化不仅是一个特定社会或社群的活动，还包括一切外在的和内在的活动，它是信仰、信念、知识、法令、价值乃至情感的行为模式的综合"②。这种对文化的现代解读也为威廉斯重新界定文化奠定了重要基础。

首先，为了打破以往对文化概念的困境，威廉斯对"文化"的定义进行了深入细致的分类考察与梳理。他在《关键词》中对"文化"的定义主要意思做出三类区分："（一）独立而抽象的名词——用来描述18世纪以来智力、精神与审美的一般过程；（二）独立的名词——无论是广义或狭义方面，用来表示一种特殊的生活方式（关于一个民族、一个时期、一个群体或全体人类），这是根据赫尔德与克莱姆的论点而来的；（三）独立抽象的名词——用来描述关于知性的作品与活动，尤其是艺术方面的。"③ 在他看来，第一类意涵与第二类意涵十分接近，都是从"过程、历程"中衍生而来，而第三类意涵则发生较晚。"文化"词义的变化与重叠揭示了"文化"复杂内涵中所包含的复杂关系，即普遍的人类发展与特殊的生活方式之间的关系，以及它们两者与艺术作品、智能活动之间的关系。实际上，这些不同的含义不仅显示了思维观点的不同、暧昧或重叠，同时也包含了对于活动、关系与过程的不同观点。为此威廉斯总结指出，"文化"首先是指"对自然成长的照管"，进而延伸为"人类发展的历程"，随后描述"整个社会智性发展的普遍状态"，再次是强调"艺术的整体状况"，最终演化为"包括物质、智性、精神等各个层面的整体生活方式"。

其次，为了深入剖析"文化"的现代意涵，威廉斯将"文化"置于社会的整体语境中，与特定历史时期的政治、经济、社会状况联系起来进行考察，依据重大历史变迁的影响来分析"文化"现代意涵的嬗变。在《文化与社会》一书中，威廉斯选取了40多位活跃于英国18世纪下半叶与19世纪上半叶的著

---

① Edward Burnett Tylor, *The Origins of Culture* (New York: Harper and Row, 1958), p.1.

② 陆扬、王毅：《文化研究导论》，上海：复旦大学出版社，2015，第7页。

③ Raymond Williams, Keywords: A Vocabulary of Culture and Society (New York: Oxford University, Press, 1985), p.90.

名作家、思想家，通过分析他们对工业革命和文化问题的不同见解，综合梳理"工业""民主""阶级""艺术""文化"五个关键词的内涵变迁，来揭示文化概念的演变与社会发展历史进程之间的密切联系。

威廉斯指出的第一个重要的词汇是"工业"（industry）。在工业革命之前，人们对这一词汇的理解普遍是勤劳刻苦。在18世纪后期则衍变出了工业生产的意义，即用来描述生产制造体制及其一般活动。到了19世纪，随着这种生产体制的日益发展，工业一词开始派生出"工业主义"（industrialism）的涵义，这一涵义的转变不仅意味着人们对技术革新及其相应生产方式变革的认可，同时也是对由此引发的整体社会变革的一种默认。与"工业"同时期完成转换的另一个词就是"民主"。"民主"（democracy）的原意可以追溯到古希腊，意为"由人民治理"。然而在18世纪末到19世纪初，"民主人士"开始被称为具有颠覆危险的暴民煽动者，直到受到美国独立革命和法国大革命的影响之后，才逐渐获得了现代政治意义。工业革命与民主政治共同催生了"阶级"（class）的现代意蕴。"阶级"一词此前仅仅特指学校或大学里的一个组别或群体，随着19世纪英国的社会结构与社会情感所发生的显著变化，"阶级"便被注入了各种含糊不清的现代涵义用以表明社会等级的分化。与"工业"一词情况极为相似的"艺术"（art），原本用来描述人类关于技巧的特质，特指各种不同的技术，现在却演变为一种体制或是一种活动团体。在威廉斯看来，文化（culture）一词正是在这一关键时期发生显著变化。"'文化'一词的演化记录了我们对社会、经济、政治生活领域的变迁中所作出的一系列重要而持续的反应，'文化'可以看作是一幅特殊的地图，借助它，我们可以对这种种社会历史变革的本质予以探索。"[1]这些被文化所记录的"隐藏"关系，正是"文化"一词现代意蕴的集中体现。

最后，为了进一步阐释文化的价值与意义，威廉斯创造性地将文化的定义划分为三种类型。第一种是"理想的"文化，主要是人类根据某些绝对的或普遍的价值而追求自我完善的一种状态或过程，它强调的是与人类普遍状况有关，凸显的是人们所追求的价值。第二种是"文献的"文化，特指人类历史发展过

---

① Raymond Williams, *Culture and Society 1780-1950* (London and New York: Columbia University Press, 1958), p.9.

程中各种思想性和想象性作品的实体，它是以各种方式记录下来的人类思想与经验。同时人们的思想与经验也可以借助这类文化的批评功能进行描述与评价。第三种是"社会的"文化，这类文化强调对一种特殊的生活方式的描述，主要是包含在艺术和学识中，以及在各种制度和日常行为中的某些意义和价值。

在威廉斯看来，上述三种划分既有内在联系但又都不够全面，只是从不同侧面凸显文化的价值与意义，他主张应该综合这三种类型的特点来阐释文化的特点。他进一步分析指出，"无论是注重普遍意义和价值理想型定义，还是凸显一种特殊生活方式的文献型定义，抑或强调特殊意义和特殊价值的社会型定义，其划分的初衷都是为了确立一种新的文化标准，真正的目的在于通过不同类型文化的变化模式从而能够从中发现某些规律和趋势，以便使得我们能够更好地理解社会和文化的整体发展"①。就此而言，文化所承载的远不止人们的价值观念，抑或智性与想象力的作品，它更是记录社会历史发展的重要载体。透过文化，我们能够深入洞察社会发展内部各要素间错综复杂的关联。

总之，威廉斯通过深入分析现代社会、经济、文化等主要领域的发展状况，揭示了文化概念总是存在于现代理论和实践的核心地带，并在对文化概念的分析与考察中形成了自己独特的文化定义。他将文化界定为"整体的生活方式"并强调"文化理论就是对整体生活方式中各因素间的关系所做的研究。对文化进行分析，就是尝试发现这些关系的综合体的组织性质"②。

二、对"解放"概念的释义与探讨

纵观整个人类社会发展历史进程，人的解放既是社会发展的前提，也是社会发展的最终指向。近代以来，启蒙理性和文艺复兴都相继为人学思潮的"觉醒"发挥了巨大作用，被恩格斯评价为人类有史以来经历过的一次最伟大的、进步的"解放"。为了深化对"解放"的认识与理解，威廉斯从词源的角度深入考察了"解放"的变迁。具体来说，威廉斯是在对 liberal（自由的、变革的）和 liberation（解放）两个词的意涵分析中阐释了"解放"的本真意蕴。下面我们分别就对这两个单词从释义的角度予以探讨。

---

① Raymond Williams, *The Long Revolution* (London: Pelican Books, 1965), p.57.

② Raymond Williams, *The Long Revolution* (London: Pelican Books, 1965), p.63.

威廉斯认为"liberal"这个词在现代用法里具有明显的政治意涵。实际上，这个词一开始的社会意涵指的是一个特别阶层的自由人（freeback），到了14世纪它开始出现在英文里，是由法文 liberal，拉丁文 liberalis 转换而来。可以说这个词在早期的一个普遍意涵就是自由。15世纪后，它具有了"正式的许可"或"特权"的意涵，通常是指来自某种最高统治权所授予的权力。到了16世纪，在 liberal 的实际用法中，它已经成为表述自由意志的习惯用语。18世纪末期，liberal 的词义又延伸出另外一种含义——"不严格的"，也意味着"不严厉的"或者是"没有纪律的"①。在这里，威廉斯指出，liberal 一词的词义被肯定，主要是在18世纪末期和19世纪初期，它的意涵即有了"开明的"意思。自19世纪初期开始，它开始有了政治上的自由主义之意涵。到了19世纪末期，这个词开始兼具政治与社会意涵。例如它在20世纪中期"自由论社会主义"里就被运用得十分普遍。这种"自由论社会主义"并不是自由主义，而是反对中央集权、官僚控制的一种社会主义。事实上，当 liberal 作为一个政治词汇时，我们显然有两种根本不同的感受。一方面，保守派批评 liberal 意味着缺乏管束和缺乏纪律。而另一方面，liberal 也被作为一个集体概念，用以表示进步的或激进的观念。从其本意来看，liberal 的核心意蕴强调的乃是人的自由。

liberation 与 liberal 在词根上显然有着十分紧密的联系，liberation 本身也是 liberal 一词的引申义。威廉斯指出"liberation"从15世纪起开始成为英文，与它相近的法文词源 liberation 意指释放或免除。"解放"一词的早期用法主要是在法律和行政领域，特指法律上的豁免权。18世纪起，其含义被延伸为选举权。到了19世纪和20世纪 Liberation 具有了新的普遍用法，特别是作为一种名词，用来表示在被占领的国家——尤其是法国，对于法西斯主义的抵抗运动；也可以表示占领的国家或军队被武力推翻。事实上，这种抵抗运动的意涵在20世纪也被广泛用在劳工运动之中，例如"工人阶级的解放"与"工资奴役制度"关联在一起。由此观之，"解放"一词的意涵转变在于：从终止剥夺法律资格或取消特权，转变为"赢得自由和自决"的普遍意涵。通过对上述两个词的考察，我们可以清楚地看到，"解放"作为一个政治词汇，它与"自由""抵抗运动"

---

① Raymond Williams, *Keywords: A Vocabulary of Culture and Society* (New York: Oxford University Press, 1985), p.180.

有着十分深刻的内在关联。解放的目的和形式无非也就是为自由和反抗。

经过对这两个词汇的细致分析和深入考察，我们不难发现，"解放"作为一个政治概念，与"自由"和"抵抗运动"之间存在着深刻而紧密的内在联系。事实上，解放的本质和目的，以及它所采取的形式和手段，均可以归结为追求自由和反抗压迫。有基于此，马克思主义的解放思想，在现代语境下，便具有了划时代的深远意义。作为一种理论体系，它旨在指导广大受压迫、受剥削的无产阶级和劳动人民推翻资本主义统治，争取民族独立与自由解放。在马克思主义中，"解放"这一概念被赋予了全新的理论内涵，人的解放成为其思想的出发点和最终归宿，也是理解和实践马克思主义的价值旨趣所在。诚如恩格斯对马克思的评价："马克思首先是一个革命家，他的毕生使命就是通过参加不同方式的事业来推翻资本主义社会以及其所建立的国家设施。马克思通过参加现代无产阶级的解放事业促使现代无产阶级意识到自身的地位和需要，以及自身解放的条件。对他来说，斗争是他重要的生命要素，他一生都怀着满腔热情、以坚韧不拔的态度进行卓有成效的斗争。"[①]

在马克思主义的理论建构中，人的解放始终贯穿其中，成为其思想的主题。他强调，人的解放不仅是思想活动，更是历史活动，只有通过彻底的解放，才能实现一切人的自由全面发展。虽然社会历史条件的不同，导致马克思在不同时代对人的解放思想的具体表述和实践方式有所不同，但从根本上讲，无论时代如何变迁，人的解放的最终目的都是摆脱束缚和奴役，使人从异化状态回归本原，使人的世界即各种关系回归于人本身。

威廉斯继承与吸收马克思主义解放理论的内核，提出了解放意蕴浓厚的文化思想，即借助文化的物质实践力量来实现人的解放。在他看来，文化理论的总基点应当是由维柯最早提出而后由马克思主义重新加以强调的如下命题："人类自己创造自己的历史"。威廉斯强调：在马克思那里，文化应该是人类社会特有的本质规定性，而不是一种具体的特质和相对独立的社会现象，文化是人的本质性的存在方式和社会存在方式不可或缺的重要组成部分，文化即人化，是人的本质力量的对象化。正因如此，威廉斯遵循马克思主义有关人的解放旨趣，通过明确文化在人类历史进程中所承载的物质力量以及文化自身所体现的

---

① 《马克思恩格斯文集》（第3卷），北京：人民出版社，2009，第602页。

创造性和实践性，希冀从文化领域重新挖掘"解放"的力量。在他看来，文化不仅是现实的物质的生活方式，还是权力角逐的新"场域"，文化斗争进而成为社会变革的关键所在，所以需要通过发掘文化的解放力量来实现人的解放。或许正是这种对马克思主义的理解和解释方式，使得他在文化研究和社会批判领域产生了深远的影响。

第二节　威廉斯文化思想的理论核心

威廉斯认为，由于马克思主义将文化看作是由物质历史所决定的上层建筑，这种将物质与文化分离的做法被某些人以一种唯心主义的方式加以解读与发展，导致作为"结构性的人类过程"文化内涵长期遭到人们的忽视与误读。他为此指出这种对文化的误解显然违背了以重视人类创造力为核心的马克思主义解放思想的本意。在威廉斯看来，文化是一个不可分割的整体，文化本身更不是经济活动的从属物，它同政治、经济、社会有着密切共生的关系。通过重新反思与阐释马克思主义有关"基础与上层建筑"的相关命题，威廉斯强调了"物质"与"文化"的有机联系，在历史唯物主义的立场上提出文化唯物主义[1]，目的是通过突破基础与上层建筑的僵化公式，以阐释文化活动的整体复杂性，强调文化的能动过程性与物质实践性，以揭示文化在人类历史过程中的构成性作用与意义。

一、以反思基础与上层建筑为逻辑起点

威廉斯在《马克思主义与文学》中指出："任何针对马克思主义文化理论的现代探讨从一开始都必定要考虑具有决定性的基础和被决定的上层建筑这一

---

[1]　威廉斯在《论 1945 年之后的英国马克思主义》中自我评价道："经过一个复杂的过程，历经多种理论和多种探究形式的变迁，我花费了三十年脱离了公认的马克思主义理论的禁锢，才到达我现在的立场——我称之为文化唯物主义"。之后在 1977 年的理论著作《马克思主义与文学》中进一步对文化唯物主义做出"最为清楚的表述"，即"在历史唯物主义语境中强调文化与文学的物质生产之特殊性的理论。"

命题"①。这是因为长久以来，基础（base）与上层建筑（superstructure）这一对理论范畴被看作是理解历史唯物主义原理的重要基石。正是围绕基础和上层建筑，马克思主义的文化思想才得到进一步的阐释和发展，由于马克思与恩格斯并没有对基础与上层建筑理论予以集中专门讨论，而是依据需要在不同时期从不同侧面来论述这一类理论范畴，导致基础与上层建筑理论呈现出一定的模糊性与争议性。

有鉴于此，威廉斯指出问题的关键出在马克思到主流马克思主义的转化过程中，解决问题的关键是厘清具有决定性的基础和被决定的上层建筑这一前提。在他看来，马克思对基础与上层建筑命题论述采用的是一种比喻的说辞，来试图阐释现实过程中二者之间错综复杂的关系，但随着将基础与上层建筑结构关系简化为经济基础决定上层建筑的二元关系，这一理论发展演化为一种僵化机械的经济决定论。针对这一问题，威廉斯基于历史唯物主义立场，从文化问题入手，试图通过重释"基础""上层建筑""决定"这些核心范畴来破除教条主义解读范式，以便重新确定马克思主义与文化理论的内在关系。

首先，威廉斯综合分析指出，"上层建筑"这一术语在马克思之后的用法里，主要指称某种单一的领域，并主要将文化活动和意识形态都囊括其中。这种用法实际上与马克思本人有一定的出入，因为在马克思的论述中，"上层建筑"在不同语境下被赋予了不同的内涵。最初，它被界定为"法律的和政治的"领域，随后扩展至"一定的社会意识形态"，进一步包括"宗教的、艺术的或哲学的"内容，最终指向整个阶级的"意识形态"。由此可见，马克思的"上层建筑"概念经历了一个不断修正和限定的过程。

威廉斯据此指出马克思的"上层建筑"主要包含了三层含义："一是指表达现有生产关系的法律形式和政治形式；二是表达特定阶级的世界观或者是意识形态；三是指人们在全部活动中所意识到基本的经济冲突，并对这种冲突进行克服的过程。"②在威廉斯看来，虽然"上层建筑"指向制度机构、不同的意识形态以及政治文化实践上三个不同但是相互关联的领域，但他认为"上层

① Raymond Williams, *Marxism and Literature* (London and New York: Oxford University Press,1977), p.75.

② Raymond Williams, *Marxism and Literature* (London and New York: Oxford University Press, 1977), p.77.

建筑"最为重要的意义是它作为建立在某种"基础"之上的一种关于可见的、有形的隐喻性的术语。

其次，威廉斯再次强调了"基础"概念的本质及其核心地位。他指出，与上层建筑一样，马克思在不同阶段对"基础"的运用存在差异，导致后来的学者往往以统一、静态的方式解读"基础"，甚至将"基础"简化为抽象范畴的对象。一般来说，传统意义上"基础"通常也包含三种含义：一是指人类的现实的社会存在。二是指与物质生产力发展水平相适应的现实的生产关系。三是指处在特定发展阶段上的生产方式。然而威廉斯认为这种静态划分并不符合马克思对"基础"的理解。在马克思的理论中，生产活动只有在特定的结构关系中才能成为其他一切活动的基础，因此，作为"基础"的生产活动在实践过程中不可能是统一或静态的，其内涵必然是能动和复杂的。

威廉斯进一步解释道，马克思采用隐喻的手法来使用"上层建筑"与"基础"，目的是用来描述社会生活领域的发展。然而在从马克思到马克思主义的转化中，这对原本内在联系紧密术语却被人为切割为相对封闭的领域或范畴，从而在一定程度上歪曲了马克思的本意。实际上，这种将"基础"与上"上层建筑"加以抽象切割以至于"思维"领域与"活动"领域被分离开来的做法，正是马克思本人曾经抨击过的思维方式。

最后，威廉斯认为不仅要研究"基础"与"上层建筑"的真正内涵，更重要的是还要厘清它们在现实过程中所存在的那种具体的、不可分割的复杂关系。因此他就"基础决定上层建筑"命题中的"决定"（determination）一词提出了自己独特的见解。威廉斯认为"决定"一词的本义是"设定边界"或"设定限度"，然而随着概念的发展逐渐演化两种不同的含义。一种是外部性含义，它指涉某些力量（如上帝、自然或历史等）会控制或决定某一行动或该过程的结果，而又无法超越或无视行动过程参与者们的意愿和要求，这种含义显然颇具神学意蕴；另一种内因性含义则指涉一个过程的基本性质或构成成分的属性决定（控制）着该过程的结果，这些性质和属性才是"决定性因素"，与前者不同的是它强调的是作为限度设定的本义。威廉斯分析指出，马克思在论述"决定"时，本意强调的是由人们在参与社会构成中所做出的有意义、有目的而积极行动的历史过程，绝非那种被动消极的"不以人的意志为转移的"，即人们无法参与和控制的"自然铁律"。因此用"决定性"的自然规律来取代"决定性"的历史过程，显然违背了强调人的主体能动性和"人类自己创造自己的历史"的马克思本意。基于此，威廉斯强调从社会实践的角度将"决定"理解为设定界限和施加压力，意味着"决定"过程不只受单一力量的支配，还包含了人的意志与目的的实践活动，是多种因素交织一起相互影响、相互作用的动态过程。

此外，威廉斯指出"基础决定上层建筑"这一理论命题之所以充满争议，还有一个重要的原因就是对"生产力"（Productive Forces）概念的误读。在他看来，正是"生产"（produce）一词及其变体（生产力、生产产物、生产性）在资本主义发展中经历了特殊的演变历程导致了这种误读。威廉斯分析认为在资本主义语境中，作为抽象概念的"物质生产"常常被限定为一种具体形式，即在资本、工资劳动以及商品生产等形式中被决定和被理解，以至于忽略了一个重要事实，那就是物质生产本身也是生产出来的。实际上，在人类历史进程中，我们不仅是生产物质财富，还在生产自身和社会。唯有将生产理解为涵盖人类自身、现实生活及社会的全面过程，我们才能深刻理解马克思所说的"人类生产自己的历史"。

他进一步指出：由于"生产"概念长期以来被限定为资本主义的商品生产，导致其指涉"上层建筑"的其他意义也被隐匿起来。正是"由于未能抓住社会秩序的和政治秩序的生产的物质特性，这种特定的唯物主义也就不能理解文化秩序生产的物质特性。因此，这个所谓的'上层建筑'概念就不仅是一种化约，而是一种遁词了"[1]。为此，威廉斯强调，在整体物质社会的动态过程中，"并不存在什么领域、什么世界、什么上层建筑，存在的只是带有特定条件和特定目的的、多样的、变化着的生产实践"[2]，所以传统意义上的"上层建筑"与"基础"具有同等重要性，它们之间的结构关系并不是简单地由一方决定另一方的因果关系，而是相互作用、相互生成的辩证关系。

综上所述，威廉斯在分析考察"基础决定上层建筑"这一命题的基础上，反思与批判当时主流马克思主义对这一理论范畴抽象僵化的理解，通过限定与

_____

[1] Raymond Williams, *Marxism and Literature* (London and New York: Oxford University Press, 1977), p.93.

[2] Raymond Williams, *Marxism and Literature* (London and New York: Oxford University Press, 1977), p.94.

修正"上层建筑"和扩大"基础"的内涵来重释二者的结构关系，将它们之间的辩证运动看作是一个整体的、具体的、不可分割的现实过程。威廉斯对"基础"与"上层建筑"命题的这一研究不仅有力批判经济决定论中对"文化"的遮蔽，还为文化唯物主义的提出给予了重要的理论支撑。

二、文化唯物主义的最终形成

"文化唯物主义"是在历史唯物主义的视域中对物质文化和文学生产特性的一种具体阐释，它重在强调文化的能动性、过程性和物质实践性，即将文化视为一种社会实践和物质现象，强调了文化与经济、政治等其他社会实践相互关联、相互塑造。通过对基础与上层建筑的反思，威廉斯突破了传统马克思主义对文化的理解，并在此基础上构建了文化唯物主义的理论框架。具体如下：

首先，以"中介论"取代"反映论"。威廉斯认为仅仅凭借反思经济基础与上层建筑的模式还不足以解释文化的特性。为此，他从基础与上层建筑模式所衍生的"反映论"问题入手来分析文化的能动性。他指出，由于对生产力和决定过程所做出特定的和限制性的解释，导致艺术和思想被描述为"反映"，这种对艺术和思想的化约恰恰遮蔽了艺术家和思想家对"现实世界"的能动改造。这种艺术反映论作为一种典型的"反映论"问题，错误地将文化活动视为经济活动的简单反映。

威廉斯认为反映论本来只是一个普通的比喻说法，却逐渐演化成为一种僵化的公式。这在无形中遮蔽了文化艺术的创造性、社会性以及物质性，带来十分严重的后果。他进一步分析道，"艺术反映论"实际上是一个物理比喻，它借助光的物理特性，当物体和运动与镜面（在此，威廉斯将心灵比作镜面）发生关联时，便产生了反映。然而，这种将艺术和思想描述为反映的观点，完全遮蔽了物质材料和物质社会过程的实际运作情况。特别是对于艺术活动而言，其创作过程中所体现的能动性特质，在这种机械式的"反映"中被彻底淹没。

威廉斯对"反映"论未能充分揭示艺术活动动态能动性过程的问题，提出了以"中介"术语进行重构的解决方案。威廉斯认为"中介"一词的本义旨在描述一种能动的过程，引申义则是强调彼此分离的不同活动类别之间的一种间接性联系或环节。威廉斯认为，采用"中介"来替代"反映"能更准确地描述"基础"与"上层建筑"之间复杂多变的关系过程。这一术语不仅凸显了事物的能动特性，避免了"反映"所蕴含的被动意味，同时也展示了原本界限分明的范畴如何在互动中变得复杂交织。因此，威廉斯提出"中介"理论，旨在凸显简化后的"基础"与"上层建筑"之间积极的动态关系。尽管从某种程度上来看，积极能动的"中介"相对于消极被动的"反映"的确是理论上的一大进步，但是在应对社会过程（制造意义和价值的必要过程）中的实践关系时，"中介"一说还稍显不足。

其次，以"文化动态论"改造"文化霸权论"。威廉斯为更清晰地阐述文化与社会过程的关联，引入了葛兰西的"霸权"概念来改造原有的"文化霸权论"。在传统马克思主义中，"霸权"一词主要指的是统治阶级。然而，葛兰西对"霸权"与"统治"进行了明确的区分，将"霸权"应用于描述那些由政治、社会以及文化力量共同构成的复杂网络中，能够发挥积极作用的力量。因此，相较于"中介"论，霸权概念更能全面揭示文化与社会之间的复杂互动关系。

引入霸权概念虽然解决了"中介"理论在实践中遇到的困境，但是如何在能动的、构成性的变化过程中把握霸权又成了新的理论难题。威廉斯提出，霸权并不只是各种主导性质与因素的集合，它还包含了与其分离、不同甚至是对立的意义、价值与实践，只有从这种整体的视域下审视霸权的组构过程，才能理解文化过程的本质。因此，他在"霸权"的基础上，将文化过程划分为三个方面，即传统、习俗机构与构形三个方面。其一，这里的"传统"并非惰性的历史产物而是一种能动塑造力，"传统"在实践中表现出主导霸权的压力和限制，意味着它在文化的组构过程中发挥着重要作用。其二，所谓习俗机构是指类似家庭、学校、社团、职业以及各种传播媒体等对能动的社会过程有着深刻影响的"社会生活机构"，这些"社会生活机构"所蕴含的意识、价值和实践就构成了霸权的现实基础。其三，构形则指称在精神生活和文化生活中有意识的运动和趋势，它们有着巨大的历史多变性，且与社会结构有着紧密的现实关联。正是由于构形存在的多样性，才避免文化过程沦为某些霸权的功能表达。威廉斯对文化过程的这种划分旨在弥补霸权理论在阐释文化构建过程方面的不足。他强调，真正的霸权状态应该是霸权形式与有效的自我确认的结合，这意味着真正的文化过程离不开主体的能动性。

为了进一步说明文化的复杂演变过程以及在历史变化中诸因素之间的动态关系，威廉斯将文化实践划分为主导的、残余的与新兴的三种类型并予以说明。主导文化，即在某一文化发展过程中始终占据主导地位、体现核心特质的文化体系，它是推动和执行文化霸权的主体部分。它往往反映了在社会发展特定阶段掌握主要权力的阶级或团体的利益及价值观。相对于主导文化来说，残余文化则是指那些不能根据主导文化来证实或表现的某些经验、意义和价值，它们在以前的社会形式中的文化和社会残余物的基础上得到了生存和实践。新兴文化则不同于以往任何形式的文化，它意指新的意义和价值，新的实践，新的意义和体验，孕育着一种新的社会秩序的可能性。在他看来，残余的、主导的和新生的动态过程揭示了文化活动所体现的复杂性与社会过程性。

最后，以文化生产论凸显文化物质实践性。威廉斯认为，认识人类活动的最大障碍在于把握从经验到完成产物的直接性、经常性的转化过程。换句话说，就是如何把握文化理论与社会经验的内在关系。在他看来，文学文本的物质性与实践性在把握现实的复杂中介过程中发挥了重要作用，它们来自社会生活，同时又在此基础上完成了对社会生活的转换，从而成为一种创造新的意义与观念的物质生产活动。

威廉斯认为要想真正理解文化是一种物质性的社会生产活动，就必须了解到语言本身也是作为一种特殊的社会实践而存在的。他在继承与发展马克思主义理论基础上，摒弃了传统理论中将语言仅视为"工具"的观念。他认为，语言既体现人类独特的存在方式，也是构建世界的实践方式。在他看来，"我们所拥有的，是通过语言对现实的一种把握；语言作为实践意识，既被所有的社会活动（包括生产活动）所渗透，也渗透到所有的社会活动之中"[①]。威廉斯进一步指出，这种语言上的把握具有社会性和持续性，处于不断变化的社会关系之中。语言作为一种现实的中介，它将主体与客体之间的那种抽象的经验关系通过言说予以接合表述。简而言之，语言是一种持续能动的物质实践过程，与社会活动紧密相连，使人们能够通过语言实现对现实世界的把握。

威廉斯根据语言的物质实践性特点，将语言视为揭示社会生活总体性关系

[①]　Raymond Williams, *Marxism and Literature* (London and New York: Oxford University Press, 1977), p.37.

以及语言在建构社会过程中所起的隐性作用的"中介"。他进一步指出，文学文本并非仅作为特定表述的抽象概念，而是作为特殊的社会范畴和历史范畴，体现了语言的社会性发展的特定形式。文学通过语言与社会相联系，成为生产各种意义和观念的一般过程，以意义建构和符号表征的形式根植于人们的现实社会关系和社会活动中。因此，文学文本的生产在根本上体现了文化的物质实践性。

综上所述，从反思基础与上层建筑这一命题，到文化唯物主义的最终形成，威廉斯实现了"文化"与"唯物主义"有机对接，强调了文化活动的物质形态，凸显了文化实践的基础作用，在历史唯物主义的语境中建构了文化唯物主义的理论范式。

作为一种结合马克思主义与文化研究的理论范式，既为全面而深入地理解文化与社会经济结构之间关系提供了新的视角，也为在人类学、社会学、文化研究等领域进行跨学科研究提供了新的方法。

第三节　威廉斯文化思想的解放意蕴

如果说传统意义上马克思主义所倡导的是宏大叙事的解放构想，那么在威廉斯这里，人的解放更多地表现为通过文化的介入来对日常生活进行批判与改造。作为威廉斯的理论核心和研究方法，文化唯物主义可以看作是贯穿其整个文化思想的解放基础。为此，结合当时的革命实际，威廉斯提出文化革命的实践方式来实现人的最终解放。

一、主张"文化革命"的实践方式

威廉斯认为"革命"（revolution）一词是一个具有强烈政治意涵的词汇，它的最初含义是用来指涉"旋转"和"循环"的天文学专业术语，后来延伸到政治社会生活领域，主要指称社会政体或制度在几种有限的形式中的循环和演进。与现代革命概念不同，传统的革命概念强调的是对秩序的一种"复归"与"轮回"。18 世纪后"革命"一词演化出打破现有秩序创建新秩序的现代意涵，本质上的含义是为了寻求根本上的改变。通过对革命现代意涵的考察与分析，威廉斯秉承马克思的革命理念，结合当前的总体革命形势，提出了自己独特的文化革命思想。

威廉斯指出革命一词的现代意涵得以奠定主要归功于 18 世纪的法国大革命和英国工业革命。历史学家艾瑞克·霍布斯鲍姆将这两次改变了世界并持续改变世界的大变革称之为双元革命。双元革命最大的综合效果在于推动了整个欧洲乃至世界的现代化进程：一方面发生在英国的工业革命是人类历史上生产力首次摆脱了束缚和桎梏，爆发出巨大的能量使得英国发生翻天覆地的变化，英国通过工业革命一举奠定了"世界工厂"的霸主地位，而由工业革命所确立的自由竞争工业化经济体制，对欧洲乃至世界的经济产生深远影响；另一方面法国大革命作为改变现代世界政治与意识形态的世界性革命事件而备受瞩目，它是由广大群众积极参与试图通过建立现代民主政治体制，以扫除种种特权与不平等的一次民主革命。霍布斯鲍姆因此评价说"双元革命的伟大意义在于，它不仅仅是工业本身的胜利，还是资本主义工业的胜利；它不仅仅是一般意义上的自由和民主的胜利，也是资产阶级的民主和自由的胜利；从根本上看，这是现代经济和现代国家的胜利。"[①] 威廉斯认为，双元革命不仅为"革命"一词注入了现代意涵，它们的变革创造了一个全新的社会，深刻影响着人们的生活方式。

双元革命对世界的深刻影响一直持续到《共产党宣言》诞生才被打破，社会主义和共产主义的思想体系中所孕育的革命力量，为人类历史开辟了一个崭新的时代，赋予了"革命"全新的意涵。马克思将革命概念引进到社会历史领域，并赋予其全新政治与社会的重要意义，开辟了政治和社会革命理论的先河。事实上，马克思本人也正是在延续近代革命概念，以根本变革为中心的意涵基础上，提出了全新的革命理论。在马克思看来，革命是一种必然的历史现象，是实现人类社会历史发展与进步的基本形式。自马克思在《费尔巴哈提纲》中揭示出"问题在于改变世界"的经典论断以来，改变世界也成为马克思主义最为根本的任务和最高的使命。"改变世界"本质上是实践性与革命性的相统一，

---

① 艾瑞克·霍布斯鲍姆：《1789—1848 革命的年代》，王章辉等译，北京：中信出版社，2014，第 2 页。

马克思的革命从某种意义上来说就是人们一切关于"改变世界"的实践活动。然而囿于时代的特殊性，人们常常将马克思主义的革命观局限于政治领域，将革命等同于政治革命甚至是狭义的暴力革命，忽视了社会领域与思想文化领域的革命意蕴，导致了对马克思主义革命概念的误解。实际上，对于马克思来说，革命应该是一个囊括了政治领域、社会领域和文化领域的广义范畴，它的精髓在于否定现存，目的是实现"根本的改变"。为此，威廉斯批判地吸收了马克思的综合多维的整体革命思想，指出"真正的革命便是包括了经济、政治、民主、文化革命在内的一种整体革命"①。

鉴于政治、经济、文化、阶级等各种领域所发生的巨变，威廉斯认为仅仅孤立地考察民主斗争、工业发展、文化传播的扩展是无法深入地理解当前规模浩大的社会变革，只有把这个过程当作一个整体来把握，即只有意识到民主革命、工业革命与文化革命并非三个彼此分离的过程，才能理解到真正的革命是一个整体的、复杂的、整体的漫长进程。在威廉斯看来，民主革命夺得了人们对政治的关注从而使得人民当家作主的思想深入人心，而工业革命刺激了新型民主组织的产生还促使分工的细化进一步推动了民主进程，它们都从不同的领域给现代世界带来巨大的变化与深刻的影响。然而除了民主革命与工业革命以外，还存在着与它们同等重要的第三种革命即文化革命，其内容便是"把积极的学习过程推及给所有人而不只限于部分群体的需求，必须把它看得和民主的发展以及科技工业的发展一样重要。"②在他看来，文化革命就是"必须依靠源源不断的启智和教育手段，从总体上和细节上打垮资本主义社会所生成的意义和价值体系"③。这种文化变革与工业革命和民主斗争一样重要，是推动社会进步和变革的重要力量。

总之，威廉斯认为文化革命是一场深刻的社会变革，它强调文化在社会发展和人类生活中的重要性，文化不仅仅是艺术、文学的集合，更是一种生活方式、价值观和认知体系的体现。作为一种整体革命，文化革命的历程从根本上

---

① 刘进：《文学与'文化革命'：雷蒙德·威廉斯的文学批评研究》，成都：四川出版集团，2007，第11页。

② Raymond Williams, *The Long Revolution* (London: Pelican Books, 1965), p.11.

③ Raymond Williams, *Resources of Hope: Culture, Democracy, Socialism* (Edited by robin Gable, London and New York: Verso, 1989), p.76.

是一个漫长的文化累积和渐进的整合过程，所以他也将这一文化进程称之为"漫长的革命"。对他来说，以文化为核心"漫长的革命"是一场真正的斗争，是有组织的工人阶级争取民主和经济胜利的必要斗争的一部分。作为第三种革命的文化在这一整体漫长的革命中更具核心意味，其目的便是通过"文化"革命的方式来实现人的解放。

二、追求人的解放的终极目标

马克思的革命理念在于"改变世界"，而革命的终极目的是实现人的解放。人的解放作为马克思的价值诉求，是马克思主义全部思想的出发点和落脚点，也是理解和实践马克思主义的真谛所在。威廉斯所倡导的"文化革命"的终极目标是实现人的解放。由此可见，人的解放作为马克思与威廉斯思想共同的核心主题，贯穿于他们理论建构的始终。有基于此，通过对比马克思与威廉斯有关解放的内涵和整体逻辑，我们可以清晰看到，威廉斯在根本上继承与发展了马克思有关人的解放意蕴，并在此基础上形成了自己独特的文化思想。

马克思认为人的解放不是思想活动，而是历史活动，只有经历彻底的解放才能实现一切人的自由全面发展。也就是说，它是"由历史的关系，由工业状况、商业状况、农业状况、交往状况促成的"，[①] 即"解放"受制于社会历史条件状况。威廉斯同马克思一样认为人的解放并不是一蹴而就的，而是一个长期的历史过程。正如他所提出的漫长的革命，人的解放从根本上来讲是长久地消灭现存状况的现实运动。他们都强调，由于社会历史条件不同，人的解放思想在具体的理论和实践过程中必然存在着鲜明的时代特点，换句话说，在不同社会历史条件下"解放"的对象和任务并不一定相同。但是无论是处于何种时代，人的解放最终目的无外乎就是摆脱束缚和奴役，使人从异化状态回归人自身，使人的世界即各种关系回归于人自身。作为历史活动的人的解放可划分为政治解放、社会解放、人类解放三个部分，从共时性上看是相互区别、各有所指的不同向度，从历时性上来说又是联系紧密、环环相扣的发展环节，它们共同构筑了人的解放理论的全部内容。

循着马克思关于人的解放逻辑，为了扬弃社会解放的不足，人类解放作为

---

① 《马克思恩格斯文集》（第1卷），北京：人民出版社，2009，第527页。

人的最终目标不仅是历史的必然，还是现实的需要。人类解放的最终实现就是消除各种异化和推翻各种奴役、压迫人的关系，实现人的自由全面发展。马克思认为人类解放的实现必须付诸建立共产主义，即消灭了异化、消灭了阶级、消灭了剥削的自由人联合体的社会形态。马克思将克服社会解放走向人类解放的历史使命赋予无产阶级。在马克思看来，无产阶级是人类解放从理论走向实践的历史主体与关键力量，人类解放只有通过无产阶级的解放才能实现，无产阶级只有解放全人类才能解放自己。而无产阶级实现人类解放的具体方式就是构建全人类共建、共生、共存的人类命运共同体，来实践人类解放的价值诉求。在马克思看来，共同体思想是关涉整个人类解放问题的重中之重，他指出人类解放的具体展开便是共同体的社会形态，"自由人的联合"是人类解放的目标所在，其价值诉求就是为了最终实现人的自由与全面发展。可以说，共同体思想乃是理解人类解放问题的关键之所在。

只不过与马克思所处的时代不同，21 世纪以来经济、政治与社会各个领域通过文化整合而形成有机的统一体，文化不再是传统意义上与经济、政治相分离的独立存在，而是作为一种整体的生活方式弥散在具体的、历史的、实践的社会活动，在日常生活层面中与人的生存状况息息相关。面对当代西方资本主义的社会、经济、政治、文化领域的深刻变化，传统马克思主义的解放理论已经无法对当前政治文化深度融合的现状做出有效回答。如果说传统意义上马克思主义所倡导的是宏大叙事的解放构想，那么在威廉斯这里，人的解放更多地表现为通过文化的介入来对微观日常生活进行批判与改造。他进一步指出人的解放不能只聚焦于经济领域，还需要将理论视野转向文化领域。在他看来文化不仅是现实的物质的生活方式，还是权力角逐的新"场域"，文化斗争逐渐成为社会变革的关键所在，所以需要通过发掘文化的解放力量来实现人的解放。

无论是马克思还是威廉斯，他们都将追求解放和获取自由作为人类实践活动的最终目标，强调应从人类社会发展的总体逻辑中把握人的解放的历史进程与实现限度。解放作为历史的一种总体进程，依赖于社会发展的总体解放，解放的实现离不开社会的总体变革。需要指出的是，解放作为他们的最高原则和理想，不是停留于纸面上的空想，在任何时候都是为了消除人的生存异化，也是在历史进程与现实不同领域中具体的解放。一言蔽之，解放不能脱离具体的历史语境与社会实践。在某种程度上来说，威廉斯是在继承马克思有关人的解放理论的整体逻辑与价值诉求的基础上，将文化作为实现人的解放的重要力量，通过深入考察与分析文化与政治解放、社会解放以及人类解放的内在联系，阐发出独特的文化思想。

第三章　威廉斯关于文化与政治解放的思想

"文化主义"力图打破"经济决定论"对人类解放的僵化解读模式，强调人在历史发展中的主体能动作用，希冀以文化的辩证法代替经济的辩证法，以文化政治学批判取代政治经济学批判。威廉斯正是遵循着"文化主义"的理论逻辑，突出以主体性为根本的文化政治思想，从文化实践与政治变革之间的关系入手，将社会实践斗争的主战场设定在主体经验意识的文化与日常生活领域，以谋求工人阶级在当代资本主义中的政治解放。针对工人阶级主体在当代遇到的挑战与困境，威廉斯从文化视域探寻政治解放的策略方案，彰显了其文化思想中的政治解放意蕴。

第一节　政治解放所面临的挑战与困境

对于威廉斯来说，当代工人阶级的政治解放既有实践中的困境，也有理论上的挑战。在日常生活中，消费主义不断冲击工人阶级在身份建构中的主体意识；在本土语境里，精英主义否定工人阶级在文化建构中的主体作用；在理论争鸣中，结构主义消解工人阶级在历史建构中的主体地位，这些都对以工人阶级主体性为核心的政治解放构成了巨大威胁。

一、消费主义冲击工人阶级主体意识

经济的发展推动了福利国家的形成，并在战后对英国社会产生了深远影响。

随着社会经济的稳步上升，福利系统的实施有效抑制了大规模失业和贫困，极大地改善了传统工人阶级的物质生活条件。这使得传统工人阶级的生活水平显著提升，逐渐迈向了"中产阶级"的生活序列。然而，随着作为社会主义运动传统主体的工人阶级的生活方式得到了改善，工人阶级运动却陷入了停滞。工人阶级满足于当下社会的现状使其丧失了传统反抗与批判意识，对自身的认识也发生了微妙的变化。这一变化在很大程度上源于消费主义的盛行，它冲击了传统的英国工人阶级意识，主要体现在两个方面。

一方面，消费主义成为资产阶级新的统治方式。随着资本主义进入到以消费为核心的全新阶段，消费主义以商业文化为载体渗透在社会生活的一切领域。按照法兰克福学派的说法，这种以消费为目的的商业文化凭借现代技术手段，依托庞人的电视、广播、报纸杂志和网络等组成的大众传播系统，塑造出一个商品化、娱乐化、标准化的文化工业体系。因此，面对这种商业消费文化冲击，工人阶级丧失了批判与反抗的能力，只能选择顺从一致。原因如下：

一是商品化特征泯灭了个人的创造性。艺术是文化的精华所在，真正的艺术是主体创造性的重要体现，其本身就是不可复制与替代的。然而在消费主义驱使下，文化艺术成为商品，创作文化艺术是为了追逐利润与经济效益，艺术本身却被淘汰，被替代，被简化为消费。"文化工业引以为豪的是，它凭借自己的力量，把先前笨拙的艺术转换成为小微领域以内的东西，并使其成为一项原则，文化工业抛弃了艺术原来那种粗鲁而又天真的特征，把艺术提升为一种商品类型。"[①]艺术成为商品导致呈现出这样的一种生存状态，精神上的愉悦与消遣从此可以脱离艺术的形式，金钱的消费中就能带来短暂的享受。人的审美趣味日益变得快捷，时间都被目不暇接的新产品所占据。为此，文化艺术的商品化使人们丧失了思想的深度，褫夺了文化艺术活动应有的创造性。

二是娱乐化特征钝化了人的批判能力。消费文化通过提供"虚假的承诺"和无尽的娱乐休闲方式以供人们精神上的愉悦与消遣，最终消解了人们反抗的意志与批判意识。"文化工业把娱乐变成了一种人人皆知的谎言，变成了宗教畅销书、心理电影以及妇女系列片都可以接受的胡言乱语，变成了得到人们一

---

① 马克斯·霍克海默、西奥多·阿道尔诺：《启蒙辩证法》，渠敬东、曹卫东译，上海：上海世纪出版集团，2010，第121页。

致赞同的令人尴尬的装饰,这样,现实生活中的真实情感便可以受到更加牢固的控制了。"[1] 这种享乐并不是真正的享乐,它使得人们逃避反抗,摆脱思想和否定自由,其结果便是消解人们批判与否定的能力。

三是标准化特征摧毁了个性。在工业技术的支配下,文化产品从生产到消费过程都在统一体系内部不断循环,导致文化产品呈现出批量生产与无限复制的特征,以至于文化产品千篇一律整齐划一。标准化无疑扼杀了文化本来的个性,以至于"在文化工业中,个性就是一种幻想,这不仅是因为生产方式已经被标准化。个人只有与普遍性完全达成一致,他才能得到容忍,才是没有问题的。"[2] 由此可见,标准化导致人的个性丧失殆尽,摧毁了个人独立思考与自觉意识。

如上所述,资产阶级正是通过文化工业商品化、娱乐化、标准化的特征对工人阶级进行欺骗和操纵。威廉斯认为随着这一趋势日益增强,消费主义日益让人感受到不是社会控制着经济生活,而是这种经济生活在控制着社会。在消费主义的冲击下,工人阶级成为被动接受的对象,被商品裹挟成为单向度的人。工人阶级由于批判维度的丧失而被同化到资产阶级所主导的价值观和生活方式中。

另一方面,消费主义成为工人阶级新的生活方式。在威廉斯看来,资本主义生产方式的转型产生了深刻影响,不仅改变工人阶级的生产方式,更改变了工人阶级的生活方式。

资本主义生产方式的转型推动工人阶级生产方式发生巨大的改变。这是因为:一是全球化进程中的空间转型改变了传统工人集中进行大规模劳作的模式,由于资本在全球空间内追逐廉价劳动力,致使劳动力在全球范围内高度分散与流动,而资本的生产过程在空间的分散与流动同样意味着工人阶级在全球范围内的分散与流动,如此一来,工人阶级便难以形成一个统一的联合体来对抗资产阶级。二是机械生产降低了工人在劳作中所消耗体力的数量与强度,那种被马克思所谴责的充满痛苦与不幸的劳作正逐渐被半自动或自动的生产流水线所

---

① 马克斯·霍克海默、西奥多·阿道尔诺:《启蒙辩证法》,渠敬东、曹卫东译,上海:上海世纪出版集团,2010,第130页。

② 马克斯·霍克海默、西奥多·阿道尔诺:《启蒙辩证法》,渠敬东、曹卫东译,上海:上海世纪出版集团,2010,第140页。

取代。对技术的掌握变相地推动工人从体力劳动向脑力劳动转型，工人的知识水平与文化素养因此得到相应提升，从而出现"蓝领"与"白领"的分化，即非生产性的工人数量不断增加并参与到企业的管理中来。劳动特点和生产工具的这些变化改变了工人阶级的态度与意识。三是传统的那种雇佣劳动模式被新兴的股份制所取代。工人通过掌握一定的股份成为资本的主人，这在一定基础上改变了传统意义上剥削的形式，掩盖了以往阶级之间的对抗关系。

伴随着这种转型，工人阶级的传统的生活方式也随之发生改变。资本积累的巨额财富促使发达资本主义国家向福利社会国家转型，高工资、高福利、高消费的引导下，工人阶级更多地将自己看作是消费者而不是生产者，消费成为人们热衷的生活方式，个体更倾向于将自己定义为"消费者"。正如托尼·朱特所描述的那样，"在经历了长达40年的战乱和经济大萧条之后，西欧大陆的经济早已失去了原先的雄厚基础，但仅仅在一代人的努力下，它就开始仿效美国的经济发展和消费方式。"[①] 由于工人阶级所熟悉的那种传统资本主义生产、剥削、统治的方式不复存在，工人随着智识程度的提高、消费水平的改善、社会福利的保障以及阶级群体的分化使得传统意义上的工人阶级的身份意识逐渐模糊。阶级之间的不平等掩盖在消费平等的假象之中，导致工人阶级甚至在心理上产生出"无阶级感"的迷惑。

总之，在消费主义的冲击下，工人阶级在很大程度上被资本的逻辑所同化，丧失了阶级意识和革命意识，未能形成反资本主义斗争的有效同盟，从而导致阶级政治蜕化的趋势日益显著。

二、精英主义否定工人阶级的主体作用

英国工业革命引发无产阶级人口的显著增长，贫富差距日益扩大，导致工人阶级经常被赋予不同的标签。在英国精英阶层的视角中，工人阶级的生活常与贫穷和不良的居住环境紧密相连。他们认为工人阶级的教育水平普遍较低，缺乏独立思考和批判精神，被视为被动的社会群体。同时，工人阶级的文化也被归为粗俗的大众文化范畴。这种对工人阶级文化的深刻偏见主要体现在以下两个方面。

---

① 托尼·朱特：《战后欧洲史》（第2卷），林骥华译，北京：中信出版社，2014，第113页。

一是贬低工人阶级的文化方式。自精英文化的代表人阿诺德在《文化与无政府主义》中指责工人阶级就是一群"随心所欲，各行其是"的"群氓"以来，工人阶级便以贫困的生活状态和愚昧的思想状态站在了"文化"的对立面。利维斯进一步指出，文化的堕落是工业化的恶果。工业技术推动的大规模生产方式催生了一种新型技术文明，其特点在文化层面表现为标准化和平庸化。工人阶级广泛喜爱的电影、杂志、报纸和流行音乐等大众文化，正是这一工业文明下标准化和平庸化趋势的产物。在他看来。这种标准化与平庸化也标志着社会和文化的沦丧，正是由于工人阶级缺乏真正意义上"文化"的熏陶，才对这些充满低级趣味的大众文化趋之若鹜，因此他认为工人阶级是文化上无知和散漫的"乌合之众"。

二是否定工人阶级的革命方式。马克思指出，资本主义生产方式乃现代社会危机的核心所在，而无产阶级革命则是化解这一危机的有效途径。英国的文化精英同样对工业主义引发的社会危机感到深切忧虑，与马克思的观点有所不同的是，他们选择了一种更为保守的"文化"立场来应对。面对时代的混乱与无序，他们不赞成充满暴力的革命方式，坚信唯有"文化"才能解决"现代人"的生存困境。他们期待通过"文化"洗涤人们的精神与思想，来恢复以往那种和谐相处的"有机社会"。他们将"救赎"的力量寄托于少数人的"精英文化"，认为"文化"才是引领社会走向和谐与稳定的重要力量。只不过在他们眼里，只有文化精英能够承载着时代最好的思想与言论，是社会得以维系与发展的精华所在。换句话说，"文化"的特权只能是属于历史上少数的精英，而工人阶级作为需要被"教化"的群体显然是没有能力去维系"文化"的"伟大的传统"。

尽管精英文化主义致力于对"伟大的传统"的建构与重申，但是其表现出来的却是一种小资产阶级的政治诉求。实际上，也恰恰是因为政治立场的不同，才会导致他们从"精英"主义的视域出发，极力抬高"少数人"在文化中的核心作用，把救赎社会危机的希望寄托于精英文化。在威廉斯看来，英国文化精英知识分子极力排斥贬低工人阶级的能动性，否定了工人阶级在文化建构中的主体作用，把工人阶级看作是缺乏批判反思意识和文化担当能力的人，从根本上说明精英主义从本质上看就是一种文化保守主义。

三、结构主义消解工人阶级主体地位

结构主义一经传入英国，便迅速受到了文化马克思主义的广泛关注，并对其早期强调工人阶级主体性的"文化主义"产生了深远影响。安德森等第二代新左派学者，在深入研究和吸收阿尔都塞的结构主义理论后，运用结构性分析的方法对英国社会进行了深入剖析，并对传统的英国工人阶级文化进行了犀利的批判。

首先，安德森肯定了工人阶级有所进步，"发展了、独立了，但却从属于显然不可动摇的资本主义的结构之中，尽管它存在着巨大的优越性，但却未能改变英国社会的基本结构"[①]。按照结构主义的观点，事物的具体演变是不重要的，重要的是背后的深层结构。这个结构是静态的、超历史的，它决定了事物的本质和规律。结构主义认为生产关系的结构决定着生产者地位和担负的职能，人只是生产关系结构下的"承担者"和"执行者"，人在社会历史生产中并不承担"主体"的作用。也就是说，不是人决定历史，而是历史决定人，人被作为生产关系和社会关系的意识形态结构决定。因此，在他看来，英国工人阶级的革命斗争并没有从根本上改变统治阶级的意识形态，它依然从属在英国资本主义的结构之中。

其次，安德森通过对英国工人阶级的结构性分析，认为工人阶级的从属地位决定了工人阶级在社会结构中获得了从属的阶级意识，面对资本主义意识形态的强大力量，工人阶级只能被迫选择"合作"。结构主义指出在社会历史发展过程中，意识形态凭借自身强大力量将个体纳入结构之中，通过对个体予以某种目的性的改造从而实现个体与意识形态之间的认同，正是这种认同把个体建构为意识形态中的主体。因此，从阿尔都塞有关"意识形态"与"主体"关系的论述中可知，结构主义否认了人在历史发展中的主体地位，将人看作是意识形态的产物从而消解了人的主体能动作用。因此，安德森否定了工人阶级文化内在天然的批判性与革命性，进而也否认了工人阶级文化的存在。

最后，尽管结构主义同文化主义一样强调"主体"的作用，但是二者对于"主体"的本质有着不同见解，结构主义正是通过对"意识形态"与"主体"

---

① Perry Anderson, *Origins of the Present Crisis* (New Left Review, 1964), p.28.

关系的阐释消解了早期新左派理论家们所推崇的工人阶级"主体"。结构主义认为历史发展本质和动力并不来自人，真正发挥建构历史作用的是由生产方式各要素结合而成的生产关系和社会关系。"生产关系的结构决定生产当事人所占有的地位和所承担的职能，而生产当事人只有在他们是这些职能的承担者的范围内才是这些地位的占有者。因此，真正的'主体'（即构成过程的主体）并不是这些地位的占有者和职能的执行者。同一切表面现象相反，真正的主体不是天真的人类学的'既定存在'的事实，不是'具体的个体''现实的人'，而是这些地位和职能的规定和分配。真正的'主体'是这些规定者和分配者：生产关系（以及政治的和意识形态的关系）"[1]。为此，安德森认为在英国主导的意识形态下，工人阶级的意识形态乃是资产阶级精神的产物，工人阶级本身并没有发展出任何普遍革命的意识形态。

总之，在文化主义看来，历史是一个主体参与建构的过程，主体是历史得以发展的前提。与文化主义出发点不同的是，结构主义强调历史是一个无主体的过程。结构主义的理论转换对工人阶级的主体能动性造成极为深刻的影响，结构主义的阐释也一度消解了工人阶级在历史建构中的主体地位。

第二节　威廉斯政治解放的核心理念

面对当代工人阶级主体的文化困境，威廉斯从主体的"经验"出发，提出文化是日常经验的观点，秉承自下而上的视角重新审视工人阶级的主体性，将政治解放的目标诉诸为民主文化的实现。

一、强调文化是日常经验

由洛克、休谟等哲学家所开创的英国经验主义思潮，在整个近代欧洲哲学史上有着举足轻重的地位。"经验"一词原本指称与医学研究相关的"实验"或"试验"。随着这一概念的广泛运用而逐渐演化出新的意涵，即通过对真实

---

[1] 路易·阿尔都塞、艾蒂安·巴利巴尔：《读资本论》，李其庆、冯文光译，北京：中央编译出版社，2001，第209页。

事件的观察与实验，形成对事物的正确认识与可靠知识。至 17 世纪，"经验"在经验主义哲学体系中成为核心，特指洛克至休谟等英国经验论哲学家在知识论中提出的特定、复杂论点①。经验主义作为一种哲学方法，认为一切知识来自感官知觉和经验，强调经验在所有人类理解中的首要地位。受英国经验主义传统影响，威廉斯将"经验"优先的思想纳入其文化分析方法之中，把个体经验和日常生活当作是分析政治图解的力量源泉，并在此基础之上提出文化是"经验性"与"日常性"的观点。

其一，文化的"经验性"与"日常性"源自生活世界。威廉斯对于文化的理解深深扎根于个体生活经验之中，他认为，文化的"经验性"和"日常性"主要来源于生活世界。他的个人经历也充分证明了这一点。他成长于威尔士乡村的工人阶级家庭，其家庭背景和成长环境使他对工人阶级的生活和文化有着深厚的体验和感知。他的家庭氛围和政治倾向，使他在很小的时候就开始关注工人阶级的处境，积极参与工人阶级活动。他在中学时期加入左派读书俱乐部，积极参与工党候选人的选举活动。进入剑桥大学后，他更深入地投入到社会主义和共产党的活动中，成为了这些组织的重要成员。二战结束后，他继续投身于工人阶级成人教育等与工人阶级息息相关的政治活动中。正是乡村生活经历与家庭政治氛围的熏陶孕育了他有关工人阶级生活的文化思想。换句话说，他对工人阶级的所表现出的极大关注和热情离不开他的工人阶级生活的文化经验。这些丰富的生活经验和经历，为他理解和阐释工人阶级文化提供了丰富的素材和深入的理解。他曾生动地描述："在那种乡村地区长大，你就会观察到一种独特的文化形态以及它的变化模式。"他还指出："在那种家庭环境中成长，你会深深感受到那种独特的思想形成过程，包括学习新技能、理解各种变化的关系，以及不同语言和思想的形成。"由此可见，文化的"经验性"与"日常性"离不开个体在生活世界的经验或体验。

其二，文化的"经验性"与"日常性"展现生活方式。他在《文化是平常的》一文中开篇即指出：文化是平常的，我们必须从这一点开始。当文化作为一种完全的生活方式时，它是人们日常的"生活体验"的总和。正如他在《威

---

① Raymond Williams, *Keywords: A Vocabulary of Culture and Society* (New York: Oxford University Press, 1985), p.115.

尔士文化》中所提到的那样，"如果能够从整体的视角来理解文化，就会看到一些完全不同的东西。例如，由国家煤炭局、英国钢铁公司、乳品销售局和玛莎百货公司、英国广播公司、英国工党、欧洲经济共同体、北大西洋公约组织所决定的文化在某种程度上它们既是也不完全是威尔士文化，尽管这些东西或多或少地涉及大多数威尔士人的生活方式和生活观念。但是我们同样也要看到，人口锐减、失业和贫困问题同样也涉及威尔士人的整体生活。如果否认了这些问题作为文化的一部分，那就会失去很大一部分社会体验。"[①] 因此可以说，文化几乎涵盖生活中的方方面面，它由普通的日常生活的经验所组成。而文化作为日常的生活方式，它本身就是社会关系的一种整体性表达。

其三，文化的"经验性"与"日常性"塑造生活意义。威廉斯认为社会形成的过程就是寻找共同意义、方向和价值的过程，而这个过程离不开"经验"对于个体的塑造与影响。在他看来，任何思想的形成都离不开对各种形态、目的和意义的学习过程，这个学习过程不仅能为各种研究、观察和传播提供可能，还在经验性的验证和观察比较中建立了意义。威廉斯进一步指出正是文化的"经验性"与"日常性"的特性铸造了我们的生活意义：一方面，文化通过已知的意义和方向引导人们加以学习和领会；另一方面，文化为人们的新观察和意义提出检验。因此，文化的这种特性能够塑造出具有最普遍的共同意义与最优秀的个体意义。

其四，文化的"经验性"与"日常性"促进生活创造。威廉斯认为每一个人类社会都有其自身的形态、目的以及意义，当社会要表达这些形态、目的和意义的时候就需要借助人类社会的制度、艺术和知识。在他看来，当文化作为一种艺术和学问的创新过程时，它依赖于"经验"的不断传承。具体而言，每一个人都是通过遗传和文化学习某些规则来创造各自的"现实"生活。"由于特定的文化对现实有着特定的描述，所以不同理念的文化创造了它们所承载的和所经历的那个世界，也就是说，对现实的描述本身就是一种创造的表现。"[②] 简单来说，我们所经验的现实本身就是人类的一种创造，人们在日常生活中的经验学习本身也是一种获得目的和意义的创造过程。

① Raymond Williams, *Resources of Hope: Culture, Democracy, Socialism* (Edited by robin Gable, London and New York: Verso, 1989), p.99.

② Raymond Williams, *The Long Revolution* (London: Pelican Books, 1965), p.34.

综上而言，作为经验的文化意在表明文化与生活经验中的众多因素相关联、相对应，它不能脱离生活和经验而独立存在。作为日常的文化不仅有传统的一面，也有创造的一面，不仅体现了个体的意义，还蕴含了共同的价值目标。文化的"经验性"与"日常性"向人们生动展现了文化是一个动态的、不断向人们的日常生活开放的发展过程，而所谓的意义和价值也是在日常生活中不断构筑而成。

二、秉承自下而上的视角

工人阶级文化是什么？如果仅从概念出发，我们不难发现，工人阶级文化包含了一个十分重要的关键词，那就是"阶级"。诚如威廉斯所说，理解当前政治问题的关键在于理解"阶级"。他进一步指出："在描述任何一种关于我们的经济模式、政治模式和社会生活模式的时候，背后总是隐藏着关于'阶级'的种种思考。"① 实际上，"阶级"一词并非由马克思原创，它原来仅限于教育领域，指称的是不同的年级，直到工业革命的兴起才催生出其现代意涵。"工人阶级"一词就是通过"有用的"和"生产的"意涵才得以走进马克思主义的深处，这种"生产性"也成为探寻资本主义固有矛盾的入口。

如果说"工人阶级"作为革命主体在政治解放中扮演重要的角色，那么"工人阶级文化"理所当然地应是批判资本主义有力的思想武器。只不过在传统的马克思主义理论框架里，文化只是经济的从属物，导致人们长久以来将工人阶级文化看作是与资产阶级相对立的抽象的文化形态，并认为工人阶级文化的形成有赖于阶级意识的"灌输"。对于这一观点，威廉斯提出不同看法。通过吸收英国马克思主义历史学派的研究方法，以及受到霍加特与汤普森的理论启发，威廉斯从工人阶级的日常经验出发重新考察与分析了工人阶级文化的形成。

第一，传统史学以"自上而下"研究视角来分析社会历史的发展，他们在历史研究过程中更多的是关注精英人物，把大众和底层人民当作一种消极保守的力量而非历史发展的积极力量，从根本上漠视大众建构历史的主体作用。针对传统史学的弊端，英国马克思主义历史学家倡导"自下而上"的视角来分析研究社会历史，即把历史上被压迫剥削和受歧视排斥的社会下层人民作为历史

---

① Raymond Williams, *The Long Revolution* (London: Pelican Books, 1965), p.343.

研究对象，即"从他们的立场与观点来考察与解释历史，着重探讨人民大众的生活经历与斗争及其对整个上层社会的影响和对历史发展的推动作用。"①事实上，这种新的历史学方法对以威廉斯、霍加特、汤普森等第一代新左派理论家都产生了深远的影响。

第二，霍加特在《识字的用途》一书中，运用民族志的研究方法，结合个人的成长经历，对工人阶级的日常生活经验进行了深入的文化解读。他认为，20世纪前期的"旧秩序"下，工人阶级文化展现了一种平凡而温馨、充满乐趣的日常生活状态。霍加特进一步指出，工人阶级之间的关系以家庭为核心，延伸出邻里关系和群体活动关系，这种关系呈现出一种互动性的人际交往特点。在这种独特的人际关系中，工人阶级塑造了自己的阶级意识与文化优势，例如积极乐观的生活态度、艰苦朴素的奋斗精神，以及团结合作、友好睦邻的生活方式。霍加特强调，工人阶级无须通过统治阶级或精英阶层的教化与"灌输"，便能在日常经验与生活中形成自己的文化，因为工人阶级文化本身就是一种独特的文化形态。针对精英阶层对工人阶级文化的歪曲和误解，霍加特认为这主要源于工人阶级文化长期的相对封闭性，以及外界对其缺乏了解。此外，由于工人阶级受教育程度的限制，他们在话语权方面相对缺失，也导致了这种误解的产生。通过"自下而上"的视角，霍加特考察了工人阶级文化，并指出工人阶级的政治斗争不仅体现在阶级斗争和社会主义革命等宏观层面，还贯穿于他们的日常生活之中。

第三，作为英国马克思主义历史学派的重要代表，汤普森对英国工人阶级进行长期全面而深入的考察，并在其著作《英国工人阶级的形成》中对工人阶级提出了有别于传统马克思主义的见解。汤普森通过研究英国工人阶级由"自在阶级"向"自为阶级"转变的历史进程，详细阐释了工人阶级及其阶级意识在文化上的形成与发展②。他认为英国工人阶级的形成过程可划分为三大阶段。第一阶段为18世纪前的自在萌芽期，此时资本主义的崛起对传统社会关系进行了重塑，导致越来越多的下层民众被纳入资本主义体系中，成为受剥削的群体，进而促使无产阶级初步形成。第二阶段为18世纪早中期的政治觉醒期，

① 李凤丹：《英国文化马克思主义研究方法与精神的现实意义》，《大连海事大学学报（社会科学版）》2016年第3期，第111页。

② 爱德华·汤普森：《英国工人阶级的形成》，钱乘旦译，南京：译林出版社，2013，第835—951页。

随着阶级冲突的加剧和资本主义压迫剥削的深化，工人阶级在传统文化的启示下，开始走上反抗压迫剥削、捍卫自身权益的道路，逐渐展现出政治觉醒的苗头。第三阶段则为 18 世纪晚期至 19 世纪初期的自为成熟期，工业革命极大地推动了资本主义的发展，加剧了阶级矛盾，催生了工人阶级的革命意识。同时，机器大生产的劳动模式进一步塑造了工人阶级的集体意识和纪律意识。

汤普森强调，工人阶级是在政治意识、阶级觉悟和组织形式的形成过程中逐渐走向成熟。工人阶级由"自在的阶级"向"自为的阶级"转变的斗争过程中，主体能动性起到了决定性的作用。这种主体能动性以文化的方式展现出来，催生出阶级意识，并最终促成了作为"自为的阶级"的工人阶级的形成[①]。简而言之，工人阶级的形成在根本上依赖于工人阶级自身的文化生成。

受霍加特与汤普森的理论启发，威廉斯结合历史学派的"自下而上"的视角重新审视工人阶级文化并提出以下观点：

其一，威廉斯认为文化是全体成员共同参加共同创造的生活方式，工人阶级与资产阶级共同生活在一个文化整体之中，都是工业革命发展和资本主义生产方式的结果。他指出："工人阶级文化不是简单地指涉无产阶级艺术、集会会场或对于语言的某种特定的用法。工人阶级文化是指一种基本集体概念，以及由此而产生的机构、行为方式、思维习惯和意图等等的统称。而资产阶级文化同工人阶级文化一样则是意指另外一种基本的集体概念。"[②]

其二，工人阶级文化所表达的是与工业革命相联系的新经验、新实践、新价值观等新的生活方式，是一种贴合时代的新兴文化，与资产阶级文化有着本质上的区别。工人阶级文化的形成基于工人阶级的日常生活经验，是内在生发的工人阶级社会经历与阶级情感的表达，在这种文化意识生成过程中形成了工人阶级的自主性与创造性。威廉斯指出，工人阶级文化在其发展历程中，更多地呈现出社会性的特征，而非个体性。在特定的语境下审视，我们会发现工人阶级文化及其生活方式实则是极具创新性的产物。

其三，需要指出的是，在工人阶级文化的形成过程中，它自觉地吸收了资产阶级文化中的革命精神和民主意识等现代政治理念。实际上，在整个社会文

---

① 张亮：《阶级、文化与民族传统》，南京：江苏人民出版社，2008，第 64 页。

② Raymond Williams, *Culture and Society 1780-1950* (London and New York: Columbia University Press, 1958), p.346.

化的大背景下，工人阶级文化与资产阶级文化这两种生活方式不仅相互影响，而且存在着共同存在的交集领域。因此，人为地制造一种"工人阶级文化"来与"资产阶级文化"对立，显然不是一个明智的选择。

综上所述，威廉斯从"自下而上"的视角深入剖析了工人阶级文化的本质。他指出，这种文化并非单纯的个体现象，而是一种集体的基本观念和认知模式。它是一种积极的主体性力量，能够推动历史的发展，同时也是一种符合时代潮流的新兴文化。这种文化的形成，是传统与现代生活经验相互交织的产物。因此，工人阶级文化并非可以通过外部灌输或人为制造而轻易形成的。

三、坚持民主的政治诉求

"民主"作为现代社会政治生活中广为人知的关键词，它"既是一种政治思想，还是一种政治制度和生活方式"[1]。在现今时代，民主已发展成为一种广泛追求的理想政治状态。众多现代国家均视民主为其执政合法性的基石，而民主的生活方式也在人们的日常生活中发挥着深远影响。尽管人们对民主的态度各异，但其对现代社会所产生的深远影响不容忽视。威廉斯对民主一词的意涵变迁进行了深入研究，他在综合英国传统民主观念与马克思主义民主思想的基础上，对现代资产阶级民主制度进行了深刻的批判。他明确指出，只有实现人民当家作主的社会主义民主，才能称之为真正的民主。民主作为威廉斯政治解放的核心诉求，唯有通过社会主义民主革命，工人阶级才能摆脱旧社会形态所带来的种种压迫与束缚，从而在新的共同制度框架下自主主导自己的生活。

首先，对现代民主意涵的考察。"民主"起源于古希腊，在古希腊语里被表述为"人人平等的统治方式"，意指为"由人民治理"[2]。"民主"一词发展至今，大多数时间里都是一个与"暴力统治"相关的贬义词汇，而且在其通常意义上来讲还伴有强烈的"阶级意识"。在英国大多数传统思想家的观念里，民主常常被看作是一个负面消极的词汇，这种情况甚至一直持续到19世纪。威廉斯也从文化视角梳理了历史上不同时期英国思想家对待民主的态度并提出了自己的看法。威廉斯指出：伯克、科贝特、卡莱尔、罗斯金、马洛克、萧伯

---

① 伯纳德·克里克：《民主》，史献芝译，南京：译林出版社，2018，第2页。

② Raymond Williams, *Keywords: A Vocabulary of Culture and Society* (New York: Oxford University Press, 1985), p.94.

纳等思想家都从不同程度和角度对民主予以批判，他们都将"民主"看作某种危险性的活动，这种态度都体现在他们的作品以及言论之中。伯克将民主等同于暴政统治并予以坚决抵制，在他看来，"完全的民主是世界上最可耻的事"。威廉斯认为伯克的民主观念只是基于"经验"的观察，而并没有全面的认识。科贝特虽然也抵制民主，但是威廉斯认为他提出了一些有价值的意见，诸如工人与贫民应该享受自身的权利。卡莱尔与罗斯金的观点比较相似，他们将民主看作人们追求无序、放任自流的态度，认为针对民主需要加强更多的秩序与管理。马洛克则认为民主理论的真理是少数有权力的寡头政治，多数人都只能与之分享。萧伯纳则认为英国的民主不可能真正地实现。

威廉斯认为上述这些思想家对民主的理解都是过于片面和消极，并没有看到民主在现代社会进程中的价值所在。唯有劳伦斯指出民主的目标就是，每个人都自发地成为他自己，而且没有任何平等或不平等的问题，并强调任何人都不应该试图决定任何其他人的生命。在威廉斯看来，劳伦斯的民主观恰恰是民主的本质体现。另外，劳伦斯同许多社会主义者一样，认为民主的意义在于平等，而人类平等不仅要关心人们的物质需求，更需要关注人们之间的生命平等，可以说，劳伦斯看待民主的观点对威廉斯理解民主的本质有着重要的启发价值。

其次，对资产阶级民主的批判。在威廉斯看来，资产阶级民主是一种虚假的民主和不平等的民主，因此需要对其进行无情和彻底的批判。事实上，威廉斯对资产阶级民主的批判很大程度上深受马克思主义民主观的影响。威廉斯在综合吸收英国传统民主和马克思主义的民主观念的基础上围绕以下三个方面对现代资产阶级民主制度的虚假性予以深刻批判。其一，民主形式的虚假性。威廉斯认为资产阶级在民主形式上是极度虚假的。在他看来，资产阶级在以往的长期斗争中的确推动了民主的发展，并形成了一些被认为是真正民主的自由权利（言论自由、集会自由、代表自由、选举自由）。不过他就此指出："资产阶级民主中的这些权利并没有完全和真正地完成，因为在实际的民主过程中，资产阶级凭借经济上的优势往往对民主进行主宰和垄断，以至于这样的民主可以任由金钱来加以限制"。① 其二，决策过程的虚假性。威廉斯认为民主决策

---

① Raymond Williams, *Resources of Hope: Culture, Democracy, Socialism* (Edited by robin Gable, London and New York: Verso, 1989), p.269.

的真正过程应该是，在所有事实都能获得的情况下，公开地讨论问题以达成共识和决议。然而在资本主义民主决策中，有关大多数人生活的主要决策都被资本主义民主制度以一种"合法化"的手段牢牢地控制在"少数人"手中。其三，大众权利的虚假性。威廉斯认为资本主义民主和社会主义民主真正的区别在于大众是否行使了权利。在他看来，"民主的关键重点就在于大众能够直接行使自己的权利，而不是依靠于某个特定阶级的内在管理，更不是依靠那些所谓民主政治以及其附带程序的普遍手段上。"①

最后，对社会主义民主的推崇。针对资产阶级民主制度的弊端，威廉斯指出资本主义民主的替代方案在于社会主义民主，即由人民当家作主的社会主义民主才是真正的民主。在威廉斯看来，工人阶级文化不仅是一种特殊的生活方式，还是拓展民主政治实践可能性的关键所在，因此社会主义民主的实现有赖于工人阶级文化的发展。实际上，工人阶级文化之所以能够成为推动社会主义民主进程的主要力量主要有以下三个方面的原因：一是工人阶级文化推崇问题公开化。这种公开化的特征能够摆脱"少数人"那种近乎独裁式的控制，同时有利于民主决策的真正执行。二是工人阶级文化强调自我组织能力和行动能力。威廉斯指出工人阶级文化历来把具体的斗争和总体斗争以一种相当特殊的方式结合在一起，即通过运动的形式把那些难以企及的目标和说法变成现实存在。同时，工人阶级还将某些符合总体利益的具体利益适当地组织在一起，从而推动整个工人阶级的发展。这种符合总体利益的宗旨从本质上与谋求少数人利益的资产阶级宗旨有着根本不同。三是工人阶级文化在实践中所形成的民主机构和制度。威廉斯认为工人阶级基于新社区、合作社和集体机构可以实现真正民主的自由言论、自由集会、自由竞选，而且借助这些机构和制度工人阶级还可以进行公开公正公平的集体决策。

综上所述，在威廉斯看来，民主不仅仅是一种政治制度，更是一种价值观和生活方式。他强调了民主的重要性，认为它应该贯穿于社会生活的各个方面。同时，威廉斯也将"民主"的构建作为打破资产阶级政治统治、实现其政治诉求的关键途径。他坚信，唯有社会主义民主的深入实践，才能真正推动政治解放的实现。

---

① 雷蒙·威廉斯：《政治与文学》，樊柯、王卫芬译，郑州：河南大学出版社，2010，第445页。

第三节　探寻政治解放的策略方案

针对当前工人阶级政治解放的困境与挑战，威廉斯从文化视域提出了具体的策略方案：一是通过为工人阶级文化正名来驳斥精英主义和对工人阶级主体作用的质疑；二是以多样化的文化政治实践策略与方式，重启无产阶级的革命主体意识；三是改造霸权理论，来回应结构主义在理论上对工人阶级主体地位的消解。

一、为工人阶级文化正名

在威廉斯看来，工人阶级文化并非仅仅是一种社会现象，更是一种深深植根于历史和社会的独特表达。这种文化的形成和发展，深受工作环境、经济条件、社会制度以及工人阶级自身的日常生活经验的影响。这些因素共同构成了工人阶级文化的特殊性，使得它无法被"自上而下"的精英主义视角所能理解和解释。对于工人阶级文化的研究和解读，需要有一种更为开放、平等和深入的视角。这种视角不仅要看到工人阶级文化的表面现象，更要深入到其内部逻辑和运行机制中去，揭示其独特的价值和意义。为此，他通过驳斥精英主义来为工人阶级文化正名。

首先，否定精英主义所鼓吹的"有机社会"的存在。针对精英主义对有机社会的缅怀，威廉斯通过分析揭示，事实上并不存在一个精英主义所描绘的"有机社会"，他们所怀旧的那种美好过去不过是文学上刻意编织出来的意识形态神话，本质上就是对真实历史所作出的一种误导性回应。从根本层面分析，精英主义所倡导的前资本主义时代的社会理想图景，实质上更多表现为对现有社会困境的不满情绪的一种寄托和期盼，而非实际存在的社会状况。威廉斯进一步指出，精英主义所推崇的"有机社会"概念，实际上是一种对社会现实的简化和扭曲。它忽视了社会中存在的阶级矛盾和利益冲突，将社会想象成一个和谐统一的整体。这种观念不仅忽视了社会现实的复杂性，而且容易导致对社会问题的误解和误判。

在威廉斯看来，真正的社会变革不应该寄托于对"有机社会"的怀旧和憧憬，而应该基于对现实社会的深入分析和理解。

其次，驳斥精英主义将工人阶级看作无知"大众"的偏见。威廉斯运用关键词的分析方法对"大众"概念做出深入考察，"认为事实上没有什么'大众'，有的只是把人视为大众的观察方式"[1]。大众一词在历史上经历了复杂的演变，从消极的轻蔑语到积极的政治术语。在他看来，主要有三种社会潮流的合力确定了大众的现代意涵，一是工业城镇人口的集聚和总人口的大幅增加共同推动了人们的实体性集中；二是工厂的规模扩大和集体生产所带来的生产关系转变也进一步推动了人口的集中；三是城镇集中和生产关系变革集中的趋势带来了组织性的工人阶级发展，这也是一种社会性和政治性的集中。尽管大众一词在后来的使用中延伸出诸多新的含义，但是它们仍然保留了"群氓"的传统特征，例如容易上当、反复无常、品位低下等等带有偏见色彩的意涵。

威廉斯认为，现代社会中"大众"一词仍然带有强烈的贬义色彩，其根源在于资产阶级精英主义的人为划分。随着民主制度的推进，资本主义为了方便实际操作，将大众按照某种公式划分为不同群体，并将其应用于政治和文化剥削中。这种社会通行的观察方式使精英主义将多数人定义为大众，并进一步将大众等同于无知群体，从而将他们塑造为可憎和可怕的形象。因此，威廉斯强调，我们所谓的"大众"实际上是政治公式划分的产物，我们应该反思的并非大众本身，而是这一公式的合理性。通过质疑这种公式的合法性，威廉斯驳斥了精英主义对大众和工人阶级的偏见和误解。

最后，反对精英主义将工人阶级文化视为低劣文化的观点。精英主义将工人阶级文化视作低劣的大众文化，并归咎于其兴起于工人阶级的日常生活需求。威廉斯提出了两个有力的反驳理由。其一，威廉斯认为精英主义人为划分优秀和低俗文化的标准实际上有失公允。这是因为精英主义"比较的标准不是参考某种理性品质，而是参考这些人运用这种能力以及完成的或正在制作的最好作品"[2]，所以才将大众文化看得不仅毫无用处而且还拉低了文化标准。为此，

---

[1] Raymond Williams, *Culture and Society 1780-1950* (London and New York: Columbia University Press, 1958), p.346.

[2] Raymond Williams, *Culture and Society 1780-1950* (London and New York: Columbia University Press, 1958), p.325.

他指出就目前社会整体情况来看，公共图书馆的使用人数在持续增加，严肃音乐、戏剧和芭蕾的受众也在明显增多，电视、电影、广播上所推广的优秀作品也占有相当大的比例。在这一过程中，工人阶级对待教育、学问以及艺术的态度总体上都有着良好的纪录，这充分说明工人阶级整体文化水准是在提高而不是下降。换句话说，精英主义对大众文化的这种评判标准是基于精英观察的立场，而不是从现实的实际出发。其二，威廉斯指出那些被指责为因工人阶级需求而兴起的低廉报纸和商业广告机构，并非由工人阶级自己创建。这些机构通常是资产阶级为了政治或商业利益而设立的，与工人阶级本身并无直接关联。在威廉斯看来，如果将大众定义为这些机构的服务对象，即愿意接受这些服务的人群，那么"大众"的概念已经远远超出了手工劳动者或仅接受初级教育的人群。因此，精英主义对工人阶级的这种指责在事实上是难以成立的。

总之，威廉斯通过回应精英主义对工人阶级及其文化的质疑，指出所谓的大众文化和精英文化意蕴都是历史发展过程中的一种文化形态，二者没有鲜明的界限和区分。在他看来，工人阶级文化作为一种特殊的生活方式有着独有的价值，即只有把工人阶级文化作为一个整体的条件下，社会才有进行价值转变的机会。

二、探索新的文化政治模式

针对消费主义的冲击和由资产阶级社会生产方式调整所造就的"无阶级感"，威廉斯同英国新左派成员一道从传统的宏观政治学转向微观政治学，将文化政治实践的战场转移到工人阶级的日常生活世界。他们以社会主义者的身份积极参与战后各种激进的政治运动，创办工人阶级的文化机构，走进工人阶级社区生活，推行工人阶级成人教育等活动，希冀通过这些多样化的文化政治实践唤醒工人阶级的革命主体意识。

一是理性分析消费主义的影响。相较于法兰克福学派的悲观情绪，威廉斯坚信工人阶级在消费主义的冲击下，仍会保持一定的自主性与能动性。威廉斯承认，在消费主义的主导下，文化工业确实导致了日常生活方式，如吃喝玩乐等变得趋同和单一。然而，他认为这并不意味着工人阶级必然会被同化到资产阶级的消费理念中。消费这些文化商品，虽然在一定程度上影响了人们的生活方式，但并不能改变阶级关系的本质。正如他所说，"仅仅凭借一些用具和高级的生活方式和标准就来衡量是否是资产阶级的做法显然是不可取的。因为工人阶级不会有了一些新产品就变成资产阶级，同样，资产阶级也不会因为失去这些东西就不再是资产阶级。"[1]威廉斯进一步强调，阶级之间的关键差别不是体现在所用的消费产品上，而是体现在对社会关系的本质抱有不同看法。从根本上看，资产阶级强调的是个人主义的社会关系，把社会看作是中性的和保护性的，它关注的是如何维护个体发展的权利。而工人阶级作为新兴的阶级强调的是集体的社会关系，他们把社会看作是集体性和互助性的，把社会看作是一切积极发展（包括个体）的积极方式。基于这种阶级关系的本质不同，工人阶级的消费观念也会不同。就此而言，资产阶级的消费是为了追求个体自身的发展与利益，而工人阶级将人类社会资源看作是共同资源，其消费目的是所有人在普遍意义上实现理性的进步。因此，工人阶级对消费主义的冲击必然还有一定的自主性和能动性，并不会全盘被动地让资产阶级消费观念予以同化和吸收。

二是深化文化政治解放的目标。在威廉斯看来，文化机构有利于工人阶级文化的交流发展，是培养工人阶级政治意识的重要阵地。威廉斯与大多数新左派成员一道，通过创办刊物和文化机构致力于培养工人阶级的政治革命意识。威廉斯为新左派文化机构和刊物提供了坚实的学术理论支撑，他将文化分析、文学批评理论与政治分析相结合，以此来阐释社会演变。这种做法对新左派产生了深远影响。事实上，新左派的起源可以追溯到两个致力于理论与政治杂志创建的团体。一个是由共产主义者组成的明理者团体，另一个则是由牛津大学精英组成的大学与左派评论团体。这两个团体本身就是文化机构的主要实践者，他们在源头上就与新左派紧密相连。威廉斯与早期新左派成员一道，在《新左派评论》这一理论平台上，深入剖析了当代资本主义、福利社会、劳工政治、大众传媒、反帝斗争和大众文化等时代热点问题。此外，他们还积极组织会议、演讲和讨论等活动，并通过这一学术网络环境出版杂志、书籍、时事小册子和时事通信，旨在推动社会主义策略和方针的创新发展。在新左派运动的高峰期，他们建立了近四十个地方性的俱乐部，这些俱乐部紧密结合当地社会，密切关

---

[1] Raymond Williams, *Culture and Society 1780-1950* (London and New York: Columbia University Press, 1958), p.343.

注政治形势的发展。威廉斯积极参与工人阶级文化机构的创建工作，旨在强化工人阶级对于重构社会主义的政治解放愿望。

三是开展社区民主政治生活。为了进一步推进工人阶级的政治意识建设，威廉斯强调工人阶级需要注重开展社区民主政治生活。在威廉斯看来，社区是工人阶级价值观形成的重要场地，是组织工人凝聚共识的重要载体，也是工人阶级形成阶级思想和团结意识的主要场域。在他看来，社区生活为工人阶级提供了一种团结合作的政治氛围，即"在共同而直接的工作经历和本地社区的发展经历与家庭和亲缘的纽带形成交织在一起，共同孕育了一个潜在的团结群体"。①威廉斯认为"社区"这个术语本身就有着极强的特殊性，从政治立场来看，作为人们日常生活必需品，谁也不会认为自己是反对"社区"的。他指出"社区"作为一种日常体验它有着三个非常重要的特点：一是社区生活是一种相对稳定的日常体验；二是社区生活存在着一种相互承担义务的习惯；三是社区生活孕育出独有的社会价值观。可以说，社区政治是整个社会政治的缩影，是整体运动的基层单元，社区里蕴含着丰富的民主政治力量。因此，威廉斯强调要想在最终意义上取代和超越资本主义的思维模式，必须强化工人阶级社区政治的思想，而不是仅仅停留在对资本主义政治思维模式的批判。

四是推行工人阶级成人教育。英国的成人教育具有悠久的历史，可追溯至工业革命初期，当时的主要目标是促进技术工人的快速和早期就业，进而推动工业革命的进程。然而，至20世纪初，工人阶级教育协会的成立赋予了这一活动新的意义。随着该协会与高校的合作，设立专门班级，开展工人阶级读书演讲和成人教育讲座等多元化文化活动，英国工人阶级的成人教育得到了大规模的发展，工人的受教育水平得到了显著提高。有基于此，威廉斯与霍加特注意到在成人教育活动里所蕴藏的政治潜力，为此他们积极参与并推行工人阶级成人教育活动，希冀通过成人教育活动来提高工人阶级文化批评素养，提高他们甄别社会与批判思考的能力。在他们看来，教育与文化一样，它们都是人们生活的日常，文化的品质与教育体制的品质有着清晰易见的联系，改良文化的途径就是扩展教育。因此面对工人阶级在文化权利上的不平等，他们有针对性

---

① Raymond Williams, *Resources of Hope: Culture, Democracy, Socialism* (Edited by robin Gable, London and New York: Verso, 1989), p.106.

地推行工人阶级成人教育，既将现实社会认知融入成人教学中去，又为工人阶级提供基础的人文素养训练，还为他们传授了先进的社会主义思想理念。

总之，威廉斯强调当今的世界仍然是一个"阶级"的社会，所以不必被那些"无阶级化"的神话所羁绊，工人阶级仍然是打破现代资本主义统治和推动民主社会主义发展的主体力量。鉴于文化在政治革命中日益显现的重要性，探索文化政治实践的核心目标，重现无产阶级的革命潜能。

三、重启工人阶级革命政治意识

威廉斯虽然承认结构主义对于文化主义的内在缺陷具有一定的完善作用，但他不认同结构主义消解主体地位的做法。为了调和结构主义与文化主义的理论分歧，威廉斯通过改造葛兰西的霸权理论，提出文化动态结构理论，对结构主义做出理论上的回应，重启工人阶级革命政治意识。

首先，葛兰西在其霸权理论中深入阐释了阶级统治的核心要素。他指出一个阶级要成为统治阶级并巩固自己的统治地位，不但需要依靠暴力与统治机器，还需要"文化霸权"，即政治上的文化意识形态领导权。他意在表明，作为统治阶级的资产阶级要想维护自身的统治，必须赢得工人阶级的自愿认同。同样，工人阶级要想实现革命胜利，不仅需要暴力推翻资产阶级统治，也需要文化领域同资产阶级展开文化意识形态斗争。这使得文化成为了一个斗争的场所，一个权力和反权力的斗争过程。这种过程性的表述显然是结构主义所不能赋予的。因为停滞化的结构无法对过程性和历史性问题做出有效回答。因此，从这个角度来看，葛兰西在"霸权理论中"对于文化权力分析的阐释，为威廉斯理解文化权力提供了有益的理论支撑。

其次，威廉斯通过对"霸权理论"进一步的运用与改造，构建出全新的"文化动态结构理论"，并对工人阶级文化的形成与发展做出了相应的动态分析。如前所述，威廉斯揭示出文化过程由主导的文化、残留的文化、新兴的文化所构成，其中残余文化保留了过去的合理因素，新兴文化则蕴含了新的价值与意义，它们共同对现存主导文化形成了挑战。威廉斯认为，新兴文化总是伴随着新的意义和价值、新的关系及关系类型不断地被创造出来，在社会阶级结构中总是存在着要取代主导文化的社会基础。简单来说，代表文化发展方向并对主导文化产生重大威胁的就是新兴文化。威廉斯强调，要理解既有别于主导文化又不同于残余文化的新兴文化，关键是不能把它看作是某种直接实践的产物。真正的新兴文化需要我们一次又一次地考察其"将要兴起"的状况与趋势。为了说明这一状况与趋势，威廉斯运用了"情感结构"这一概念。"情感结构"是一种社会经验，也是一种结构。换句话说，情感结构即一种在场的、活跃的、处在过程之中的、即将兴起的实践意识，这种新的情感结构的兴起一般都会伴随着某个阶级的崛起。在他看来，新兴的文化总是同某一阶级的兴起及力量壮大有关，它意味着新阶级的意识觉醒以及新的构成因素的形成。

最后，威廉斯认为，工人阶级作为一股新兴的政治力量登上了历史的舞台，在同对资产阶级的斗争中形成了自己的阶级意识，孕育出了新兴的工人阶级文化，工人阶级作为一个阶级的兴起在文化过程中便显得格外突出。威廉斯进一步分析指出，"新阶级通常总是新兴的文化实践的发源地，当它作为一个阶级尚处于相对从属的地位时，这种文化实践便总是显得不那么平衡，总有那么一些不够完备的地方。"① 然而新兴文化一旦达到具备取代性的程度并与主导文化相抗衡时，主导文化便开始试图对新兴文化进行收编。在这里，威廉斯举例说明，工人阶级文化发展到一定程度时，资产阶级便开始对其进行限制与收编，即把工人阶级的文化（工会、工人阶级政党、工人阶层的生活方式等等）收编到资产阶级主导的通俗文化与商业文化中去。在这种情形下，新兴的过程就成为一种持续不断的往复。尽管新兴文化在这一过程中好像呈现出被主导文化所承认与接纳，但是事实上，它正是通过与残余文化的混合而转换为一种新的形式进行抵抗。威廉斯认为随着社会的发展变化，在发达资本主义条件下，由于主导文化有效渗透进而扩展到经验领域、实践领域和意义领域之中以至于它比以往任何时候都显得更具统治力，因此它与新兴文化的对立也更为尖锐。工人阶级作为一种新兴的社会实践，它本身并非一成不变的，而是不断被分类、正规化，它在资产阶级主导文化的收缩与抵抗中徘徊，直到成为新的主导文化。

综上所述，威廉斯的"文化动态结构理论"弥补了结构主义与文化主义的各自不足。一方面，文化动态理论认同"霸权"的实质是一个充满权力与意识形态斗争的文化过程，现实的斗争过程极为复杂，离不开个体的经验与感受，

---

① Raymond Williams, *Marxism and Literature* (London and New York: Oxford University Press, 1977), p.124.

因此争夺文化霸权需要发挥主体的积极作用；另一方面，文化动态结构理论借鉴结构主义思想将文化过程划分为主导文化、残余文化、新兴文化，并揭示出他们之间所形成的动态结构关系，肯定了结构对文化的重要作用。有鉴于此，面对结构主义对工人阶级主体的消解，威廉斯通过对霸权理论的运用与改造，恢复了工人阶级在文化斗争中的主体地位，明确了工人阶级文化作为一种新兴文化所具备的文化力量，强调了工人阶级文化作为一种进步的新兴文化，是社会文化发展的未来，是资产阶级文化的替代品。

第四章 威廉斯关于文化与社会
解放的思想

威廉斯认为，现代资本主义的弊端在于一味强调"进步"和"创新"，这种文化观念甚至渗透与弥散在现代社会的方方面面，这种在资本主导下对现代化文明单一的"进步"价值观的过分信心，实际上正是导致现代社会危机的根源所在。为此，威廉斯从文化视域聚焦现代社会危机，围绕由资本主导的现代化进程中的现代工业、现代技术、现代城市等问题，展开对现代资本主义社会的文化批判，希冀通过对资本主义意识形态的深入批判打破资产阶级统治的意识形态幻想，摆脱资本逻辑下的发展困境，以求得人的自由与解放。

第一节 现代工业的文化批判与解放

威廉斯指出，"工业"作为现代社会文化变迁的首要关键词，正是其推动了现代社会的形成。因此，它是研究并理解现代社会整体生活方式的逻辑起点。工业革命极大地解放了生产力，促使社会发展的突飞猛进。由工业革命所衍生的工业主义不断发展与演变，逐渐转化成为维护现代社会的社会秩序和政治秩序的意识形态，进而成为奴役现代人生活方式的无形枷锁。

一、资本助力的现代工业

据威廉斯考察，"工业"（industry）主要有两种意涵，早期意指人类勤勉的特质，后来到了 18 世纪则演变为强调生产或交易的一套机制。工业用来指称"一种机制"后还衍生一个极为重要的词汇：工业革命。工业革命主要是指"由工业的主要变迁所造成新的社会秩序"①。霍布斯鲍姆曾高度评价道，"不论怎么估计，工业革命无论如何都可能是自农业和城市发明以来，世界历史上最重要的事件。"②从这个角度来说，要想深刻理解"工业"对现代社会的影响，就有必要对工业革命的发展及其所引起的社会秩序变革做出一个相关梳理。

第一次工业革命的兴起可以追溯到 18 世纪 60 年代的英国。这场革命主要以工作机的诞生为开始，以蒸汽机作为动力机被广泛使用为标志，因此也被称为"蒸汽时代"。资本主义工业化体现了工业革命的特征。马克思对工业化有深入的阐述，认为机器的运用与推广是工业化的核心。在《资本论》中，他分析了机器在资本主义工业化进程中的重要作用。首先，工具机的创造使蒸汽机成为必要，人力被其他自然力所代替。机器的作用是替代工人使用工具，促进工具协同作业，取代单一动力形式。其次，机器体系的发展消灭了手工业基础的协作和分工方式，工人成为机器体系的一部分，工场手工业中的分工协作被瓦解。最后，机器大生产引发了基础变革，建立了与新生产方式相适应的新基础。大工业利用机器排除了手工业和工场手工业，机器生产替代了手工生产，现代工厂替代了手工工场。工业革命的显著标志就是机器取代人力，现代工程替代手工工场，正是这一转变的过程被称为"工业革命"。

工业革命使社会面貌发生了翻天覆地的变化，引起了社会秩序的深刻变革。第一，从社会生产方式来看，工业革命加深了科学与技术的深度融合，它使得机械化大生产成为现代工业生产方式的根本特征。机器大生产提高了劳动效率，使产品价值与劳动价值的占比大幅增加；机器生产提高了劳动强度和时间，并且使得劳动日益单一化、机械化与重复化；机器大生产的运用与推广改变了传统的社会生产组织方式。总之，社会生产的机械化、自动化和规模化，人类获得了大规模介入自然的力量、将自然物转变为社会产品的能力大大提高，人类社会进入到一个物质空前解放的时代。但是也如马克思所说，"生产地不断变革，一切社会状况不停地动荡，永远地不安定和变动，这就是资产阶级时代不同于

---

① Raymond Williams, *Keywords: A Vocabulary of Culture and Society* (New York: Oxford University Press, 1985), p.166.

② 霍布斯鲍姆：《革命的年代 1789—1848》，王章辉等译，北京：中信出版社，2014，第 36 页。

过去一切时代的地方。"① 第二，从社会生活方式来看，工业革命使社会日益分化为两大阶级，即工人阶级和资产阶级；工业革命促进了市场的发展，标志着世界市场的初步形成；工业革命催生了新兴城市的发展，形成了城乡二元分离的新型生活方式。第三，从社会交往关系来看，资本逻辑支配下工业化发展改变了人们传统的社会关系，它把个体纳入社会整体的系统性与机械性的体系之中，工业革命之前那种以乡村共同体为主的传统社会关系逐渐崩塌，那种人与人之间原始、直接的社会关系也逐渐被物质、货币等经济关系所取代，工业化"把一切封建的、宗法的和田园诗般的关系都破坏了。它无情地斩断了把人们束缚于天然尊长的形形色色的封建羁绊，它使人和人之间除了赤裸裸的利害关系，除了冷酷无情的'现金交易'，就再也没有任何别的联系了。"②

在威廉斯看来，资本助力的工业开启了现代文明的新纪元，现代社会的诞生离不开资本主义工业化的发展。事实上，他将工业革命与民主革命都看作是整个现代社会的开端，尽管二者变革的方式不同，但其性质却是相类似的，都是通过变革模式创建了一个新型社会。可以说，工业发展的最具划时代的意义在于改变了社会整体的生活方式，即工业革命所带来的社会生产方式、生活方式、社会关系等一系列根本性变革才孕育出一个崭新的社会。

二、文化生产的现代起点

工业化进程构成了现代世界发展的基石，其引发的工业革命不仅催生了工业文明，更孕育出工业时代所独有的现代文化特质。因此，从这一角度看，工业无疑是现代文化生产的起点。威廉斯先生认为，工业生产的演进不仅推动了社会历史的巨大发展，更引发了传统文化观念和社会秩序的深刻变革。在这一历史性的社会转变中，文化生产③ 作为一种重要的社会生产方式，发挥了至关重要的作用。它并非单纯的精神生产，也非经济生产的简单附属，而是作为一

---

① 《马克思恩格斯文集》（第 2 卷），北京：人民出版社，2009，第 34 页。
② 《马克思恩格斯文集》（第 2 卷），北京：人民出版社，2009，第 34 页。
③ 威廉斯认为人类通过自身在世界上的一切活动，不仅生产着我们需要上的满足，又不断生产着新的需要，还生产着关于新的需要的定义。也就是说，人类生产着人类自身和社会从而推动人类历史进程。就此而言，生产概念不仅包括经济的物质生产手段，应该还包括对现实生活进行生产和再生产的所有一切手段。按照威廉斯的说法，生产概念不仅包括了商品性的经济生产，还包括了政治秩序、社会秩序和文化观念的生产。

种实质性的文化实践活动，深入参与到整个社会生产过程中，并在社会关系的转型中扮演了核心角色。换言之，现代社会的形成，亦可视作文化生产的一种重要体现。

根据威廉斯对文化生产的阐述，如果说工业化的发展催生了现代社会，那么工业时代文化生产的结果就是工业主义。威廉斯通过对"工业主义"形成的考察，揭示了"工业"一词即文化生产的现代起点。在他看来，英国作为工业革命的发源地，在这里拥有关于工业社会形成与发展最为完善的图景样本，其工业化历史不仅记录了围绕"工业"发展所形成的观念和秩序，还在思想上和情感上详尽地体现了人们对工业化进程中共同生活状况变迁所作出的反应。具体来说，为了揭示工业主义的形成与发展，威廉斯将"工业"发展所产生的文化观念划分为三个阶段，即 19 世纪的传统的观念，中间时期的观念和 20 世纪的观念，并通过对比来分析不同时期"工业"是如何影响社会秩序的发展。

其一，在 1790 到 1870 年的第一个阶段里，人们面对工业主义的一种普遍态度表现为拒斥，他们拒斥工厂制度及其生产方式和社会关系。也正是在这一时期，人们对工业主义展开分析并形成了一些主要观点与描述。据威廉斯考察：无论是当时的保守派还是激进派都对工业持有批判的态度，他们大体都一致认为工业的发展在带来财富的同时也会造成社会道德的沦丧。例如，空想社会主义的创始人欧文就在其《论工业体系的影响》一文中明确指出，"工业在全国范围内的广泛发展为这个国家的人们培育了一种新个性，这种由工业造成的个性无论是对个人还是对大众来说均无裨益，如果不通过立法的方式加以干涉和引导，必将导致无法估计的可悲后果。"[1]另外还有第一个提出"工业主义"的托马斯·卡莱尔，在他看来，机械的出现不仅使人的物质方面机械化，而且还会使人的精神方面机械化。为此，他将工业主义界定为是基于系统性的、机械式生产的新兴社会秩序。

其二，在 1870 年到 1914 年间的第二阶段，人们对工业的态度逐渐由拒斥转向孤立，但是对机器却产生了与日俱增的对抗情绪。这是因为，随着机械化大生产的推行，资本驱使国家成为一台平稳运行的巨大机器，人们在这种机器

---

[1]　Raymond Williams, *Culture and Society 1780-1950* (London and New York: Columbia University Press, 1958), p.28.

化的生活下感到无所适从。这一时期，资产阶级与工人阶级的矛盾也日益剧烈，各种社会主义和激进主义的兴起便是对这种对抗情绪的最好诠释。

其三，在 1914 年后的第三阶段，人们逐渐接受了机器生产的现实，并把关注的重点转向了工业化生产体系中的社会关系问题。例如，戴维·劳伦斯就指出人们对于工业主义已经司空见惯，在他看来，工业主义"把人类所有精力都摆进纯粹掠取的竞争当中，这种卑劣的强制力量便是工业问题的根源所在。"[1] 他在描述工业优先对于个体和整个社会影响时，突出了现代社会的机械感，破碎感和无定形感。理查德·托尼则把工业主义看作是一种拜物教，即把一种维持社会的手段夸大为一种核心的、高于一切的目标。由此可见，随着工业主义的进一步发展，整个社会呈现出一种以工业至上为主题的社会制度和生活状态，而这种以工业至上为核心理念也逐步成为维护现代社会的社会秩序和政治秩序的意识形态。

总的来说，威廉斯认为工业主义既有革命和创新的一面，但同时他也有保守和固化的一面，这种两面性在与工业主义相伴而生的现代主义里体现得尤为明显。实际上，在他看来，"工业主义的发展过程就是现代主义的形成过程，现代主义发展到最后就成为工业主义的意识形态。"[2] 实际上，现代主义本身就是对于一种资本工业化所主导的社会秩序的各种复杂后果的直接回应，它展现了工业时代社会秩序转变在文化上的变迁。因此在某种程度上而言，现代主义就是资产阶级的思想基础和意识形态的结果的体现，对现代主义所进行的批判实质上就是对工业主义的意识形态批判。

三、反思现代工业主义

"在对资本主义的批判过程中，威廉斯十分注重将这种批判同现代主义的批判密切关联在一起"[3]，他将批判的焦点对准与工业主义相伴而生且最终成为工业主义的意识形态的现代主义，通过对现代主义的批判来表达其社会解放的主要思想。在他看来，现代主义作为各种创新形式的集合体，它在一定程度

[1] Raymond Williams, *Culture and Society 1780-1950* (London and New York: Columbia University Press, 1958), p.215.

[2] 许继红：《雷蒙德·威廉斯——技术解释学思想研究》，北京：人民出版社，2016，第 180 页。

[3] 乔瑞金：《英国的新马克思主义》，北京：人民出版社，2013，第 17 页。

上的确以革新的姿态推动了资本主义的发展。但是随着这种固化的创新模式成为资产阶级意识形态的表征，现代主义的"革新"动力已经消耗殆尽。为此，威廉斯认为，要确立社会主义的意识形态就必须对资产阶级意识形态展开批判。

首先，威廉斯指出"现代"一词最初出现时，与16世纪晚期的意义相同，用于表示从中世纪和古代脱离的时期。到了18世纪，简·奥斯丁将"现代"界定为"一种改变或改进的状态"，同时她的同代人使用"现代化""现代主义"等词汇来表示更新和改进。19世纪，"现代"带有肯定和进步的内在含义，代表对旧时代的创新和改进，体现反传统和革新的精神。然而，19世纪中后期，"现代"一词的指代从"现在"变为"过去"，与"当代"形成对比。现代主义作为"现代"的派生概念，涉及文化概念的复杂性。一般来说，人们通常将现代主义看作是"现代性"的衍生物，而"现代性"的概念主要是在两种意义上被理解，一个是有关社会意义上的现代性，一个是有关精神或文化意义上的现代性。作为精神或文化意义上的现代性则是与社会历史变迁有着紧密的联系，它的核心在于强调精神或文化上有关"新"的形式或体验，当人们从思想上或文化上把这种体验表达出来的时候，那么这种思想和文化就具有现代性。广义上，现代主义表达这种新的思想和文化体验；狭义上，它特指19世纪末到20世纪中叶西方国家的艺术和文化领域的革新和反传统运动，如印象派、超现实主义等。因此，现代主义是现代性的文化标志，集中体现现代性。

其次，威廉斯从文化视角将现代主义的发展划分为三个阶段并予以分析，揭示出现代主义作为一种意识形态有着自身独有的弊端和局限，并且不可避免地走向终结。威廉斯认为19世纪晚期是文化生产媒介（摄影、电影、收音机、电视、复制和记录）经历最大变化的时期。在他看来，这些文化生产方式全都在这个被认定为现代主义的时期取得了自己决定性的进展。而这种发展的结果就是"创新"成为现代性的正统表征和固有模式，现代主义已经较少地指称知识问题，而更多的是指一种意识形态。在1890到1940年这一时期可以看作是现代主义发展的第二阶段。在现代主义的上升期，它似乎有着无穷的创新动力，即这种进步和创新的意识不断变化呈现出现代主义非凡的创造性和生命力。在威廉斯看来，现代主义在其还未触碰边界的时候，它仍然能在社会变化中发挥着前导、先驱和证明的重要作用。正因如此，现代主义被认为是一种经过高度挑选的现代观点，甚至后来试图盗用现代性的整体。正是现代主义不断交替更新，不断淘汰从而表达一种竞争性的自我促进和自我发展。1950年代后，消费社会的兴起促使现代主义发生了新的改变。威廉斯认为在这一时期，现代主义丧失了它一贯反对资产阶级的姿态，与新的国际资本主义轻松融合。然而它在国际市场上仍想通过自己的创新和进步来跨越边界和阶级的企图被证明是谬误的。在这里，现代主义的各种形式广泛地成为市场用来进行文化竞争和商业用途的"道具"，最终导致被称为现代主义的各种创新成了我们目前新的但固定的各种形式。

最后，威廉斯认为创新乃是现代主义的核心所在，现代主义就是一种进步和创新的思想意识。在他看来，这种无止境地跨越边界以求得创新的方式本身就是一种意识形态，而当人们的全部认知和行为都由这种以创新为"意识形态"所支配时，一旦在其边界开始变得严格且受到控制时候，现代主义很快就会丧失自身的"创造力"。换句话说，现代主义的边界一旦被确立，即当创新不再是手段而是目的时，这种一味的"创新"最终便将现代主义推向否定自身的"后"现代主义。也就是说，当现代主义发展到后期，它由于不断追求创造力而不断失去创造力，最终导致这种思想意识走向了终结。在他看来，现代主义作为被限制在一个高度挑选过的领域，它以一种纯粹意识形态的行为拒绝其他一切，同时它也通过这种方式使自己不断创新的历史突然停止了。因此，现代主义随着自身历史的发展进程最终走向了终结，这意味着资本主义的意识形态也已经终结。在威廉斯看来，"资本主义的现实存在只是它的极权主义的表现而已，它已经不是早期的具有积极意义的一种意识形态，其社会制度也已是失去创造力的制度，因而我们应该从根本上推翻它"①。

综上所述，在威廉斯看来，工业一度是改变世界的重要力量，工业让人们实现了对自然的征服与控制，尤其是在现代主义的支配下，人们对"进步"的渴望使得人们凭借工业对自然展开更大规模的侵占以满足对利益的需求。现代主义下的工业模式所带来全新社会危机和灾难恰恰证明了这种"进步"的虚假性。因此，只有克服现代主义的意识形态，才有可能摆脱现代社会的发展危机。

① 乔瑞金：《英国的新马克思主义》，北京：人民出版社，2013，第17页。

第二节　现代技术的文化批判与解放

工业化的发展促使技术化的突飞猛进，对技术化"创新"的不断要求也成为衡量现代社会进步的重要指标。威廉斯认为技术、文化以及社会制度的深度融合已经成为现代社会的明显趋势和主要特征。因此，他致力于研究资本介入的技术发展，通过对文化生产与技术形式的关系进行探讨，从"社会意图"的角度解析现代资本主义的技术统治方式。在威廉斯看来，技术本身至多也只是一个中性的存在，但是资本的介入容易导致技术，尤其是传播媒介技术，沦为资产阶级国家机器控制社会个体思想的意识形态工具。所以要想从资本主导的现代技术统治和奴役中解放出来，就必须深入剖析背后所隐藏的"社会意图"。

一、资本介入下的技术发展

威廉斯从词义演化的角度指出，"技术"（technology）一词在 17 世纪时还是"对技艺进行有系统的描述，或者是描述某一种特殊技艺"①，到了 18 世纪，技术则尤其注重对机械和器械的描述，19 世纪科学的介入开启了我们有关知识（科学）与技术（应用事物）在特定领域里的划分，从而为"技术"带来了现代的意涵。在此之后，"技术"含义的进一步细分派生出两个方面的意义，一个是指特殊的技术或方法，另一个是指这种技术或方法的体系。不过在更多时候，"技术"还是主要意指所有重要的生产体系。从"技术"意涵的转变中我们不难发现，技术与工业的核心——机械，与生产都有着十分紧密的联系。

首先，技术的出现是与人类实践活动紧密相连的，技术的产生要远早于科学，技术作为一种生存手段与人们的生活息息相关，例如燧石矛头、钻木取火等等都是技术运用的体现，早期的技术更多的是指称人类改变或控制其周围环境的手段或活动，是人类活动的一个专门领域。相较于技术来说，早期的科学研究更多是人们出于对自然各种现象的好奇，纯粹的是从个人的兴趣出发，这

---

① Raymond Williams, Keywords: *A Vocabulary of Culture and Society* (New York: Oxford University Press, 1985), p.315.

时的科学更多的是对接艺术和哲学领域。也就是说，在人类社会的早期阶段，技术和科学还是两个相互独立的领域。因此在技术的早期用法里，它主要用来描述某一种特殊技艺。

其次，18 世纪期间，伴随着工业革命的发展，机械化生产的推广促使技术的不断变革求新导致技术与科学的关系愈发密切。针对技术与机器和生产的关系问题，马克思对此有着较为精辟的论述。马克思将技术放在资本主义生产方式中予以考察，从资本的逻辑出发从而揭示出技术与生产方式之间的辩证关系。在马克思看来，一方面，技术化发展推动了现代生产方式。资本主义是通过工场手工业向大机器大工业的转变从而建立起现代生产方式，而资本主义生产方式的核心之一就是机器生产，机器为大工业的生产提供最合适的技术保障。正是由于机器技术的不断进步，生产力水平日益提高，机器及机器体系逐渐成为资本主义生产方式的技术基础。为此马克思指出只有在大机器生产中，生产过程表现为在技术上应用的时候，"资本才获得了充分的发展，或者说，资本才造成了与自己相适合的生产方式。"[①] 另一方面，马克思认为，现代生产方式反哺技术化发展。传统的技术依赖于个人的经验和技能，而现代技术从一开始就表现为同资本的合作。在资本的驱使下，资本主义生产第一次为自然科学创造了进行研究、观察、实验的物质手段，而新的科学理论创新和发明也是革新生产技术的关键所在。由此可见，正是通过资本主义的生产方式推动技术与科学的融合，科学理论才开始大规模地运用到技术改进上，科学方法也被普遍运用来解决实际生产中所遇到的各类问题。因此，随着社会的发展和生产的需要，人们逐渐认识到科学理论对技术发展的促进作用，这种技术与科学各自独立的模式随即被打破。

最后，19 世纪中叶后，技术与科学一体化的趋势日益明显，大工业中的生产技术对科学的需求空前旺盛，技术的发展和完善越来越需要借助于理论形态的"纯"科学。科学与技术的发展已经融为一体，并在此基础上形成了以机械化大规模生产技术的普及以及向自动化、信息化发展为标志的现代技术格局。现代科学技术为了适应资本主义生产方式的需要，从过去的以个人为研究主体的零散、自发、无序的状态走向以集体为研究的集中、自觉、有序的状态。换

第四章　威廉斯关于文化与社会解放的思想

---

① 《马克思恩格斯文集》（第 8 卷），北京：人民出版社，2009，第 188 页。

句话说，资本主义主导的现代生产方式促使现代技术走向系统化、规模化、组织化、程序化等更为高级的阶段。因此，技术不再是简单意义上"生产性"技术，它不仅仅是以机器为核心的生产工具、手段和资料，也不只是将现代要素（包括工具，机器、设备等物质要素和技巧、技能、经验、知识等智能要素）结合并运作的工艺、方法和过程，而是作为一种普遍的规则和体系渗透在现代人的生产和生活当中，创造出一个普遍利用自然属性和人的属性的体系，成为资本和现代性的机理。① 换句话说，技术开始作为一种内在机制渗透到现代社会生产和生活的一切领域之中。

综上所述，技术化在人类社会历史发展的不同阶段的程度和速度都是不同的，工业社会以前的技术化过程缓慢程度较低，工业社会到来之后，技术化速度加快程度加深，技术的作用日益凸显。技术化的革新促进了人类物质文明的发展，推动了人类社会的进步，但是技术与资本的结合也不可避免地造就了现代人的生存困境。因此有学者提出，在资本的支配下，科学技术作为一种独立的力量成为现代社会的新型意识形态，起着巩固资本主义统治的合法性基础性的作用。在威廉斯看来，技术本身是一种中立的存在，但是由资本介入的现代技术却并非中性的存在。他进一步指出资本介入的技术发展裹挟了资产阶级的霸权，呈现为一种特定的资产阶级意识形态。为此，他试图将文化研究延伸到整个现代传播媒介的领域，以期从文化视域寻找一种对现代技术的解读方式，从而能够深入资产阶级的文化霸权，为现代人的自由和解放谋求新的出路。

二、文化生产的技术形式

威廉斯指出，传播技术已深深根植于现代社会人们的生活方式之中，这既体现了人类的文化现象，也看作是人类技术发展的一个缩影。作为一种关键的文化形式和技术形式，传播技术在文化生产中占据重要地位。现代传媒体系，包括电视、电影、广播和印刷品等，已经标志着文化生产的技术形式迈入了新的纪元。因此，威廉斯强调，对传播技术的深入剖析有助于我们更清晰、更理性地认识技术影响下的整体生活方式。

---

① 春玲、陈凡：《马克思技术批判视野中现代性追问的逻辑进程》，《中国社会科学》2015 年第 5 期。

首先，经威廉斯考证，传播（communication）一词最初意指"普遍"，旨在强调信息的广泛传播。随后，其含义逐渐扩展，于15世纪演化为描述物体的"普遍"性质。自17世纪末期起，传播一词进一步引申为"传播媒介和通讯工具"。进入20世纪以来，传播一词"随着其他传递讯息与维系社会联系的工具不断发展，也可以用来指涉这些媒介，尤其是指一系列媒介中的资讯与观念"[①]。实际上，传播一方面指涉传播的动作或过程，另一方面也指涉传播媒介及其承载的文化。威廉斯指出，技术的介入不断重塑传播的内涵，使其从最初的面对面交流逐步演变为跨越不同地点的传播方式。特别是工业革命后，通过各类运输工具实现的传播活动，直至当代借助印刷等现代媒介的传播。以印刷术为例，其作为迄今为止至关重要的传播技术，不仅代表技术革新的成果，同时也受益于公路、铁路、海运、空运等交通方式的进步，从而加速了印刷品的流通速度。电缆、电报、电话等通信手段的发展亦极大便利了新闻的收集工作。随后，广播、电影、电视等新型传媒的涌现，均体现了传播方式的创新与技术革新的紧密联系。因此，这些新兴传播方式本身即代表着重大的技术突破。

其次，通过考察传播技术的发展和新兴传播技术方式所带来的变化，威廉斯认为有必要重新定义传播的概念，他将传播界定为"各种观念、信息和态度在社会体制和形式中的传送与接受及其过程。"[②]这个定义主要有三层意思，"一是传播的对象或内容是各种观念信息和态度而不是各种交通工具或物质资料；二是传播的领域是在社会体制和形式之中；三是传播的过程是传送和接受的双向交互过程。这种传播观念不同于传播学中线性传播观念，而是从社会学角度强调传播在社会体制和形式中的观念性、过程性和交互性"[③]。这种对传播概念的重新界定凸显了传播及传播工具对于文化观念的生产与过程，因此，他将传播视为文化生产的重要组成部分，并赋予了其作为重要文化生产方式的重要意义。

最后，19世纪中叶后，技术与科学一体化的生产方式，其关键在于其独特的"复制"功能。他认为在塑造社会秩序和新型社会关系的过程中，"复制"

---

① Raymond Williams, *Keywords: A Vocabulary of Culture and Society* (New York Oxford University Press, 1985), p.72.

② Raymond Williams, *Communications*. Harmondsworth: Penguin Books, 1962. p.17.

③ 王晗：《雷蒙·威廉斯的文化社会学思想研究》，博士学位论文，扬州大学文学院，2011，第76页。

发挥了不可或缺的作用。他指出，"文化生产过程中的许多关键要素都被'复制'这个概念聚合在一起"①，而早期的传播技术在文化生产过程中正是扮演着文化复制的角色。他举例说明：早期的印章、硬币、勋章等是文化复制技术的典型表现，在这一复制过程中，封建君主与宗教等政治影响得到延伸与强化，统治秩序进而得到巩固与加强。事实上，他认为作为一种文化生产手段的"复制"技术与蒸汽、火车一起改变了社会的结构，建构了资本主义的新型社会关系。

受到瓦尔特·本雅明（Walter Bendix Schoenflies Benjamin）的启发，威廉斯在机械复制理论基础上进一步阐述了自己文化复制思想。他指出，19世纪以来的文化生产在形式上发展成为以机械复制与电子复制为特征的现代主流文化生产方式，技术上的突飞猛进使得文化生产的规模化和市场化成为现代社会的特点之一，市场逐渐取代政府成为控制文化生产的主要力量，导致传统的文化生产和控制方式发生了根本性的变化。简而言之，现代传播更多的表现是一种符号传递模式，只不过这些符号最初是印刷在纸张上的文字，后来则变成了广播电视的无线信号。可以说，这种技术上的转变实际上就是传播技术在现代社会运用的具体体现。

最后，为了进一步深化对文化生产与技术进步之间关联性的探讨，威廉斯选取了现代社会中占据主导地位的传播媒介——电视，进行了详尽的剖析。威廉斯认为，电视作为一种具有世界影响力的传播媒介，实质上是文化生产与技术进步相结合的产物。纵观电视的发展史可知"电视的发明乃是非单一的事件和或事件的系列，它有赖于一个在电学、电报、摄影与电影，还有无线电方面的发明和发展的复合体"②，这种技术的融合为电视赋予了独特的传播方式，威廉斯将其形象地称为"全景式（panorama）"展示。这种展示方式不仅突破了传统媒介单一的传播功能，显著提升了传播效能，而且在传播深度和广度上也超越了传统方式。在深度上，电视能够深入渗透到大众生活的方方面面；在广度上，电视则兼具时间与空间的双重维度，实现了前所未有的传播覆盖。

威廉斯进一步指出，依托这种全新独特的传播方式，电视融合发展出全新的文化形式。其一，如新闻、政治辩论、教育、电影、戏剧、综艺、体育、广告、

---

① Raymond Williams, *The Sociology of Culture* (New York: Schocken Books, 1982), p.184.

② 雷蒙德·威廉斯：《电视：技术与文化形式》，陈越译，《世界电影》2000年第2期，第69页。

游戏类等节目，都是从以往的文化形式中承袭而来；其二，依据电视的传播特点又发展出纪录片、日常性讨论对话、观光性教育、电视杂志和连环画等新的文化形式；其三，电视本身就是一种新的文化形式，当下对电视的运用已经成为对于已获公认形式的传送和精心制作，或者已经被显要信息内容所支配。这些不同的文化形式都以电视为载体再现了自身独有的艺术形式，并且"被纳入日常生活的节奏"之中，成为日常生活重要的组成部分。可以说，电视的文化特性，既体现于它所呈现出的多元化文化形式，亦体现于电视技术本身对人们日常生活的深远影响。电视不仅改变了人们认识世界的方式，更在潜移默化中重塑了人们的生活方式，成为我们整体生活方式中不可或缺的重要组成部分。

总之，传播技术作为一种全新的文化生产方式极大地改变了传统的文化形态，深入我们的日常生活世界，塑造了我们对世界的认知与想象，能够在潜移默化中对社会秩序（规范、价值观、世界观）产生着深刻的影响。在威廉斯看来，"现代传播技术是一个中性的存在，因此它的潜力是一个双向的可能，有可能为民主参与和意义共享创造现实的基础，也有可能成为商业化和意识形态对民主实施侵害的通道。"① 因此，威廉斯认为现代传播技术的发展里蕴涵着革命与解放的力量，尽管传播技术的发展有可能取决于资本和权力的影响，但是每当新的传播技术问世，它都有可能超越原有决定者的意图，成为文化斗争场所里抵抗权力资本和解放现代社会的重要力量。

三、解码技术的社会意图

鉴于技术规则已渗透到社会发展的方方面面，现代社会呈现的是一种技术化的生存方式。对于技术发展的深刻影响，技术决定论应运而生。威廉斯认同技术的发展对文化的促进作用，但是他拒绝任何形式的技术决定论。在他看来，技术是一个十分中性的产物，关键在于技术使用背后的"社会意图"。这种"社会意图"不仅隐藏着传播过程所遵循内在机制，更是反映了统治阶级的决策需求和意识形态。对技术的批判不应限于技术自身，而应聚焦于使用和控制技术背后的"社会意图"。尤其是须警惕由资本主导的传媒体系，它们在大多数时候遵循的是商业逻辑的文化形式，其目的是维护资本主义统治秩序。

---

① 许继红：《雷蒙德·威廉斯：技术解释学思想研究》，北京：人民出版社，2016，第147页。

首先，威廉斯强调，当前的首要任务是明确技术决定论所产生的影响。随着现代技术的迅猛发展，其深远影响已渗透至社会发展的各个层面，催生了对技术高度推崇的技术决定论。这种观点认为技术已成为一种独立的力量，其变迁直接导致社会的演变，并按其内在逻辑塑造文化和社会的发展。在威廉斯看来，每项技术的出现都提供了新的选择和契机，其应用结果因不同的社会和文化立场而异。在技术决定论者看来，一种新技术（新的印刷术或者是通信卫星）的产生都会改变它从中"出现"的社会或部门，因为人们需要学会适应这一新的现代方式。而在文化悲观主义看来，每一次新技术的诸如报纸、电影、收音机、电视或卫星的出现都是一场危急的文化灾难。威廉斯指出无论是文化上的保守派还是激进派都对各种新技术的出现都秉持着一种悲观态度，正如他所说，"在文化生产和传播发展领域，对于各种信息全面创新的新时期里，形成了一种包括保守派和激进派的文化联盟，他们一致认为各种技术上的创新对文化发展都是一种主要的威胁"[1]。无论是技术决定者的支持论调，还是文化悲观主义者的反对意见，都揭示了技术决定论对文化发展的巨大影响。技术乐观者视技术为解决社会问题的关键，将其视为社会发展的决定因素和根本动力。相反，技术悲观者认为，技术在推动社会进步的同时，也引发了一系列问题，对现代社会产生了深远的负面影响，甚至可能阻碍社会的发展。然而，威廉斯认为，他们的共同误区在于未能认识到技术的出现和应用是社会因素的综合结果，而非单纯由技术自身决定。

其次，为了进一步对技术决定论的思想进行批判，威廉斯针对传播技术的发展与应用，对具有广泛影响力的"媒介决定论"提出了不同的看法。一般而言，在传播领域中，技术决定论的表现被称为"媒介决定论"。马歇尔·麦克卢汉，作为多伦多传播学派的媒介理论家，是该理论的重要代表。他认为，传播的核心不在于内容，而在于技术形式，并强调技术发展对社会变迁和文化传播的重要作用。麦克卢汉认为技术才是所有效果的根源，他主张人类社会发展过程中真正有价值的信息并非各时代传播的内容，而是该时代所使用的传播工具的性质及其开创的可能性和引发的社会变革。为了形象说明，他比喻媒介技术是人

---

① 雷蒙·威廉斯：《现代主义的政治——反对新国教派》，周宪、许钧译，北京：商务印书馆，2004，第 119 页。

的感官的延伸，例如文字和印刷术延伸了视觉，广播延伸了听觉，而电视则同时提升了视觉和听觉。因此，麦克卢汉指出媒介技术在改变人们感官的同时，也决定了社会历史的发展。然而，在威廉斯看来，麦克卢汉将技术视为社会发展的决定性因素是危险的，这可能导致人们陷入"自然进化"的误区，从而得出非历史的结论。

　　威廉斯为了消除技术决定论的影响，从"决定"与"社会意图"两个层面对其进行了批判与反驳。一是在"决定"层面，威廉斯指出媒介传播论的主要缺陷在于将"决定"视为能够影响全局和预测未来的绝对控制结果。他认为，技术的决定作用更多地表现为"设置限制"和"施加压力"的过程。他强调，"决定"的真正内涵在于其对社会整体发展进程产生的压力和限制，进而对社会过程的走向产生影响。因此，这种"决定"并非对社会过程进行绝对控制或预测其未来走向的判断。在社会活动中，各种因素如权力和资本的分配、社会与物质资产以及各集团之间的关系，都是设定限制和施加压力的重要因素，但它们同样无法全面控制社会发展和预测复杂活动的结果。二是从"社会意图"的层面来看，真正影响社会发展的"决定"里，"社会意图"是一个非常重要的因素，而媒介决定论的另一个弊端就是在于将传播技术视为脱离于社会而存在的抽象实体，这种对技术的理解脱离经济、政治和文化历史，排除任何有关人类意图的观念。正如他所指出的"真实的情况不在于技术本身，也不在于那些精致的决定论观点，它们所忽视的是，任何有关某种新技术的意义，都是有关各种利益公开的或隐蔽的所进行市场销售的一种产物。"[1] 在他看来，所有的技术都是在社会关系与文化形式之内进行的，技术本身很少具有社会意义，只有当它被挑选出来进行生产投资，或为特定的社会用途而被有意识地发展时，其普遍的社会意义才能存在。为此，威廉斯强调对意图的关注应该成为研究技术与社会关系的重要原则。在他看来，"挑选，投资和发展的这些过程本身就是一种社会过程和经济过程，是在现存社会关系和经济关系之内的，也是在一种特定的社会秩序之内"[2]。简单来说，"社会意图"本身就体现了各种社会秩序和

① 雷蒙·威廉斯：《现代主义的政治——反对新国教派》，周宪、许钧译，商务印书馆，2004，第175页。
② 雷蒙·威廉斯：《现代主义的政治——反对新国教派》，周宪、许钧译，北京：商务印书馆，2004，第172页。

文化秩序所产生的影响，社会过程和经济过程也是"社会意图"展现的过程。因此，无论是作为技术载体的媒介还是传播的内容，都是经过社会权威的选择、过滤和控制，传播的发生离不开"社会意图"的参与。在威廉斯看来，技术并非自主自为的，而是由社会最终决定是否采用和控制某种技术。

最后，威廉斯通过"社会意图"瓦解了各种技术决定论的基础，对资本主义社会下技术社会意图予以深度解码。在他看来，"社会意图"与各种社会秩序和文化秩序有着深刻的内在联系，传播媒介具有何种形式并不是问题的关键，问题的关键在于传播行为与社会关系背后存在何种深刻的"社会意图"。具体而言，社会意图主要的目标有三个：一是密切跟随经济机构和政治机构中主导力量的主要线索；二是通过技术来打破现存的民族文化界限和商业界限；三是渗透政治上"封闭的"不同地区或者权力垄断集团。

威廉斯认为现代主要的传媒体系如今已成为发展资本主义社会关键性的习俗机构，它与资本主义的文化、政治、经济有着内在的深刻关系，使得现代传播技术发展必然承载着资本主义的"社会意图"。在威廉斯看来，资本主义主导的政治秩序里所注入的是一种同质化的意识形态，它由资本主义的垄断集团和精英知识分子予以同质化和理论化。他们将基于资本逻辑而"改变世界"的意识形态诉诸技术的各个方面，以技术"进步"来掩盖资本逐利的真实目的。他进一步指出，像无线电、卫星广播、电视这一类产品的出现，无论是作为技术还是文化形式，都是由社会和文化因素综合决定的，而不是源于其自主的发展，它们的发展推广过程中都有明显的"社会意图"参与，其基础始终体现着一种社会经济和政治的立场。无论是从历史的角度还是理论的角度，对于资本主义出版业、电影业或广播电视业的研究，必须同资本主义社会、经济和政治的分析结合在一起。在他看来，时下流行的"地球村"的传播理念，表面上是一种传播技术发展的诉求，而实际推动这种观念的发展的是资本主义跨国阶段的主导秩序，隐藏其后的整套支配性与规范性的则是资本主义所追求的价值意义。有个充分的理由能够说明这一点，那就是当前的主导秩序之内，传媒体系有意且系统化地将农村和贫困地区排除在外，而仅仅提供一些维持需要的基本功能。通过解码技术背后的社会意图，威廉斯指出资本介入的技术发展和技术进步背后有着"社会意图"的深刻影响，特别是在资本主义的主导秩序下，技术无形之中成为输出意识形态的利器，传播体系甚至也集体成为资本主义的习俗机构。

综上所述，威廉斯认为技术是一个中性的存在，他将技术当作人类生活的一个重要部分，在他看来，不是技术在异化人们的生活，而是技术本身就是有关社会生活的技术，是一种现实的存在而非一种抽象的异己力量。通过对现代技术的文化分析与批判，威廉斯认为面对现代社会传播技术的兴起，一方面需要警惕背后的资本主义社会意图，以防技术沦为资本主义用来进行统治和奴役的意识形态工具。另一方面也需要肯定技术对社会的解放作用，各种新技术的产生不仅为社会发展提供了各种新的积极的社会关系和文化关系，还为实现彻底民主和新的社会主义提供了潜在的途径。

第三节　现代城市的文化批判与解放

工业化进程的推进不仅促进了技术的革新，同时也推动了现代社会的城市化进程。特别是以资本为主导的城市化，更是直接促使城市发展成为象征资本的力量符号。鉴于此，威廉斯从历史的角度出发，结合文化变迁对资本主导的城市化进程进行了深入研究。他通过分析现代城市所承载的文化观念，揭示了资本主导的城市发展实际上秉承了现代主义一贯的"进步观"内核，进而形成了城市进步主义的观念。威廉斯认为，城市进步主义将城市的持续扩张视为"文明"和"进步"的唯一标志。然而，这种以资本主义为主导的发展模式正是当前各种城市危机的深层根源。因此，唯有不断对资本主义进行抵抗，我们才有可能化解危机，实现真正的解放。

一、资本主导的城市进程

威廉斯认为，在人类历史上，城市的出现具有决定性的意义。城市不仅在各个维度上扩展了人类的活动范围，而且与"乡村"共同构成了人类最基本的生活方式。尽管城市的起源可以追溯到很久以前，但现代城市的诞生却是近代的产物。威廉斯从词义变迁的角度进行了阐述，他指出，"城市（city）"这个词在 13 世纪就已经存在，但当时主要是指重要的或理想的"定居地"。到了 16 世纪，这个词开始用来区分城市地区（urban）和乡村（country）地区，都市生活的重要性日益凸显，这也导致了词义的变化。18 世纪，金融和商业活动的显著扩张进一步推动了城市作为金融与商业中心的狭义用法的出现。到了 19 世纪，工业革命使得英国成为世界上第一个大部分人口居住在城镇的国家。特别是在工业革命期间，城市生活的快速发展使得"城市"一词在 19 世纪主要用来特指英国的首都伦敦。也正是在这一时期，"城市作为一个独特类型的定居地，隐含着一种完全不同的生活方式以及现代意涵"①。可以看出，造成"自然城市"与"现代城市"分野的关键在于工业革命，工业化的发展使得城市发展出现了里程碑式的转折，从而开启了现代社会的城市化进程。

从现代城市发展的起源来看，据考证人类大约是在一万年前第一次设计了城市，这种人为规划的城市先后分布在中东、美洲、印度河流域以及中国②。在公元前 3000 年城市就已经成为普遍出现。"第一次城市革命"出现在公元前 4000 年到公元 500 年，随着国家作为一种复杂社会组织形式而出现，首批城市——国家产生了，这种城市——国家的实际含义是控制了周边地区，包括一定数量的其他小镇、乡村和农村地区的城市，这种城市——国家即早期的城市帝国，通常由一个核心的城市对帝国予以统治和支配，其特征表现为专门化的劳动分工和垂直化的权力结构。

随着帝国的衰落，城市的发展也日渐衰微。到了公元 9 世纪，中世纪的欧洲城市生活衰退到历史最低点。尽管如此，城市贸易和手工艺生产的兴起为城市带来了新的生机。文艺复兴时期，封建权力结构瓦解，商业逐渐取代农业成为主导经济方式，推动了"第二次城市革命"的形成。资产阶级崭露头角，通过商业活动掌控了欧洲城市生活。文艺复兴时期，封建权力结构瓦解，商业逐渐取代农业成为主导经济方式，推动了"第二次城市革命"的形成。资产阶级崭露头角，通过商业活动掌控了欧洲城市生活。特别是 18 世纪的工业革命，使以城市为基础的市场经济地位日益稳固。以英国为例，18 世纪末，工业革命推动伦敦空前发展，至 19 世纪末，英国率先实现城市化，超过半数人口居住

---

① Raymond Williams, *Keywords: A Vocabulary of Culture and Society* (New York: Oxford University Press, 1985), p.56.

② 约翰·丁·马休尼斯、文森特·N. 帕里罗：《城市社会学：城市与城市生活》，北京：中国人民大学出版社，2016，第 31 页。

于城市。此时的伦敦不仅是英国的商贸中心，更是发展成为世界金融中心，是国际化大都市的典范，更为现代城市化进程树立了标杆。因此，可以认为"第二次城市革命主要是资本主义与工业化共同作用和刺激下的产物"①，现代城市的形成正是肇始于工业革命的形成和资本力量的崛起。

从现代城市发展的过程来看，从狭义上讲，现代城市发展的过程实际上就是一般所谓的"城市化进程"。实际上，城市化不仅是现代社会发展的核心问题，同时也是马克思和恩格斯十分关注的问题。他们从资本的视域对城市的发展提出了许多具有建设性的意见。马恩认为，"城市的形成和发展既是社会分工发展的产物又是社会分工的表现，最大的社会分工表现为城乡的分离和对立。"②。马恩进一步指出，城市的发展既受到生产方式的制约，但它又是生产力发展和社会关系进行再生产的必由路径。要理解现代城市的发展必须理解现代社会的生产方式。一般来说，机器大工业是现代资本主义生产方式的主要体现，大规模的工业化开启了现代城市化进程，从而使得"现代大工业城市如雨后春笋般的到来"③。因此，城市化首先是工业的城市化。马恩还指出，随着生产力的进一步提高，分工的充分发展，城市化成为资本积累的重要形式，构成了资本再生产的基本条件；而资本的积累反过来推动城市化进程的加速。因此，现代城市的发展遵循着资本的逻辑，资本成为城市化的根本动因，资本主义的城市化最终演变为资本的城市化。

从现代城市发展的结果来看，城市化进程作为现代社会发展的集中体现，通过集聚人口、资源、财富和技术，推动了社会的整体进步，同时也引起政治、经济、文化、社会等领域都发生了相应的变迁。简而言之，城市化进程颠覆了以农业文明为主导的传统社会，以城市发展为主导逐渐成为现代社会的标志。城市化进程既是工业的城市化也是资本的城市化，为此由资本逻辑所驱使的城市化进程主要导致以下几个方面的结果：第一，确立了经济优先的发展模式。经济因素是现代城市有别于传统城市的核心所在。现代城市的形成与发展从根

① 约翰·马休尼斯、文森特·帕里罗：《城市社会学》，姚伟、王佳等译，北京：中国人民大学出版社，2016，第38页。

② 庄友刚：《马克思主义哲学形态演变逻辑与当代建构——兼论马克思主义城市哲学的合法性》，《广东社会科学》2018年第6期，第64页。

③ 《马克思恩格斯选集》（第1卷），北京：人民出版社，1995，第114页。

本上说是围绕经济需要而展开，经济发展成为建构现代城市的首要目标。实际上，城市化进程本身也被当作推动经济发展的一个根本路径。因此，经济优先成为现代城市发展的显著特征。第二，改变了城乡之间的二元关系。城市化发展最具影响的结果就是改变了城市与乡村之间的关系。资本使得城市最终战胜了乡村，使农村屈服于城市的统治。城乡之间的关系发生根本性转变，由过去的"城市乡村化"逐步转为现在的"乡村城市化"。第三，创建了现代性的城市文化。资本逻辑主导了现代城市的建构与发展，进而掌握了城市意义的话语权和解释权。为了巩固资本主义的合法性，资本通过城市空间建构了一系列关于城市发展的各种现代主义话语，从而创建出新型的城市文化。这种以空间为基础的新型城市文化彻底地改变了人们的生活方式，带来一种全新的生活体验。

总之，现代城市是工业革命和资本崛起的产物，资本的城市化是现代城市发展的主要特点，资本在城市建构和发展中展现了自身的逻辑。城市发展给现代人们带来完全不同的生活方式，现代性的体验也随即而来。正如威廉斯所强调，现代城市的出现彰显了人类转向新文明的重大意义，不同于传统城市给人们所带来的体验，"在一个高度工业化的社会，城市生活也仅仅只是少数人的经历，但它却被广泛而准确地看作为一种决定性的经历，因为它对社会整体的特点所产生的影响巨大"①。这种由城市化所催生的新型城市文化和独特生活方式正在深刻地改变现代社会。当然，它同样也预示着城市也成了革命斗争的新空间，对资本主义的抵制、批判和斗争开始从外在的乡村延伸到城市的内部，城市因此也成为社会解放的一个重要场域。

二、文化生产的空间场域

同马克思一样，威廉斯认为城市是透视资本主义发展的一个基本视角。在他看来，城市不仅是人类一种基本的生活方式，还承载了社会历史发展的丰富经验。在他看来，围绕城市发展所形成的各种意象和观念，折射出人们在城市生活中的经验写照和情感概括。为此他从文化分析的角度重审了英国近代以来的城市化进程，对城市空间的变迁作出深刻的文化解读。

首先，威廉斯指出，随着资本主导的城市化进程的推进，城市与乡村的传

---

① 雷蒙·威廉斯：《城市与乡村》，韩子满、刘戈、徐珊珊译，北京：商务印书馆，2013，第296页。

统意象都发生了决定性的改变。城市化打破了传统城市的原生形态，对城市空间进行了根本改造，它一方面革新了各种文化形式在内的整个社会秩序，成为政治、经济、文化要素交织的场所空间；另一方面，它作为一个空间使用和感知认同的过程，为人们对现代社会进行体验和想象提供了可能。实际上，在"传统"到"现代"的意蕴里所体现的不仅是城市发展的历史变迁，更多的是由城市化进程所派生出的文化变迁。在他看来，工业化和城市化的推进使得现代城市在各个层面都得到不断地强化和扩展，城市的聚集或集合最终形成了现代型的大都市。凭借技术上的先进优势和经济上的主导地位，现代性的大都市的文化状况也随之发生决定性的改变。他指出，"19世纪下半叶和20世纪上半叶的大都市，变成了一个全新的文化维度。它现在远远超过了非常大的城市，甚至超过了一个重要国家的首都城市。它是新的社会关系、经济关系和文化关系开始形成的场所……"①。

正是这种文化变迁改变了人们对城市生活方式的普遍认知和生活体验，从而形成了有关现代城市的文化意象。在传统观念里，城市的正面形象被刻画为"成就"的中心，即代表智力、交流和知识的圣地；它给人负面的联想则是吵闹、俗气和充满斗争的场所。当然，这些观念的形成主要是从与"乡村"的比照中所提炼出来。相应地，乡村给人负面的印象就是落后和愚昧，生活处处受限；正面的体验则是代表自然、宁静和纯真的生活方式。而在现代观念里，"大都市"向人们展现的是一个充满矛盾的"光明与黑暗的复合体"的形象，一方面，很多作家将城市看作是威胁美好"乡村生活"与"自然"的怪兽，城市所表达的往往是黑暗、压抑、犯罪、道德沦丧的意象，另一方面，也有作家将城市描述为未来的希望之所在，认为城市是超越"乡村"的存在，城市是光明和进步的象征。对这种混乱和矛盾的描述其实可以简化为城市化和工业化过程中人类状况的一个缩影，从根本上看这也正是人们对19世纪以来新城建立与城市扩展的一种心理反应。事实上，伦敦、巴黎、柏林和纽约都是文化大都市的典型代表，它们都可以看作是资本主义大都市在不同阶段的特定历史形式，并且与这一时期的实践和观念存在着各种决定性的联系。总之，在城市化的进程中所造成的

---

① 雷蒙·威廉斯：《现代主义的政治——反对新国教派》，阎嘉译，北京：商务印书馆，2004，第45页。

文化变迁并由此而派生的城市文化表征着人类发展到城市化阶段的新形态。

其次，威廉斯认为，作为最早经历工业和大都市发展的国家，英国自然而然地拥有丰富的文学素材来描绘城市化的主题。这些文学作品不仅详尽地记录了城市化进程中各个真实的阶段，还生动地展现了人们在工业城市生活中所获得的新体验。威廉斯强调，这些作品为我们理解这一文化变迁提供了现实的素材，通过对这一时期关于"城市"发展的各种意象与观念的梳理，可以从文化层面对英国近代以来的城市化进程进行深入解读。

文学作品向来都是一个时代文化状况的晴雨表和风向标，以最为直接的方式揭示时代最为特定的历史和文化关系。通过考察分析近代的英国文学作品，威廉斯将文学作品中反映城市发展的现代思想主题归纳为五个类别。现代城市，作为一个由众多陌生人构成的集合体，其最为直观和首要的体验便是这种陌生感。个体在庞大的人群中感受到的孤独与寂寞，是这种陌生感的延续，它使得个体与城市之间建立起了一种直接的联系。如《一个城市的毁灭》《一座伟大城市中的孤寂》和《恐怖的夜之城》等诗歌，便生动地描绘了个体在城市中体验到的孤独与痛苦。第二个是由城市扩张所带来的异化主题。威廉斯指出由于孤独与城市之间的联系扩大，催生了主观或社会意义上的异化，这些论调在《玛丽·巴顿》《董贝父子》以及《阴曹地府》里都有体现。第三个是关于城市的黑暗面所带来的"神秘"主题。这一主题对城市"不可测知"的特征表达深深的不安，尤其是"黑暗的伦敦"的观念更加凸显了这种特征。它一方面关注城市里的各种犯罪事实，如柯南道尔的《福尔摩斯探案集》，另一方面通过现实主义的手法展现了"黑暗地区"的贫穷和可怜。第四个是将城市视为人类团结的新基点的主题。华兹华斯、狄更斯、恩格斯等人都看到了城市中蕴含的团结潜力。实际上，工人阶级和革命团结等新兴词汇都与城市紧密相连。更为重要的是，在大城市中，新型的组织不断发展，为积极的城市发展提供了支撑。第五个主题是城市发展所带来的积极方向。随着城市物质条件的改善，城市展现出巨大的活力、变化、自由的多样性和流动性，前工业城市被视为一个光明和学习之地，直到对物质光明的强调才恢复了这种对城市的新阐释。因此，作为资本主义的一种特殊历史形式，文学上所表现出的有关现代性体验的种种主题都在大都市里找到了栖身之地。

最后，威廉斯认为城市文化意象揭示了城市化的内在特质。城市意象是城市经验（经历）的社会产物，它从文化维度集中体现了现代城市的发展态势和特征，主要表现为以下几个方面：第一，城市空间所具有的流动性和孤立性。"现代性"体验所强调的那种"稍纵即逝"的实质就是流动性，城市就是这种流动性变化最为明显的视觉体现。城市发展所带来的持续流动性不仅给人们造就了对这种时间体验的恐惧感，还催生了在城市空间里孤立和疏离的窒息感。用波德莱尔的话来解释，城市的这种社会特点——转瞬即逝、无法预测，还有它那实质性的、令人激动的隔绝和人事变迁——被视为人类整个生活的现实。可以说，文学上所揭示这种"现代性体验"是对城市空间流动性和孤立性的生动注解。第二，城市意识所追求的创新性和持续性。作为精神或文化意义上的现代性是与社会变化有着紧密的联系，它的核心在于强调精神或文化上有关"新"的形式或体验。进步和创新的思想意识体现了现代主义的创造性和生命力，这种创新性和持续性成为现代性的一种意识形态。如果说"乡村"通往过去，那么"城市"就意味着未来，"都市经验催生了有关未来的经验"①。的确，早期的现代主义在社会变化中发挥着前导、先驱和证明的重要作用，对城市意识产生了深刻的影响，城市进步主义对于未来盲目乐观的自信就是最好的例证。第三，城市形态所展示的复杂性和开放性。威廉斯认为，开放性和复杂性正是大都市的重要特征，各种文化关系都是对开放、复杂和有生气的社会过程的一种展开。相对于传统封闭的社会，现代大都市所集聚的人口效应使得不同来源的文化得以碰撞，各种文化形式都能在这里找到某种立足点。也就是说，大都市不仅本身就是形形色色的文化活动场所，也为诞生新的文化形式提供各式各样的契机。第四，城市地位所凸显的中心性和主导性。随着资本和权力不断地向大都市集中，经济和权力的不平衡发展继而延伸到文化领域，大都市逐渐集聚了影响巨大的文化力量，导致与欠发达地区之间的文化产生巨大差距。所以在文学作品中，"城市"往往代表着发达和先进，而"乡村"常常象征着欠发达和落后，这种意象的对比揭示了城市地位的中心性和主导性。

综上所述，现代城市作为文化生产的一种表征场域，围绕城市化历程所产生的意象和观念实际上是对现代性发展的一种文化反映，这些主题都从不同程度上折射出了现代城市发展的困境。正如威廉斯所言，文化和文学上的现代性

---

① 雷蒙·威廉斯：《城市与乡村》，韩子满、刘戈、徐珊珊译，北京：商务印书馆，2013，第374页。

主题突显了资本主导的城市化进程是一个导致异化、分离、外部化和抽象化的社会过程。在某种程度上来说，城市化进程就是资本逻辑在时间和空间上的具体展开，资本的历史本性及其运动逻辑最终导致了资本发展的困境。因此，现代城市发展的困境本质上是资本主义方式发展的困境，尤其是在"进步"的意识形态促使下，城市发展愈发与自身相背离。

三、驳斥城市进步主义

在资本主导的城市化进程中，城市进步主义成为了新的意识形态。秉持这种观点的人们普遍认为，农村的逐渐消失是历史发展的必然趋势，因为工业化与城市化的进程无法阻挡，农业文明终将被更为"进步"的城市文明所取代。例如，伏尔泰曾将追求工业化和城市享乐视为城市及其文明的象征，他视过去的"黄金时代"为道德上不足取，甚至是愚昧无知的表现，而城市则代表了进步与启蒙。然而，威廉斯指出，城市进步主义的问题在于其未能深刻洞察资本主义的本质及其可能引发的深刻危机。城市中呈现的"分裂感"正是这种城市进步主义思想的产物。他进一步强调，资本的介入使得"分裂"成为这个时代社会扭曲的明显特征。隐藏在城市意象背后的城市问题实际上是资本主义生产方式的具象体现。资本的历史本性和其运动逻辑最终将导致资本发展陷入困境，因此，由资本主导的城市化进程不可避免地会走向"分裂"加剧的城市危机。为此，威廉斯从文化的角度对城市进步主义进行了深入的分析与批判。

第一，经济优先褫夺城市生存权利。威廉斯认为资本主义是一种自相矛盾的发展模式，它创造了大量的真正财富，却又不公平地分配财富，其结果是少数人通过掌控资本实现了对大部分人的控制和支配。在资本逻辑主导下，现代城市遵循的是经济优先原则，片面化或极端化地追求经济发展实际上就是资本逐利的具体显现。这也是为什么资本主义国家在管理和规划经济体系时往往都是优先服务于那些掌握土地资源和决定生产分配的少数人。具体来看，在城市化进程中，有关城市的发展问题如工业采矿的需求、道路交通的建设、房屋拆迁问题等等，从一开始就嵌入了资本主义体系的各种优先权。资本家通过计算利润来制定资本在城市乃至国家建设中的各种决策，其主要目的、程序和标准都遵循资本逐利的需求。也就是说，现代城市从某种程度上来讲是资本按照自己的意愿所塑造的。威廉斯进一步指出，资本主义使得现代城市能够容纳更多人口，使得他们能够在城市里得以生存，但是它仅仅把人视为生产者和消费者，除了这些抽象的功能外，个体在城市里没有任何实质性的权利。在他看来，这种资本优先的原则褫夺了人们应有的城市权利。从文化体验上来看，资本主义发展模式所导致的异化、分隔和抽象化的过程造成了非常严重的社会畸变，"它破坏了人类社群所珍视的那些有关坦率、联系、亲密和分享的经历"①。由此可见，正是因为城市生活在根本上是围绕资本的逻辑所展开，所以这种发展只会导致人的生存愈发异化与抽象。

第二，进步观念掩盖城乡剥削关系。不可否认的是，资本主义方式的确是有史以来促进物质生产和推动社会转变最为有效和强大的手段，以至于人们将其看作是实现人类解放和不断进步的重要力量。资本主义在经济上的高生产率以及对现代社会的改变促使人们将城市简化为"进步"的化身。城市不仅依靠资本重新制定新的主导秩序，还打破"自然"对人的束缚，肆意凌驾和改变"自然"的"法则"。正因如此，在文化意象上，城市向着"进步"，而乡村则意味着"落后"。追求"进步"的理念赋予了城市以绝对的优先权，导致"城市"对"乡村"的入侵、征服和改变获得了荒诞的合理性甚至是合法性，而这也是资本主义所造成的惊人畸变的一种重要表现。威廉斯指出这种对"进步"的要求，以及对现代化和文明的单一价值观的信心，使得人类对资本主义生产方式所引起的危机视而不见。通过重新审视城市与乡村二者之间的关系，威廉斯揭示了被"进步"所掩盖的真实危机。他为此指出，城市化所取得的成就被视为人类社会进步的标尺，在这个简单线性标尺上一旦标上了"发达"和"欠发达"的刻度，城乡之间的差别就愈发显得"清晰"可见。城市是"先进的"和"发达的"，乡村则是"欠发达的"和"落后的"，这一对比模式不仅适用于城乡之间，还可以引申到地区、社会和国家之间。威廉斯进一步阐释：虽然资本主义为了掩盖城市对乡村剥削的实质，宣称"乡村"通过"改良"可以"进步"为城市，但是问题的关键在于，在现实情况下所谓的"欠发达"地区的发展恰恰是"发达地区"所需要的，甚至在某种程度上来说，"欠发达"地区正是由"发达"地区所造成的。此外，在线性发展观念的误导下，人们还把"欠发达"地区的发展看作是"发达"地区的一个初级阶段。然而实际结果表明：这种模式的发

---

① 雷蒙·威廉斯：《城市与乡村》，韩子满、刘戈、徐珊珊译，北京：商务印书馆，2013，第403页。

展只会导致贫富差距日益扩大，并不能从根本上改变城乡之间的剥削关系。在资本主义发展模式下，城市无法拯救乡村，乡村也拯救不了城市，所谓的"发展"和"进步"最终只不过是掩盖城市对乡村剥削实质的抽象概念。值得一提的是，威廉斯在对不少主流马克思主义接受城市进步主义观点的同样表达了不满，他指出资本主义的高效生产方式一旦得到认可，那么社会主义必然会像资本主义者那样为了生产效率选择进一步有效地控制自然。在他看来，这一观点等于承认了资本主义相对于之前的社会形态是一种更为高级的社会发展形势和更为先进的价值观，对这种观念"合理化"的后果将直接加剧人与自然之间的紧张关系，将进一步导致对乡村与农业的边缘化。其结果就是，贫富差距显著扩大，进而造成世界范围内的粮食与人口危机。

第三，文化都市形塑资本意识形态。城市化进程不仅推动城市成为一般经济秩序的中心，还成为政治文化发展的中心，这种文化变迁以及由此而派生的城市文化表征使资本主义意识形态发展到一个新的阶段。威廉斯认为，在资本主义发展到其终极形式时，大都市作为一种新的形态改变了我们的世界——文化大都市的出现从最深层次改变了城市原有的意义和功能，凭借经济、政治和文化上的绝对主导地位使得大都市作为一种全新意识形态发挥着显著作用。一方面，资本通过城市汇集、强化和再造了包括各种文化价值以及各种文化形式在内的整个社会秩序，形塑了以资本为核心的现代城市文化。如果说文化是某种表达意义的符号体系，那么城市在某种意义上就是体验新的文化符号的空间和场域。换言之，城市乃是一系列由权力和威望、状态与影响所构成的交流系统与符号集合的综合体。另一方面，文化大都市作为新的社会关系、经济关系和文化关系的场所，为资本主义意识形态的发展提供了各种有利条件。威廉斯指出，文化上的现代主义的出现与大都市的形成有着紧密的联系，现代主义在大都市的发展中找到了栖身之处。然而在资本的逻辑下，大都市沦为资产阶级意识形态的阵地。因此，现代大都市不仅从内部孕育了资本主义意识形态，还从外部表征着资本主义意识形态。

总之，威廉斯通过对不同历史时期城市发展文本的解读，揭示了城市意象背后的资本意识形态话语。城市意象所呈现出的那些分离的、孤立的、外在的和抽象的"分裂"感，都是资本逻辑在城市展开的具体表现。事实上，资本逐利的本性必将导致资源有限性与需求无限性之间的矛盾日趋激烈，必定难以维系现代城市的持续发展，所以资本主导的城市进程必将人类引向可怕的危机。针对现代城市危机，威廉斯主张通过解决城市与乡村间复杂的历史关系，以"文化革命"的方式实践对城乡空间进行变革，以超越传统城乡二元对立的发展模式，将人从异质化的社会空间关系和不合理的社会空间分布中解放出来。

第五章 威廉斯关于文化与人类解放的思想

威廉斯认为对现代资本主义的批判与否定并不是最终目的，批判与否定的意义在于重构与建设一个理想的社会主义，从而实现人类的最终解放。事实上，就人类解放的最终目的来说，它旨在强调"大多数"人的解放，是"类"的解放。在威廉斯看来，共同体思想不仅表达了人们对生存状况的深刻关切，也体现了人类解放的本真意蕴。

威廉斯的文化共同体思想强调文化、政治和情感的融合，试图通过构建一种共同参与、有深度的、有创造力的文化形态来应对当代文化困境。他在分析与考察共同体思想的历史语境中，继承与发展了马克思有关共同体的人类解放思想，进而阐发了有关文化共同体的解放思想。为了建构文化共同体的理想社会，威廉斯确立了文化共同体的核心原则，提出了积极的文化扩张途径与方式，描绘出文化共同体下的美好社会图景。这一文化共同体思想不仅体现了对人类解放的实践努力，而且从文化维度展开了对社会主义道路的探索和创新。

第一节 重构文化共同体的解放语境

长期以来，人类一直将追求解放和获取自由视为其实践活动的终极目标。为了从文化视角深入探讨如何实现人类的最终解放，威廉斯对共同体思想的解放进行了深入研究与分析，并在马克思的共同体思想基础上，形成了独特的文化共同体思想。

一、对共同体思想解放意涵的反思

纵观整个人类思想发展史，不同时期和不同国家都致力于构建一个"真正"的共同体并以此作为人类为追求解放和获取自由的有效途径。实际上，这种共同体思想最早可以追溯到古希腊，原意指集体、群体、联盟、共同体以及联合、联系等，其基本特征是强调有机的联合或统一。古希腊思想家们普遍认为，共同体是一个综合性的重要议题，涵盖了政治哲学、经济伦理以及社会发展等多个领域，并对此进行了深入且多角度的分析与探讨。就此而言，"城邦"一词在当时就是对共同体思想最好的诠释，人们在对"城邦"生活的设想中提炼出对德性(如正义与"善")的无限向往。在苏格拉底看来，城邦制就是最大的"善"，他将城邦描绘为男女平等、妇女儿童共有以及哲人王①执政的统一和正义的共同体。柏拉图在继承发展苏格拉底的城邦共同体思想的基础上，强调了应该消灭家庭和私有财产来维护共同体的完美与统一。其后，亚里士多德在其著作《政治学》中进一步指出，城邦即属于共同体的一种，它意味着许多不同的城邦公民，在共同"善"的指引下，通过共同活动来实现共同利益而构成的联合体。亚里士多德指出就自然本性而言，人是不能离开城邦共同体生存与生活的，这是因为，城邦不仅是满足生活需要的生活共同体，还是涉及人性发展的道德共同体。需要说明的是，亚里士多德并不赞同苏格拉底与柏拉图那种对共同体的理想化的构想，而是主张将哲学与政治结合起来，从人类的经验层面来思考发展共同体的可能性，从而把那种关于共同体抽象的想象拉到现实生活的实践中来，这种做法也为后来"善治"转向"法治"埋下了伏笔。总的来说，古希腊时期的共同体是一种崇尚"德性"的共同体，"善"是维系社会秩序的主要原则，也是维护共同体的稳定所在。

在中世纪时期，基督教的广泛传播催生了以信仰为核心的神圣共同体，逐渐取代了原先推崇"善治"与"法治"的共同体理念。这一转变形成了神圣共同体与尘世共同体既相互对立又密切联系的二元结构，标志着共同体思想进入

---

① 柏拉图以社会分工理论为基础，把政治统治权完全交给少数哲学家，他把现实国家的改造和理想国家实现的希望，完全寄托于真正的哲学家能够掌握国家最高权力上。根据柏拉图设计的社会政治结构，哲学家垄断城邦全部政治权力，被置于等级结构的顶端，即哲学家为王（哲学王），其他各等级则完全被排斥在城邦权力体系之外。

了新的发展阶段。在此背景下，神圣共同体强调的是"神性"，导致维系共同体稳定的力量从理性的普遍原则转变为信仰的权威。这一文化内核使得共同体思想除了关注人与人之间的关系外，还更加关注人与神之间的关系问题。中世纪神学思想的杰出代表奥古斯丁和阿奎那对于神圣共同体提出了各自深刻的见解。奥古斯丁认为，自上帝创世以来，人类社会就被划分为"上帝之国"与"尘世之国"两个对立的共同体。前者由信仰上帝的人组成，后者则由对抗上帝的人构成。在二者的较量中，"上帝之国"最终将战胜"尘世之国"。因此，在神圣共同体下，每个信仰者都能得到上帝的庇护，享受诸善共享的生活方式。奥古斯丁进一步指出，"教会"是"上帝之国"在现实中的具体体现，中世纪的教会成为了一个用信仰维系内部稳定的神圣共同体，其纽带是对上帝的信仰，而非利益或共同生活。为了调和"上帝之国"与"尘世之国"之间的矛盾，阿奎那主张从人的自然本性出发解释共同体的起源。他希望通过吸收亚里士多德政治哲学的思想来完善基督神学。阿奎那认为，相比于动物，人类更需要社会的交往而存在。因此，人类不能脱离社会关系，而需要在与他人的交往和共处中确认自身的存在。换句话说，个人只有在共同体中才能生存与发展，因此个体在神圣共同体中必须选择屈服与妥协，并承担相应的责任与义务。综上所述，中世纪的共同体思想旨在强调神性的力量。因此，人的解放需要在"神"的指引下才能实现。这一思想也为后来的宗教改革和现代社会思想的发展奠定了重要基础。

文艺复兴与宗教改革开启了近代哲学的篇章，人文主义精神的崛起扭转了"神学"至上的局势，高举人性与理性的旗帜，使"以人为本"的理念逐渐成为社会发展的主流思潮。在以主体性为核心的近代哲学影响下，近代共同体思想开始将"人"置于中心地位，探讨共同体存在的合理性和合法性根源。需要指出的是，近代政治哲学的发展与以往的政治哲学有着很大的不同，它扬弃了原来那种只强调"伦理"或"神学"的传统主题，同时将"政治"与"道德"予以割裂，主张从人的政治生活本身出发，建构新型的共同体。他们认为，新型共同体的构建并非依赖"道德"的抽象束缚，而依赖于人与人之间的相互保障和相互认同。为了实现这种人之间权利的保障以及共同体运行的稳定，人与人之间就必须相互约定，通过权力的转化把全体人民的意志变成一个共同意志。在霍布斯那里，"利维坦"就是一种典型的通过契约而产生的国家共同体，国家就是"公权力"的象征，它集中了人民的意志，同时也集中了人们所让渡的权利。不过由于霍布斯过分维护"国家"统治而选择牺牲民众的利益，导致了一种极端的专制主义。相比之下，洛克和孟德斯鸠强调，只有体现"法"的精神的共同体，才能称得上是真正的共同体。他们认为，"法"才是维护人类自由和平等的基石所在。卢梭充分吸收了之前的"契约共同体"思想，认为公意乃是共同体得以形成的真正基础，他主张社会契约的真正目的并非将个人自由转让给某个人或某个机构，而是应该交给一切人，换句话说，也就是将一切人的权力交给一切人，这实际上也是一种权力的复归。因此，在卢梭看来，只有由人民公意构建的共同体，才能使人们获得真正的自由、平等与解放。

受启蒙思潮的深刻影响，德国古典哲学在批判吸收近代政治哲学有关共同体思想的基础上结合自身哲学传统，发展形成了一套以理性和自由为核心的共同体思想。这种崇尚理性和主张自由的理念一直贯穿于整个德国古典哲学的发展脉络，历经康德、费希特、谢林一直延续到黑格尔和费尔巴哈。康德认为"契约共同体"思想的缺陷在于它预设了人们对共同体的一致自愿，而实际上，人们对于共同利益的理解在现实生活中常常存在分歧。因此，他强调需要通过"自由理性"来更真实地反映人们对共同体的诉求。在康德看来，"理性"在走向"自由共同体"的过程中发挥着至关重要的作用，过去人们所理解的"自由"其实是一种自然的自由，这种自由更多的是一种利己的自由，而"理性"的自由是基于人们在社会交往中的普遍性原则。换句话说，人们通过"理性"能够达到某种一致，从而为共同体中的共同利益和目的提供了共存的可能性。黑格尔批判前人在理解共同体时有着共同局限性，那就是往往拘泥于人自身存在着的某一特殊本质，从而导致对自由的理解并不全面。为此，他主张构建一种新的共同体，以全面揭示人的自由和理性本质的全部表现、外在存在及其实践活动。在黑格尔看来，历史的进程不过是绝对精神自我运动的过程，因此自由共同体的实质应该是绝对精神在追求自由的进程中外化的必然产物。他将这一过程划分为家庭，市民社会和国家三个依次递进的不同环节，并推演出共同体的实现有赖于扬弃了家庭和市民社会初级阶段。在黑格尔那里，国家是自由共同体得以实现的最高形式，个体在这里超越了利己的存在而成为国家整体（政治共同体）的一部分，即个体通过国家而获得真正意义上的普遍性的自由。

马克思作为共同体思想的革新者，从实践角度拓展了共同体的全新理论视野。在他看来，以往的共同体思想仅仅只是从自然、道德或理性的某一方面来理解共同体的价值意蕴，问题在于这些限制在思想领域中的理论始终无法摆脱形而上学的桎梏，从而无法真正走向人类实践。因此，马克思强调只有从现实的生活实践来考量基于共同利益而形成的共同关系，才能真正理解共同体的价值意蕴。马克思的共同体思想主要是围绕对资本主义生产方式的批判而展开的，他将整个人类历史中的共同体进程划分为三个阶段，即前资本主义阶段的自然共同体、资本主义阶段的虚幻共同体，以及共产主义阶段的真正共同体。对于马克思来说，当下的任务在于批判"虚幻的共同体"从而建构"真正的共同体"。他从国家与个人的关系入手，深刻地揭示了资本主义国家共同体的虚幻本质，他指出资本主义国家共同体虽然倡导个人的自由解放与发展，但是这种看似代表着普遍利益的共同体的实质是混淆了共同利益与特殊利益，并将特殊利益等同于共同利益。简而言之，资产阶级作为统治阶级，往往将维护统治的少数人利益宣扬为大多数人的共同利益。因此，国家作为共同体的化身，它使得一部分人可以合法地统治另一部分人，将支配者与被支配者的关系合理化，国家遂沦为一种工具走向了自己的对立面，也不再是自由和解放的象征，从而成为资本主义奴役人和异化人的抽象统治物。从这个角度来看，资本主义国家所宣称的普遍共同利益实际上是一种"虚幻"的共同利益，所以这种共同体本质上就是"虚幻的共同体"。为此，马克思主张建构"自由人的联合体"，即每个人在自己联合中并通过这种联合而获得自身自由与解放的共同体，他称之为"真正的共同体"。要取代"虚幻的共同体"而走向"真正的共同体"，就要消灭阶级、消灭剥削、消灭国家，把个体从一切统治人和束缚人的关系中解放出来。在马克思那里，人只有生活在真正的共同体中才能真正地获得自由全面的发展。在这个意义上来说，马克思对共同体的理论探讨和实践旨趣归根结底就是为了人类解放。可以说，在马克思那里，共同体思想乃是理解人类解放问题的关键之所在。人类解放的展开是共同体的社会形态，"自由人的联合"是人类解放的目标所在。事实上，共同体思想与人类解放之间既存在着紧密的理论与现实关联，作为一种理念，人类解放是共同体思想在理论中的旨趣所在，作为一种实践，共同体思想是人类解放在现实中的具体展开。

从共同体思想的历史演变中我们不难发现，共同体思想承载了人们对生存状况的关切以及对未来社会美好生活的憧憬。尽管它常常以一种"乌托邦"的形式被人们来解读，不可否认的是，"共同体"的思想理念在推动人类每个历史时期对"自由""解放""发展"的诉求过程中都发挥着积极的作用。有鉴于此，威廉斯在秉承前人的共同体思想，尤其是马克思的共同体思想基础上提出了文化共同体的思想，强调应从生活的整体方式中来把握人的解放。具体来说，一是共同体思想关注的是整个人类发展的前途命运，其内在要求就是要唤起"类"意识的觉醒。威廉斯的共同体思想就是从文化维度去推动"类"生活的发展与解放。二是共同体的实践方式基于共同条件下的集体行为，强调人的本质只有在某一领域的统一组织和类组织形态中进行实践才有实现的可能。为此，威廉斯的文化共同体主张通过文化实践的方式走向人的最终解放。三是共同体的实现是一种总体进程。威廉斯同马克思一样，认为共同体的实现是一种总体进程，它依赖于社会发展的总体解放，解放的实现离不开社会的总体变革，因此需要从人类社会发展的总体逻辑中把握文化共同体解放的历史进程与实现限度。鉴于共同体思想承载的是对人类解放的实践和理论尝试，威廉斯在对共同体思想的意义与价值予以剖析的基础上阐发了"共同文化"的理论观点，这既是他的文化理想所在，又是其文化思想的逻辑必然。

二、对共同体与共同文化关系的阐释

共同体不仅是一个重要的文化概念，更是关乎人类生存和发展的核心范畴，共同体的发展演进与人类解放有着内在紧密的关联，共同体思想也往往体现了人类解放的本真意蕴。要真正理解共同体思想所蕴含的解放意蕴，我们必须对其概念有清晰的认识。威廉斯认为，作为一个概念术语，共同体思想经历了漫长的历史演变，深受历史不同思潮的影响，从而具有着极为复杂的多样意涵。在他看来，"共同体"如果在意义和使用上显得含糊不清，便可能陷入极其危险的境地。为此，他在考察分析共同体的概念演化的过程中明确了"共同文化"的主要意涵。

威廉斯认为，对"共同体"这一概念进行深入分析和明确界定至关重要，这直接关系到对共同体思想内核的理解。他通过对词义的考察发现：（community）一词的出现最早可以追溯到 14 世纪初，其词根（root）即表达普遍和共同的意思①，主要指称具有关系与情感的共同体。在 14 世纪到 17 世纪

① Raymond Williams, *Keywords: A Vocabulary of Culture and Society* (New York: Oxford University Press, 1985), p.76.

之间，"共同体"共发展出五种意涵，前三种意涵主要指的是实际的社会团体，后两种则强调具有关系的特质。17世纪到19世纪间，共同体一词的含义逐渐演化出强调社群关系的意涵。尤其是在工业社会的背景下，这种"直接性"和"区域性"特征愈发显著。同时，在狭义用法上，该词被纳入社会主义思想中来表达特殊的社会关系。至此，它主要形成了两种主要的意思：一是表达更直接、更完整、更有意义的社群关系；二是表达更形式、更抽象、更功能性的国家关系或现代社会关系。实际上，共同体（community）深受社会历史发展过程中各种思潮的影响，一方面它具有直接共同关怀的意义，另一方面又意指不同的共同组织。威廉斯进一步指出，在1830年至1840年所有对"共同体"的定义中都带有"共同的"这个词根，显示出"共同体"与建立在个人主义基础上各种有关"个体"的理论形成鲜明对照。而在1870年代与1880年代之间，"共产主义者"在英国意指建立各种共同体的忠实信奉者，还蕴涵"乌托邦"的意义。1930年至1940年间，"共同体"这个词在工人阶级和工人运动中得到了广泛的使用，然而到了1960年代，由于人们把共同体的利益凌驾于少数人的利益之上以至于走向了自己的对立面。为此，在威廉看来，尽管滥用"共同体"概念存在着潜在的危险性或混乱性，但共同体观念对于社会和平稳定发展具有不可忽视的重要作用。

其次，威廉斯指出共同体概念作为一种文化观念常常得到各式各样的解读，尽管人们都一致赞同和肯定共同体观念的价值与意义，强调共同的思考和感受的必要性，但是从不同阶级和不同立场出发来理解共同体有着完全不同的体会与界定方式。为了更好明确共同体概念蕴含的价值意义，威廉斯运用马克思阶级分析法展开进一步探讨。在他看来，"文化与我们整个生活的性质往往是分不开的，在阶级社会里，文化不可避免地具有阶级内容和阶级方向，因此在社会历史发展中，文化也必然会受到阶级关系变化的影响"[1]。威廉斯通过对比分析两种共同体观念，进一步揭示了文化与共同体的内在联系。一种是由中产阶级发展而来的服务观念，强调的是职能的以及为共同体服务。这种服务观念的益处在于充实了人们的职业道德实践和公共服务以及为公民服务的伦理

---

[1] Raymond Williams, *Resources of Hope: Culture, Democracy, Socialism* (Edited by robin Gable, London and New York: Verso, 1989), p.34.

实践，抵制了不干涉主义和自我服务的实践，在一定程度上对抗了资产阶级所宣扬的个体主义诉求。但是它的弊端在于导致了整个中产阶级的教育理念逐渐沦为一种"奴仆训练"，教育的特点是强调服从和尊重权威，因此它实际上是在训练奴仆而不是领袖。从深层次来看，这种服务观念需要将个体的利益服从于大局利益，其目的是通过良好的管理来维持秩序，因而这种职能的本质更多的是一种管理而非服务。为此威廉斯指出，以服务观念为宗旨的共同体观念的初衷确实是一种真正的个人无私精神，但是这种无私的背后是一种更大的自私。因为在这种伦理观念的支配和控制下，人们永远处于一种现实的"不平等"中，而且这种服务观念也同样不能取代积极的相互责任，仅凭这点就违背了共同体中最为积极的因素。所以说，服务观念的共同体不能真正体现共同体的积极意义。

另一种是由工人阶级发展出的团结观念，强调的是个体间的团结以及在共同体里的积极作用。在威廉斯看来，为建立有效的共同体，团结感是为数不多的积极稳定因素，这是因为"团结观念把共同利益定义为真正的自我利益，认为个体的发展只有在共同体中才能得到检验，因此这种观念是社会潜在的真正基础"[1]。他进一步强调："一个好的共同体、一个鲜活的文化不仅会营造空间，而且也会积极鼓励所有人乃至所有个体，去协助推进公众所普遍需要的意识的发展"[2]。简单来说，那就是个体实现价值的途径依赖于整个社会的良性合作，同样社会对个体也有着积极作用。

最后，威廉斯在辨析两种不同的共同体观念后，在"团结观念"的基础上阐发了"共同文化"的核心思想。威廉斯将文化定义为整体的生活方式，本就是把文化理解为一种"整体"和一个"过程"。共同文化"是由大众参与到实践中并不断参与共同创造发展的文化，因此共同文化所创造的意义和价值观从来就不是专属于某个特殊的阶级或群体。威廉斯强调"共同文化"并不是那种简单的大一统式的社会样式，而是一种非常复杂的组织形态，它需要持续不断地加以调整和重新规划。在他看来，人们在体验某种文化之前，文化总是处于

---

　① Raymond Williams, *Culture and Society 1780-1950* (London and New York: Columbia University Press, 1958), p.352.

　② Raymond Williams, *Culture and Society 1780-1950* (London and New York: Columbia University Press, 1958), p.354.

部分未知和部分未实现的状态。因为人的意识无法预知创造的成果，对于未知的体验也没有公式可以遵循，因此文化共同体的创造是一个不断摸索与探求的过程，对于任何人来说都是一个缓慢长期的过程，人们需要转变自己习惯性的否定成分，个体需要通过缓慢而深刻的过程去接受不断扩展的共同体。

为了深度阐释"共同文化"的价值意义，威廉斯还对"共同文化"与"共同的文化"做出辨析，以区别它们背后不同的动机与目的。他指出：由一个特定群体中少数人的价值观以某种特殊方式表述的经验传授给其他人，并被这些人所共同拥有的文化被称为"共同的文化"。这里"共同的文化"实际上是一种"共有文化"，它强调的是"相同的意义和价值观，这种文化财产为所有人平等地、共同地占有"[①]。这种共有文化其实是一种精英文化主导的文化逻辑结构，即倡导这一共有理念的少数人正是希望通过人们接受认可他们所编织的文化理想，同时它作为一种特权阶层的产物压制着其他群体的意义和价值观或剥夺其他群体表达和传播自身意义诉求的可能性。

总之，对于威廉斯来说，"共同文化"是对人们在共同经验过程中的思想、情感和实践活动的记载，它是由差异化的个体参与所构成的，而非同质化的绝对一致。从任何意义上来说，共同文化都不是一种简单的"意见一致的社会"的思想，而且肯定也不是单纯的"步调一致的社会"的思想。共同意义是由所有人来决定的，而不是少数人的意义或信念的一般性延伸，它需要创造条件让人民作为一个整体参与到表述意义和价值观的过程之中。威廉斯将这一过程称之为有教养的参与式的民主过程，它本质上是一种自由的、贡献式的、创造意义和价值观的共同参与过程。从现实意义上来说，威廉斯提出"共同文化"的本意是要弥合文化"撕裂"下的现代社会，这种撕裂感不仅表现在精英主义的文化与大众文化之间的对立，也体现在资产阶级与工人阶级之间不可调和的固有矛盾，以及隐藏在技术生活上的分歧，甚至还包括城乡发展的二元模式，这些撕裂感最终导致现代社会所呈现出的各种危机，为此，他期望通过重新构筑文化共同体来寻求现代人的解放之路。

---

① 何卫华：《雷蒙·威廉斯：文化研究与"希望的资源"》，北京：商务印书馆，2017，第94页。

第二节　探索文化共同体的解放路径

　　威廉斯对资本主义给现代社会带来的"撕裂"深感关切，并致力于从文化维度来弥合这种"撕裂"，进而推动人类社会的整体解放。为此，他确立了共同文化的核心原则，提出了构筑文化共同体的有效扩张方式。

一、提出共同文化的重要原则

　　威廉斯曾明确指出，"我们需要一种共同文化，不是为了那种抽象的文化，而是因为离开这种文化，我们将无法生存"①。如前所述，他强调的共同文化是一种所有人能够真正共同参与、共同创造和共同享有的文化。对他来说，文化共同体作为实现人类解放的一种有效共同体形态，承载了"真正的共同体"的人类解放意蕴，文化共同体同样也是实践共同文化的具体途径。在他看来，构筑文化共同体需确立以生命平等为前提，以与邻为善为内核，以自然扶持为导向的重要原则，只有遵循这些重要原则才能走向真正的"共同文化"。

　　首先，威廉斯认为多种多样的不平等正是当前分割共同体的根本原因所在。比如人们日常中最为直接的体会就是经济或政治上的不平等，甚至连文化上的不平等也日益明显地影响着人们的"经验"感受。在他看来，平等的诉求应该贯穿在整体的生活方式之中。为了进一步说明平等不仅是一种表面的精神状态，还应是一种现实的物质存在，他将文化与平等联系起来，对"平等"的含义做出了两种解读，即强调生命存在的"平等"和涉及日常生活的"平等"。他认为在平等的概念在当前已经变得十分混乱，而所谓在理论上对平等的强调也仅仅只是为了对不平等进行抨击。他分析指出，人类在各个方面的不平等是实际上不可避免的，这种不平等的现象是社会存在的客观事实，它真实地反映出人类多样性和差异性的生活动态。唯有在褫夺了生命存在的根本平等时，不平等才是邪恶的和不可取的，因此真正重要的和可见的平等就是关于生命存在的平

---

　　① Raymond Williams, *Culture and Society 1780-1950* (London and New York: Columbia University Press, 1958), p.336.

等。他为此强调，脱离了生命存在的不平等无论以何种形式出现，实质上都是对他人根本性的排斥和否定，其结果往往就是一些人残忍、剥削和残害另一些人的局面，例如把他人看作是"群众"，试图垄断支配文化氛围的权力，和对文化的排斥等做法都是这种"不平等"在生活中的具体表现。此外，关于生活和生产资料所有权方面的不平等也是典型地否定生命存在的平等。他进一步指出："共同文化在任何层次上都算不上是一种平等文化，但是共同文化永远都是以生命存在的平等的文化，否则共同经验将会失去价值"[1]。换言之，实现共同文化的前提就在于承认生命存在的平等，这种特殊的平等观念乃是共同文化的精神内核。他解释道，共同文化不限制任何参与文化活动的人，任何人都有机会和权利参与到文化活动的建设中来，真正与共同文化形成冲突的是在实践中否定了生命存在的基本平等。因此，在威廉斯看来，以尊重生命平等是一种使所有阶级和所有人都能够平等地参与、创造和享有文化权利的理论前提。值得一提的是，威廉斯认为在共同经验之内的"不平等"，诸如特定能力或是知识、技能、努力等个人发展方面的不平等，不仅不会对人类本身造成伤害，反而能够促进个体的进步与成长。实际上，这种"不平等恰恰说明文化存在多元化与差异化的合理性。共同文化是由全体社会成员不断地创造和再创造持续发展的，本身就具有多样性、复杂性和机动性的特征，这也是因为建构共同文化的基础所在。

其次，威廉斯认为，共同文化不仅要凸显文化多样化与差异化，同时还要具有共同价值取向和目的追求。他汲取了工人阶级团结观念的核心成分——"与邻为善"的价值观念，将其作为构筑文化共同体的内核。在他看来，工人阶级的集体主义、团结互助和共同进步的价值观念，就是他们在长期共同生活中遵循"与邻为善"的一种具体体现，此种价值观念，从根本上讲，对维护和推动文化共同体的稳健发展具有积极意义。此外，威廉斯对"与邻为善"的深刻感悟与其工人阶级家庭的成长经历也有着密切的联系，他在对社区生活的描述中揭示了"与邻为善"在本质上是一种广泛、积极的相互责任和邻里情谊，这种在工人阶级内部有关邻里之间自发的互助帮扶的体验，正是塑造理想共同经验

① Raymond Williams, *Culture and Society 1780-1950* (London and New York: Columbia University Press, 1958), p.354.

的一个重要部分。他分析指出，"邻里"这个词在某种程度上可以被看作是"社会"或是"国家"的一个缩影，因为它承载了人与人之间的交往关系，是人与人之间具体接触、交涉与联系的重要方式。这种社区里的邻里稳定体验为一种共同的责任提供了可能，正如他所说"有一种社会责任似乎是由于同一个地方而形成的，他们具有共同的特点与习惯，因此他们之间就会产生无法估量的仁爱行为，也有了相互识别的种种形式"①。可以说，这种邻里之间的社会责任源自工人阶级紧密的生活环境，使他们在一个有限的空间里共享着生活的一切，与邻为善必然会成为一种得到广泛认可和尊重的相处理念。威廉斯进一步指出，鉴于工人阶级邻里之间所构成的相互共存的社会关系，除了自发形成共同的社会责任外，还培养了一种相互承担义务的习惯，即在共同的生活经历中互帮互助，共同应对生活的困难，这也是工人阶级以集体形式铸造的一种重要品质。由此可见，威廉斯正是在工人阶级生活中孕育的观念中感受到了共同责任伦理的意义，为此，他将"与邻为善"的相处准则作为一个具体的行动指南，致力于消除社会等级的区分和不平等，促进所有社会成员都能够平等地成为文化的参与者和创造者。

最后，威廉斯认为，尽管共同文化能够为人们提供共同的目标与愿景，但是不能忽视文化本身是不可规划的。他分析指出，"文化"概念有一个重要的隐喻，就是对自然生长的扶持。"扶持自然生长的理念"是构建文化共同体所需要重新诠释的一个重要领域。威廉斯指出文化的原始意涵就是指涉"照料动植物的生长"或"正在被栽培或培养的事物"，后来才延伸为"人类发展的历程"，这一隐喻包含了"支配性理念"下人类发展模式的一种深刻反思。工业时代以来，"支配性理念"成为人类主宰与控制自然环境的理论和实践主题，这种支配性思维甚至已经内化为人类当前主要的思维方式，甚至成为现代社会所默认的一种合法化观念。事实上，尽管有针对性地利用自然能够使得人类快速地获益，但从长远来看是弊大于利，尤其是当这种支配性氛围扩展到人类自身时，人类也将自食其果成为被孤立利用的对象。为此，威廉斯认为，这种强调"支配"与"控制"的思维方式几乎扼杀了我们整个共同生活，特别是在资本主义体系下，

---

① Raymond Williams, *Resources of Hope: Culture, Democracy, Socialism* (Edited by robin Gable, London and New York: Verso, 1989), p.113.

资本的支配对整体的人类生活造成不可估量的影响，对土地、动物甚至是对他人的商业性利用已经彻底破坏了人类生活的本意，驾驭自然、征服自然、改变自然的支配性模式无形中已经成为资本主义扩张的固有思维方式。就此而言，为了打破这种固有的"支配"思维方式，"扶持自然生长"的文化观念就显得非常有必要了。在威廉斯看来，所谓的自然成长就是要突出整体的潜在能量，而非为了某种支配模式而积蓄的能量。从某种角度来说，共同文化的观念就是以一种特定的社会关系形式把自然生长的观念和扶持的观念结合在一起，即将"扶持"与"自然生长"纳入一个相互协调的辩证发展过程。"任何文化在其整个过程中都是一种选择、一种强调、一种特殊的扶持，共同文化的特征就是在于这种选择都是自由的和普遍的"[①]。为此，威廉斯强调共同文化的发展要想打破固有的支配理念，需让扶持自然生长成为共同文化的根本导向。

综上所述，在威廉斯看来，要想构筑让人人真正得以参与共建共享的文化共同体，就不能脱离以生命平等为前提，以与邻为善内核、以自然扶持为导向的重要原则。事实上，威廉斯不仅为构筑文化共同体提出了重要原则，而且还就文化共同体的最终实现提出了"文化扩张"的具体实践方式。

二、推行文化扩张的有效方式

威廉斯认为"文化扩张"是构筑文化共同体的有效方式，这种扩张方式通过将文化有效地推广和普及到大众教育、公众阅读、大众刊物、共同语言以及文学形式等领域，旨在消除不平等的文化境况，从而实现真正的文化共享。对于威廉斯来说，文化扩张的具体方式主要有以下几种：

一推进大众教育的品质。威廉斯指出，文化的品质与教育体制的品质之间存在着明确且显著的联系，这进一步强调了教育在促进文化建设方面所起到的无可替代的关键作用。这种联系主要表现为，教育的组织方式表现的是一种文化或社会的组织形式，它是为实现某些特定的社会目标而进行的一种积极的塑造活动；而教育的内容则表达了文化中的某些基本因素，是一种特定文化筛选的结果。因此，教育和文化之间就不可避免地存在着某种有机的联系。威廉斯

① Raymond Williams), pCulture and Society 1780-1950 (London and New York: Columbia University Press, 1958), p.357.

为了进一步说明这种有机联系在建设共同文化中的重要意义，他基于历史视角围绕教育问题展开一系列相关的讨论，详细地考察了英国教育的发展特点、教育制度、教育体系以及教育方式。威廉斯分析指出，从目的和意义角度可将教育划分为三种类型，一是培养某种"社会性格"，即学习型社会公认的行为和价值；二是培养特殊的社会技能，即学习赖以谋生并能为社会作出贡献的特殊技能；三是学习一个受教育者所应具备的一般知识和看法。威廉斯认为 19 世纪以来工业的发展和民主的进步对于教育制度、体系和手段的影响最为突出，有效促进了教育领域的进步。但是问题在于，大众特别是工人阶级仍然受到由阶级差别所导致的各种限制所束缚，使得教育不平等的现象或者是教育中所存在的教育等级现象非常突出。

针对英国教育的不平等现象，威廉斯提出了"受教育"的最低目标，即"一是对基础英语和数学的重视；二是熟悉我们自身以及周遭环境的一般知识；三是对历史和文学评判、艺术、音乐、戏剧建筑等等都有一定的了解；四是提高民主实践能力，广泛了解和积极参与到各种民主程序、内容与形式；五是至少初步学习一种民族文化，包括语言、历史、地理、制度等等"①。因此他呼吁加大教育改革力度，以便扫清这一走向共同文化的最大障碍。为此，威廉斯强调只有通过具有共同文化理念的公共教育整改，有针对性地提高大众的智识能力以及参政议政的能力，才能创造一个有教育的民主社会。

二增加公众阅读的人数。威廉斯认为增加公众阅读的人数是文化扩张的第二个有效途径。根据对"读者大众"（reading public）意涵的演变可以了解到公众阅读在不同历史时期的具体情况。以英国为例，按最低限度的标准来评判，最早的公众阅读至少可以追溯到公元 8 世纪，即在罗马时期就有一套专门的团队在系统组织安排各种书籍的制作，只不过当时效率日均仅为 500 到 1000 册，因此能进行公众阅读的只能是少数人。随着 15 世纪 70 年代印刷术的引进，书籍的规模有了相应的改观，17 世纪后定期性报纸与杂志的出现使得阅读人数逐步增加。但是即使到了 20 世纪英国能够阅读的人数在人口比例中也才勉强过半。在威廉斯看来，阅读的公众数量状况不仅与技术水平尤其是印刷水平发展有着密切联系，还与文化上的标准有着十分重要的关联。他进一步指出，大众阅读

---

① Raymond Williams, *The Long Revolution* (London: Pelican Books, 1965), p.175.

自始至终都与两个混淆不清的价值问题纠结在一起："一是担心读者圈的扩大会导致传统文化标准降低；二是担心普通人阅读能力的提高会对素养和秩序造成一定的威胁。"①。威廉斯分析指出，这两个问题的关键在于制定文化的"标准"。一方面，"标准"并非固定不变的，人的认识随着时代的改变必定会发生相应的变化，原来被人嗤之以鼻的低俗文化到后来却被人们奉为经典的例子不胜枚举。另一方面，"标准"也是统治阶层进行文化垄断的一个重要手段，早期的区分基本与宗教有关，后来则演化为高雅与大众的对立局面，尤其是对于大众阅读的普及，对统治阶级来说更像是一个变相的政治恐吓。威廉斯指出，无论从哪个角度来说，"标准"和品质都不能成为束缚文化发展的理由，因为社会的真正责任在于创造并维系公众阅读的发展条件。因此，文化扩张的有效方式之一就是通过文化机构来改善公众阅读的环境，从而真正提高公众阅读的数量和质量。

三推动大众报刊的普及。在威廉斯看来，大众报刊的发展对于世界文化的全面发展有着十分重要的意义。据考察，报刊始于17世纪晚期和18世纪早期，正是报刊使得全民性阅读得以真正形成。长期以来，期刊和杂志都只是服务于"接受过良好教育且有着政治头脑的少数人"，而报刊的出现部分地替代了原来仅限于期刊与杂志才有的社会功能，比如舆论的形成、礼貌的养成以及观念的传播等等。威廉斯指出，文化发展史上同样有两个复杂问题是与报刊发展息息相关的，一个是人们将在阐述报刊史时，割裂了其与经济史、社会史的内在联系；另一个是人们对待报刊发展的见解，往往是出于后期的附会而不是依据于报刊发展的史实，其结果就是忽视了报刊在社会发展中的真实地位，从而导致它作为一种不受待见的通俗刊物而饱受精英阶层的诘难与质疑。威廉斯经过深入分析后指出，大众报刊的确源于旧时的通俗文学，但在这一演变过程中，出现了三个至关重要的转变因素，这些因素共同为报刊赋予了深远的社会意义。一是工业化引起的生产与分发的手段巨大改进；二是工业化下的社会混乱、选举权的扩大、追求民主的斗争；三是广告制度作为一种新的经济组织形式为读者提供了新的体验方式。从某种程度来说，大众报刊的突飞猛进打破了官方垄断舆论的局面，它改变了传统文化发展的性质及状况，成为一种颇具潜力的新

① Raymond Williams, *The Long Revolution* (London: Pelican Books, 1965), p.179.

兴政治力量。无论是报刊所体现的阶级立场、所属的所有制形式，还是报刊在日常生活中的参与，都决定了它在文化扩展中有着非常突出的作用。为此，威廉斯坚持认为大众报刊的发展不仅能够有力地增强大众的文化意识，还能为共同文化的形成奠定良好的社会基础。

四注重共同语言的交流。威廉斯认为凝固在语言中的某些经验（声音、词语和节奏等等往往蕴含着深厚的情感和记忆）都是构成人们社会意识的重要组成部分。鉴于语言对社会意识的塑造能力，他认为共同语言既能够赋予某个群体或阶级以社会凝聚力的因素，也会造成与其他相似群体或阶级的区分，其共性与差异在很大程度上都能直接影响共同文化的形成。有基于此，威廉斯从阶级观念入手来探析共同语言与共同文化间的深刻联系，认为阶级性语言在共同语言的发展与变迁中发挥着非常重要的作用。在他看来，阶级是存在于某个地理共同体内部的集团，它本身并不是一个共同体，而语言往往成为区分共同体内部不同集团的一种表现方式，在"某种极端情况下，某个阶级会通过使用不同的语言来强调与自身所属的那个共同体的区别"[①]。他以英国"标准英语"的发展变迁为例来说明这个问题。在英语语言理论中，通常会将习用的英语划分为三种，即公认的标准英语、地区性语言以及修正的标准语。而在具体的实际情况中却会发现以下现象，首先是关于语言使用的某种设定，所谓"公认的标准英语"常常被标榜为"最好的英语"；其次，地区性语言随着人口的流动和识字率的大幅提高而日渐衰落；最后"修正的标准语"依据拼写就能发音的习惯能够"跨地域"地发展，借助广播电台的使用和推广导致其成为新的流行通用语。为此，威廉斯分析指出，任何一种言语形式都可能成为通用语，问题在于如何摆脱言语背后的等级观念。因为在真实的状况里，并不存在所谓的"标准英语"，无论是"公认的标准英语"还是"修正的标准英语"，背后都是阶级的设定，这从根本上是为了塑造一种身份与地位的象征。他指出语言的特征是变化的和灵活的，因此将语言进行等级划分是一种危险的做法。威廉斯指出，构筑文化共同体的基础就是共同语言的交流，真正的共同语言应该是一种共同语，尽管存在着不同的言说方式，但它会随着人们的交流互动不断地自我完善与发展。

①　Raymond Williams, *The Long Revolution* (London: Pelican Books, 1965), p.239.

五创新文学形式的实践。威廉斯曾在《马克思主义与文学》中专门把文学形式作为重要的文化实践方式予以详细地阐述与讨论。他将文学形式归结为一种社会历史的创造性实践，将其看作人们的生活存在方式，也作为实现文化扩张的一种重要手段。在不同的文学形式和文学体裁中，戏剧是威廉斯关注的重点。在他看来，在所有的文学形式中，戏剧与社会生活的联系最为紧密，这是因为戏剧往往能够比较直接地针对社会形式的变化而快速地作出回应。为了说明戏剧发展与社会历史的这种关系，他考察分析从中世纪到 20 世纪间的英国戏剧发展史后指出，中世纪的英国戏剧主要以讲解宗教故事为主，其功能在于通过宣扬宗教思想而发挥社会组织的功能。15 世纪末，通俗宗教剧的衰落转而迎来了文艺复兴时期新型戏剧的诞生，突破了传统戏剧的束缚，随着王政复辟时代戏剧的终结催生了一种群体基础更为广泛且以中产阶级为主的戏剧模式。"据此我们不仅可以把戏剧看作是一种社会艺术，而且也可以将其看作一个重要的、实用的变化指标以及意识的创造者"[1]。不难发现，戏剧的发展变化总是与人们在日常生活中的共同经验息息相关，戏剧不管是在过去还是在将来都反映着真实的社会历史，它们与时代的运动和观念之间有着密切的联系。此外，威廉斯也对其他文学形式诸如诗歌、小说等做出了深入的分析，揭示了这些文学形式的变化都从不同侧面体现了社会发展境况，此处就不作展开。创新文学形式作为探索共同文化的一种重要途径，所承载的创造经验和共同经验为构筑文化共同体能够提供现实活力和有益启示。

综上所述，文化扩张旨在将原本属于"大众"的文化权利归还于大众，使得大众有机会选择、接受与创造文化。同样，文化扩张也是威廉斯从文化领域积极寻求人类解放的实践策略，即期望通过发展出一系列民主的、大众的文化形式，打破既有社会体系及其固化的意义和价值所造成的束缚，以求得文化共同体的社会图景。

---

[1] Raymond Williams, *The Long Revolution* (London: Pelican Books, 1965), p.299.

第三节 描绘文化共同体的解放图景

威廉斯秉承马克思主义对未来社会的构想理念，以人类解放为最终目标，希冀通过构筑文化共同体超越资本主义社会对人的压制与束缚，回归人类生活的自由全面发展，描绘出文化视域下的社会解放图景。鉴于文化共同体的解放语境，结合文化共同体的重要原则，威廉斯进一步描绘了文化共同的理想社会。

一、关注个体解放的现实性

尽管威廉斯认为个体的发展与解放根植于共同体的检验，但是并不否认每个个体在社会共同体里都作为独一无二的存在。正如马克思所强调的，现实的个人不仅是社会形成的基础，还是一切历史发展的前提。换句话说，人类的最终解放首先就包含了每个个体的解放，社会发展的最终归宿也离不开每个个体的自由发展。为了更好地理解共同体的解放意蕴，威廉斯在剖析有关个体观念形成的基础上，通过阐述个体与共同体的关系，揭示了个体解放的内涵与状态。

首先，威廉斯指出个体或个人（individual）原意为不可分的，强调的是与他者的殊异性，后来逐渐演化出"个别的、独特的"的意涵，形成了用来对应"普遍的、一般的"现代用法。现代社会的"个人"在很大程度上得益于"个人主义"的发展。"个人主义"是一个与成长相关的词语，其原意意指脱胎于刻板僵化的社会，虽然个人在刻板僵化的社会里处于一种安全的模式，但是它限制了和规定了人们的实际生活，因此个人主义强调的是摆脱某种社会形式的束缚。就此而言，"个人主义"的确在塑造"自我"的社会过程中发挥过重要的作用，个人主义的发展使得人们挣脱了传统共同体的束缚，即那些有着自身结构框架和固定秩序的共同生活系统的"民族的国家""国王的国家"。在威廉斯看来，"个人"的观念不仅是对复杂的社会、经济和宗教变化的反应，而且作为一种生活方式，它也是对这些变化的积极阐释。最为显著的是，"资本主义的发展以及伴随而来的巨大的社会变革，鼓励某些人把'个人'看作是经济活动的发起者，因为这样的'个人'有着自由进取的精神"。正是资本主义那里，"个人主义"

往往被人们直接等同于"自由主义"。从"经验"层面来讲，这是从现代社会里臣民向公民演进的体现，它折射了个人在自由本性的驱使下对自我空间、所享权利、社会地位的一种深刻的诉求。也就是说，在"个人"观念积极的层面，它体现的是个体对自由进取的一种强调。

如果说资本主义最初的追求是对自由经济的追求，商品经济要求市场主体以平等、自由的身份参与生产和交换，那么最终在结果上导致了对个人自由身份的一种确立。当然，在资本主义的上升期，个人主义是作为进步的、积极的一面，是传统共同体内在矛盾运动的必然结果，它在人类社会从传统文明向现代文明转型过程中，代表了历史前进的趋势和社会进步的方向。然而随着资本主义的生产方式内在矛盾的显现，个人主义逐渐走向了自身的对立面，每个人都要拒斥别人以建立自己的个性，同社会相分离的结果就是蜕变为"自私自利"和"漠不关心"，社会的危机成为个人的危机。因此，脱离社会性的"个人"最终背离了自由和进取的初衷，淹没了"个人"的积极意义。

其次，威廉斯同马克思一样反对将个人与社会对立起来，他提到"将'个人'和'社会'抽象化的最大恶果是它使我们的思考被限制在关于两者之间关系的问题上"①。他认为现代个人主义过分强调个人与社会的相互独立性，而忽视了个体从来就无法脱离社会而存在。在他看来，"个体的发展需要一种能够处理有机体和组织间基本关系的原则，通过这一原则我们在解释和描述经验时，能够发展出一种自身赖以生活的特殊系统。每个个体作为组织的一部分都能够在这一系统里能够接受和交流经验，通过这种形式的调整和作用，组织自身以及个别有机体的生命就能得到延续。"②。实际上，相较于资本主义的"个人"观点，威廉斯与马克思都认为承认个性的存在，乃是走向个体解放的前提。在他们看来，"个性"是主体性、社会性和创造性的体现，个体既是独立的，又不是独立的。所谓独立，是因为每个人都以不同的形式而存在，有特定的思维、行为方式和需求，以一种个性的存在。而不独立是指个体实践活动空间乃至主体本身都是在社会中发生和进行的，因此个性同样来自社会。鉴于马克思将未来全面发展的个人与共同体理想共生关系的人的结合体称之"自由人的联

第五章　威廉斯关于文化与人类解放的思想

---

① Raymond Williams, *The Long Revolution* (London: Pelican Books, 1965), p.119.

② 《马克思恩格斯全集》（第46卷），北京：人民出版社，1979，第104页。

合体"，强调要在个人存在的真实性的意义上把握二者的关系。威廉斯为此指出真正的个体解放有赖于真实的共同过程，即个人必须参与到社会中来，必须互相依赖才能存活下来。真正的个性解放来源于"个体"与"共同体"抑或"个人"与"社会"的理想共生关系，即脱离了"社会共同体"，存在的个体就无法获取真正的个性，反过来说，离开了现实的个人，就只会剩下"抽象的共同体"。

最后，在威廉斯看来，真正的个体解放不仅要依赖于个体自身存在的主体性和社会性，更为重要的是要实现个体之中所蕴含的创造性。对他来说，个体解放一个重要的核心意涵就是人的创造性。众所周知，人之所以为人，其根本在于人是一种理性的存在物，并且凭借理性能动地追求现实，自觉地创造人类自身、历史及客观世界。马克思认为个体解放的关键在于不是把人的自由归结为对自然的认识，而是在劳动实践中，即改造世界和人类社会的历史过程中得以实现，而跟主体实践最为密切联系的就是人"创造性"。在这个意义上说，"创造性"也是现实性的一种具体体现，现实的个人以创造性的实践活动开启对社会现存条件的变革，促使现存社会行驶在一个积极能动发展的轨道，从而为社会的发展注入新的活力和提供新的可能。有鉴于此，威廉斯也将个性解放诉诸主体的文化创新实践，在他看来，文化既是传统又是创新的，既是最日常的共同意义又有最精微的个人意义，文化既关乎我们普通的共同目标，也关乎深层的个人意义。威廉斯进一步指出，就个性而言，我们必须承认从社会过程的角度来看，每个人都是独立的个体，且这种个体是独一无二的。这种独一无二的关键在于它既是创造性的又是被创造的。换句话说，个性是个体在社会组织中区别他人的存在，但是同时个性的创造或改变都不能离开社会组织。他在《漫长的革命》中也曾提到，没有哪个词能够比"创造性"更带有一以贯之的积极含义。长久以来，艺术被看作是最具创造性的实践活动，而在威廉斯看来，任何一种活动被孤立和抽离起来脱离就必定会受到损害。他指出个体的创造性是创造总体过程的一部分，而这也是个体对共同体的所珍视的意义所在，相较而言，它更为重要的意义在于艺术能将独特经验转换为共同经验的共享过程。为此，威廉认为真正的创造性活动来自个体的日常生活，是个体对日常意义的创造性解释和描述，正是这种蕴涵在每个个体中带有共同性的"创造性"决定了我们自身的力量得以有了真正的扩展。

总之，对于威廉斯来说，个人与社会本来就是存在一个共同的连续过程，并不能分离出各自独立的实质。如果说个体的本质是一种不断学习、创造、交流的存在，那么个体的解放就是获得这种学习、交流、控制的能力。如同在马克思所描绘的个体解放的形态中，个人是能够全面发展自己的个性，是一个人与人之间、人与社会以及人与自然之间能够真正达到和解的社会形态。在马克思那里，社会为个人提供了解放的条件，正如在共产主义社会里，任何人都没有特殊的活动范围，而是都可以在任何内容发展，社会调节整个生产，因为使每个人有可能随自己的兴趣今天干这事，明天干那事，上午打猎，下午捕鱼，傍晚从事畜牧，晚饭后从事批判，这样就不会使每个人总是成为猎人、渔夫、牧人或批判者。同样，威廉斯认为个人解放的真正形态也是以社会发展为前提的形态，为此，他强调个体解放的同时更需要一个能够实现文化创造多样、文化传播自由、文化制度健全的理想社会。

二、追求理想社会的可能性

自古以来，对未来理想社会图景的憧憬是人类发展不竭动力的源泉。从古希腊的理想国，到后来的"乌托邦"，甚至是马克思的"社会主义社会"，无疑都清晰地表达了人类对美好生活的无限向往。简言之，描绘理想社会的图景的最终目的和意义就是实现人类解放。威廉斯也认为对未来社会的构想有着无比重要的意义，他在对"乌托邦"的解析中就曾明确地表达过这一态度。在他看来，乌托邦就是一种典型的构想未来的方式，"他将乌托邦区分为系统性乌托邦和启发性乌托邦，系统性乌托邦旨在构建整体的、替代性组织模式，其意义是为了从整体上对全新生活方式、价值理念和社会秩序进行展望从而超越当下的现实境况；而启发性乌托邦在于为引导人们对美好和完善社会的向往，主要以想象的方式鼓励人们尝试新的感受方式和创造新的联系"[1]。为最终实现社会主义和人的解放，威廉斯综合两种模式的乌托邦的积极意涵，从文化视域预设了未来理想的社会图景，文化共同体下的新型社会就是他对理想社会主义的最终构想。在威廉斯看来，将文化定义为整体的生活方式的原因是，只有将政治、经济、文化和家庭整合起来，理解其中存在的本质联系和历史变化，才能真正理解社会的发展过程。他强调在整体性社会发展过程中，人们通过共同

---

① 何卫华：《雷蒙·威廉斯：文化研究与"希望的资源"》，北京：商务印书馆，2017，第105页。

文化的方式将各种价值和意义建构起来并使之在历史中发挥积极作用乃是文化共同体的意义之所在。为此，威廉斯在展望未来社会时，不仅就未来社会发展的方向、原则和基本特征做出设想，还对未来具体情形的可能性进行了相关描述。为了实现人的最终解放，威廉斯从文化维度勾勒出一个大众民主、经济和谐、生态宜居的"文化共同体"。

一文化共同社会是一个大众民主的社会。在威廉斯看来，文化在本质上是民主的，社会各个阶层、各个群体都有权利和义务积极参与到社会"意义和价值"的生产和扩展中来，对这种大众民主的追求乃是其"漫长革命"的旨趣所在。这种大众民主具体表现为：一是推动民主的公共传播制度得以完善。正如前文所述，大众民主的发展有赖于文化共享的进程，而文化共享的建立则在很大程度上取决于文化传播系统的完善。文化传播作为推动整个"民主进程"的核心手段，本身就有赖于一个积极的文化共同体。二丰富多彩的文化活动得以开展。大众民主的社会能向公众提供各种各样的艺术和成人教育，例如通过图书馆、博物馆、美术馆、乐队、艺术馆等载体，丰富个体的文化生活。三是公众服务的文化机构得以建立。诸如书籍、报刊、杂志等文化机构都能够广泛地为大众服务。尽管在威廉斯看来，这些措施都带有"前民主"的形式色彩，但传播制度的完善、文化活动的开展和文化机构的建立却能够使新型社会服务之间的真实联系得以显现，从而为大众民主的实现奠定坚实的基础。

二文化共同社会是一个经济和谐的社会。威廉斯曾在《希望的源泉》中对未来社会主义的多样性作出过诸多有益的探讨，并对社会经济的发展提出了独特的见解。在他看来，社会主义可以有着多种多样的形态，但是从任何角度来说，"只要是把物质世界和人类降格为原料、资本和可支配的劳动力对象，抑或把其中任一部分作为人类进步的标准，那么无论它们是以什么名义予以赞扬，其本质都是反社会主义的"[①]。威廉斯认为反资本主义的经济模式是构建社会主义经济模式的一个基本前提。尽管反对资本主义本身并不是明确的社会主义力量，但它依然是一个巨大的、不断发展的社会和知识力量。此外，威廉斯还反对对社会主义做出直线发展型的单一解读，他认为真正的社会主义社会是一

---

① Raymond Williams, *Resources of Hope: Culture, Democracy, Socialism* (Edited by robin Gable, London and New York: Verso, 1989), p.308.

个持续观测、反思和重新评估的社会秩序，而不是资本主义那样以增加利润的总体生产为驱动力，也不以普通工业生产为驱动力。在他看来，先进社会主义社会的一个决定性标志就是将经济活动看作是一种孤立的专门化活动。同时，他也强调文化共同体在生产与资源领域上主张的是公共原则，它要求消灭资本主义那种单向的占有关系，并代之以人类个体对生产资料的占有，即在个体之间普遍平等地拥有。

三文化共同社会是一个生态和谐的社会。威廉斯认为，自然和生活之间的真正关系是必须解决的深层问题。"文化共同"的理念不仅要求人与人能够共享共建，同时也要求人与自然也能够和谐相处。威廉斯从对经济领域的思考中延伸，探讨了人与自然之间的关系。他认为处理人与自然之间的核心要点在于反对当下一种普遍公认的主流观点，即认为地球及地球上的生命形式是普通生产的关系。他认为在这种理念支配下，资本主义的农业和工业都会将普通的生产和利润凌驾于生活之上，其结果就是对自然的无限攫取和破坏。在这里，他主张的是一种符合实际需要、并能够将"自然"和"生产"完美融合的全新关系，即能够将积极的生活纳入我们所熟悉的物质生产世界，同时又能保持真正必要的物质生产过程。这种关系的关键在于人们不再把自然看作是纯粹的仓库，而是当作人们赖以生存的地方，目的就是要把人们对自然的支配与控制转换为对自然界的和谐共存。有基于此，文化共同社体所体现的应是一个全新的社会和自然秩序，所秉承的是一种可持续的和谐生态观，取代了对自然控制的观念传统，呈现的是资源生产利用与自然环境保护关系协调、人与生态环境共生共荣、可持续发展的全新画面。

总之，人类社会发展的最终目标并不是简单地追求一个固定的理想社会模式，而是在不断地改进和完善中寻求更好的生存和发展方式。尽管在每个时代为人类生存与发展所描绘的理想社会各不相同，但是从根本上说，都是在批判和否定社会现实的基础上，进而对人类完美社会提出理想规划和理性设计。如果说在马克思主义产生以前，人们对未来社会的预见往往还带有浓厚的空想性质和幻想色彩，那么在马克思主义之后，社会主义就不再是停留在纸上的空想，而是成为了一种具有实践性的运动，同时也是一种具有可行性的社会制度。就此而言，"文化共同体"作为一个开放的概念，既有十分丰富的理论意义，又有可供践行的现实空间。

第六章　威廉斯文化思想的理论评析

随着战后资本主义的进一步发展，政治、社会、经济以及文化领域都发生了较大变化，文化问题渐渐上升为新时期和新形势下的焦点问题。针对日益突出的文化问题，西方马克思主义流派遂将文化研究作为其理论创新的一个突破口。在西方马克思主义流派看来，这种理论主题上的文化转向既是新形势下丰富与完善马克思主义理论发展的内在需要，也是新时期探索与践行社会主义革命的现实要求。

雷蒙·威廉斯作为英国文化马克思主义的重要代表人物，在秉承历史唯物主义的立场上，将英国本土文化理论与西方马克思主义理论成果进行有机结合，他一方面积极从西方马克思主义文化哲学中汲取营养，另一方面也注重同英国本土的文化研究展开深入的理论对话，最终形成了其独特的文化思想。威廉斯文化思想的解放特质既凸显了追求人类解放的价值旨趣，又从理论上拓展与深化了文化研究与历史唯物主义。本章将全面审视威廉斯文化思想的理论定位与解放特质，深入评析其理论贡献与局限性，以期为我国当前文化建设提供有益的启示与借鉴。

第一节　威廉斯文化思想的理论定位

与马克思所处的 19 世纪不同，20 世纪后的资本主义社会发生了巨大的变化。经济自由化、政治多元化以及文化差异化的日益凸显，引起了西方左翼学者的深度思考。为了重新审视现代人的生存境遇，谋求现代人的自由和解放，他们立足西方社会的实际，探索适合西方革命和人的解放道路。因价值取向和政治目标的不同，他们提出了不同的思想观点，进而形成不同的学术流派。其中西方马克思主义是迄今为止影响最大、时间跨度最长、最为重要的一个流派。它是"西方共产党和西方进步的知识分子在考察西方资本主义发展史，总结俄国革命成功经验，运用马克思主义理论分析社会，寻找一条适合西方革命和人的解放道路的哲学和社会政治理论思潮"①。

作为西方马克思主义的有机组成部分，英国文化马克思主义是一支从文化领域来扩展马克思主义的重要力量。他们将"历史唯物主义运用于对英国文化问题的研究，就文化的本质及其社会功能提出了全新的认识，从而丰富和发展了马克思主义的一种文化理论"②。具体而言，该流派对传统的马克思主义理论进行了重新解读，主张从文化视角重新审视马克思主义在当代的理论发展，他们强调文化与政治的联系，认为文化并非单纯的经济或政治反映，而是一个具有能动性的社会力量，对塑造社会关系和推动社会进程有着十分重要的作用。

作为文化马克思主义代表人物雷蒙·威廉斯秉承马克思主义的立场观点和方法，将文化研究同历史唯物主义有机地结合起来，创建了文化唯物主义，其理论建构既阐发了马克思主义理论内在关于人的解放意蕴，又通过文化分析和文化批判彰显了马克思主义理论的当代价值。因此，厘清威廉斯与西方马克思主义文化哲学以及英国文化马克思主义之间的关系，分析与比较威廉斯与他们解放理念的异同，有利于准确把握威廉斯文化思想的理论定位。

一、对西方马克思主义文化哲学解放意蕴的批判与继承

西方马克思主义哲学的产生与 20 世纪 20 年代西方社会主义革命的失败有着深刻的内在联系，西方马克思主义理论家认为革命失败的根本原因在于无产阶级的主观精神不足，而这又主要是由于第二国际对马克思主义所作的唯科学主义的实证解读，致使无产阶级丧失了作为历史主体的革命首创精神，为此他们通过批判第二国际的马克思主义理论，建构了一种文化哲学形态的马克思主义哲学理论体系③。这种文化哲学形态的理论兴起是西方马克思主义理论家结

---

① 王雨辰：《哲学批判与解放的乌托邦》，哈尔滨：黑龙江大学出版社，2007，第 25 页。
② 张一兵：《当代国外马克思主义哲学思潮》（中卷），南京：江苏人民出版社，2011，第 407 页。
③ 王雨辰：《哲学批判与解放的乌托邦》，哈尔滨：黑龙江大学出版社，2007，第 54 页。

合西方革命的实际，运用马克思主义理论分析西方社会，探寻适合西方革命和人的解放的理论的尝试。威廉斯作为英国文化马克思主义的代表人物，其理论思想之所以能够走向成熟与深化正是得益于吸收西方马克思主义文化哲学的理论成果。他同西方马克思主义理论家们一样，立足于西方的革命实际，秉承马克思主义立场，运用马克思主义理论分析社会，提出了以文化唯物主义为核心的文化思想，从文化维度探求一条人的解放之路。为此，本节将通过哲学主题、价值旨趣、理论范式三个问题分析并揭示威廉斯与西方马克思主义文化哲学间的内在联系，以便为威廉斯在整个西方马克思主义理论谱系中做出一个清晰的定位。

一是关于哲学主题的问题。威廉斯与西方马克思主义的理论家们一样，都将文化意识形态问题作为开展文化研究的哲学主题。"文化"之所以成为他们共同的理论关键词，其主要原因不外乎两个方面：

一方面，西方马克思主义的理论家们对第二国际及苏俄马克思主义将马克思主义哲学归结为经济决定论和机械决定论，将经济因素当作社会历史发展的唯一决定性因素的做法表示质疑。在他们看来，只注重经济因素在历史发展中的作用，而忽视文化的现实力量，不仅会曲解马克思主义哲学的本意，还会遮蔽人的解放诉求。同样，威廉斯针对经济决定论和机械决定论的消极影响，威廉斯在历史唯物主义的基础上分析指出文化并非单纯的经济或政治反映，而是一种物质存在、一种生产方式、一种整体的生活方式。为此，他通过阐释文化与社会、政治、经济之间的关系，提出了文化唯物主义理论，旨在打破了经济基础与上层建筑的机械性决定关系，恢复文化所蕴含的解放力量。

另一方面，西方马克思主义的理论家们将西方革命失败的原因归结为资产阶级的统治方式从暴力统治转向了文化意识形态统治，即通过文化和意识形态的功能迫使工人阶级认同资本主义的文化秩序，从而逐渐摧毁工人阶级的革命主体意识。换句话说，西方马克思主义在理论上的"文化转向"既是为了寻求理论上的突破，也是为了回应西方社会现实矛盾的挑战。同西方马克思主义一样，威廉斯认为文化意识形态问题是整个西方革命的主要内容，他详细考察了英国工人阶级文化的形成，认为当前要应对资本主义的意识形态统治，必须通过文化革命的方式来寻求突破。他分析指出，当代资本主义的统治方式由外在的强制力压迫发展成为一种无所不在的、渗透在日常生活中的内在操纵与控制，这一切都应该归咎于文化意识形态所扮演的角色。工人阶级在日常生活中遭遇的普遍文化困境实则都与意识形态有着千丝万缕的联系。为此，威廉斯从工人阶级的日常生活本身出发，试图从文化领域挖掘抵抗资本主义的潜能。在他看来，工人阶级文化是进步的和完善的，是一种整体的生活方式，它是在工人阶级日常生活"经验"中自发形成的，工人阶级作为"新兴文化"的主要来源正是当前政治变革所需求的主要动力。综上可知，无论是对待经济决定论与机械决定论的态度，还是应对资本主义意识形态的问题，威廉斯与西方马克思主义者都遵循着一样的哲学主题。

二是关于价值旨趣的问题。探讨人的自由和解放问题是威廉斯与西方马克思主义理论家们共同的价值旨趣。围绕人的自由解放，虽在不同理论家那里，理论的侧重各有不同，但总的来说，西方马克思主义有关人的解放的理论主要聚焦三个问题：一是关注整体的无产阶级的自由解放还是关注作为个体的自由解放；二是将"人的主观精神发展程度"看作是能否实现自由和解放的关键；三是在自由和解放之后将要建立一种什么样的社会①。

首先，就有关自由解放的类型问题来说，西方马克思主义的解放理论可以划分为两种类型。早期的西方马克思主义理论家、阿尔都塞等主要探讨的是作为整体的无产阶级的自由解放问题，而法兰克福学派主要探讨的是作为个体的人的自由解放问题②，总的来说，他们都试图从当代西方社会现实条件下出发寻求一条人的解放之路。需要强调的是，关注整体解放的理论家注重依据时代条件变化和历史文化传统来对马克思主义哲学进行深入研究和创造性阐发，而关注个体解放的理论家则停留于对西方社会进行一种文化价值批判，他们注重的是马克思主义的批判立场而不是马克思主义理论本身。受早期西方马克思主义理论家的深刻影响，从整体上关注无产阶级的自由解放正是以威廉斯为代表的第一代新左派理论家的理论特点所在，他明确了工人阶级文化作为一种新兴文化所具备的力量，重启了工人阶级的革命动力，并指出只有把工人阶级文化作为一个整体的条件时，社会才有进行有价值转变的机会。值得一提的是，尽管威廉斯是从整体上关注工人阶级的自由与解放，但是他也同样肯定了个体自

---

① 王雨辰：《哲学批判与解放的乌托邦》，哈尔滨：黑龙江大学出版社，2007，第81页。
② 王雨辰：《哲学批判与解放的乌托邦》，哈尔滨：黑龙江大学出版社，2007，第68页。

由的重要性，并从个人与社会的对比分析中阐释了两种自由解放的关系。总的来说，威廉斯在理论上遵循的是早期西马主义理论家的整体解放逻辑，即从总体上来关注工人阶级的整体自由与解放，但是他在具体方法上也借鉴了法兰克福学派的批判方法，对个体的自由发展也提出了诸多独到的见解。

其次，围绕"人的主观精神发展程度"的问题，西方马克思主义着重探讨人在社会历史发展中的主体意识。从早期西方马克思主义代表人物卢卡奇对"阶级意识"的探讨开始，从主体意识以及从文化实践上寻找人的解放道路就成为整个西方马克思主义的基本理论取向。围绕主体意识问题，受卢卡奇等人的启发，威廉斯与西方马克思主义一样，从文化维度对主体解放展开探讨。具体而言，一是同卢卡奇一样，在反思斯大林主义的过程中，逐渐认识到社会主义理论必须从现实的人出发，社会主义社会必须由自愿联合的主体而组成。二是针对资本主义社会意识形态对主体的遮蔽甚至消解，将"文化"作为打破意识形态统治的理论突破口。三是将探索与分析主体的回归看作是实现人的解放的一种具体表现。

最后，围绕自由和解放将要建立一种什么样的社会，西方马克思主义理论家主张要建立的社会主义，是不同于俄国的另一种类型的社会主义。他们提出的西方社会主义模式强调在社会主义变革的基础上，人的主观精神能够得到高度发展、人的能动作用能够得到充分发挥。有鉴于此，威廉斯基于对英国社会现实与文化传统的考量，从文化维度描绘了一个以"共同文化"为核心的社会主义图景。在威廉斯看来，社会主义社会应该是一个追求平等、民主和自由的社会。这些基本价值理念是社会主义社会的核心，是实现人类美好生活的基础。为此，他主张通过共同文化的理想追求和实现，消除社会等级和不平等，创造一个所有社会成员都可以有效进行交流的文化共同体，以共同的责任伦理参与民主。

三是关于理论范式的问题。威廉斯始终坚持从文化维度去关联西方马克思主义主要的理论范式，来不断丰富与完善自己的文化思想。依据主体论与反主体论这两种解读路向，西方马克思主义可划分为人本主义流派与科学主义流派。前者强调"人及其实践"在马克思主义哲学中的中心和基础地位，试图摆脱传统马克思主义科学实证论解读模式的束缚，从而恢复马克思主义哲学的批判维度。后者则强调在保证马克思主义理论的严密性、自主性以及科学性的基础上发挥其意识形态功能①。事实上，威廉斯作为第一代新左派的早期代表人物，其遵循的"文化主义"本就是一种强调以人为中心，凸显主体能动性的理论范式。在他看来，主体性问题是理解整个文化革命的关键，他将社会实践斗争的主战场设定在主体经验意识的文化与日常生活领域，以谋求工人阶级在当代资本主义中的政治解放。值得一提的是，威廉斯在强调文化主体性问题的同时，也认真反思了人本主义的理论缺陷，他在理论后期也注重对科学主义流派理论范式借鉴，特别是对阿尔都塞的结构主义进行了批判性吸收，并在此基础上提出了文化三元结构理论，不仅提升了其文化思想的科学性与严密性，还在一定程度上弥补了文化主义理论的不足。总之，无论是早期思想所推崇的人本主义理论范式，还是后期转型的科学主义理论范式，它们都从不同角度深刻影响了威廉斯的文化思想。

综上所述，威廉斯的文化思想是在继承与发展西方马克思主义文化哲学的哲学主题、价值旨趣和理论范式的基础上不断完善的，其文化唯物主义思想不仅将对文化领域的阐释提高到一个崭新的高度，也为马克思主义的当代批判注入了新的理论活力。因此，从某种程度上来说，威廉斯的文化思想从文化维度对人的解放所进行的探索，同样也丰富与完善了西方马克思主义的文化哲学思想。

二、对英国文化马克思主义解放意蕴的深化与发展

英国文化马克思主义②，作为战后英国文化与政治相结合的产物，既受到其本土深厚的"经验主义"传统之影响，同时又积极吸收了欧陆马克思主义的理论精髓。经过不断地融合与创新，英国文化马克思主义最终形成了其独特的理论特色。以研究英国文化马克思主义而著称的美国学者丹尼斯·德沃金认为，英国文化马克思主义是由威廉斯、汤普森、霍加特等英国第一代新左派思想家所创立，并流行于战后至 20 世纪 70 年代英国的那种非教条的、批判的马克思主义传统。威廉斯作为英国文化马克思主义的代表人物，在融合了多元化的理

---

① 王雨辰：《哲学批判与解放的乌托邦》，哈尔滨：黑龙江大学出版社，2007，第 46 页。

② 不过由于英国文化马克思主义发展的特殊性，学界对其时间跨度界定也存在着一定的分歧。例如有的学者就认为英国文化马克思主义形成于 20 世纪 40 年代，有的则认为形成于 50 年代，同样地，有的学者认为英国文化马克思主义终结于 70 年代，而有的则倾向于终结于 80 年代，还有的认为直到伯明翰中心的关闭才意味着文化马克思主义的真正结束。

论资源后，构建出独树一帜的文化思想体系。这一创新性的理论贡献，不仅推动了整个文化研究领域的进步，而且从文化维度推动了马克思主义理论的发展。作为英国文化研究的重要奠基人，威廉斯的文化思想对英国文化马克思主义的发展产生了深远的影响。

通过深入剖析英国文化马克思主义的三大发展阶段，系统梳理威廉斯文化思想在每个阶段所发挥的作用与产生的影响，可以全面、客观地界定其在整个英国文化马克思主义理论体系中的地位。如果从文化研究的理论范式划分来看，整个英国文化马克思主义大致可划分为早期的文化主义阶段、中期的结构主义阶段、晚期的后现代主义阶段。如果从成员结构来划分，英国文化马克思主义还可分为早期的第一代新左派、中期第二代新左派，以及晚期的伯明翰学派。如果按文化主题来区分，又可分为早期的工人阶级文化、中期的亚文化与后来的多元文化。如果按解放主体来区分，英国文化马克思主义早期"明确关注工人阶级的解放，而中期则指向工人阶级和群体，后期指向各边缘群体所构成的从属集团"①。由此可见，不论选取何种时间跨度的界定，英国文化马克思主义均可大致被划分为三个发展阶段，这些阶段既相互关联，又各自具备独有的特征。

在英国文化马克思主义的早期阶段，威廉斯与霍加特、汤普森一道开启"文化主义"研究范式的先河，肯定了文化领域对工人阶级解放的积极作用，并以此开辟了解放工人阶级的全新领域。他们以文化为核心概念，注重历史的真实性、突出实践的具体性、强调经验的重要性，重启了工人阶级的革命动力。"文化主义"理论范式的形成，主要得益于英国传统文化批评与英国马克思主义历史学的深刻理论影响。

一方面，文化研究尽管是第一代新左派的直接产物，但是其研究对象却承袭了英国利维斯主义的批评传统。该传统旨在通过文学审美实现教育功能，以文学阅读提高道德水准，这种"文化—文明"的传统直接为"文化主义"提供了文学道德培育、文化批判模式、文本分析方法、大众审美机制以及民族志研究等重要理论方法。威廉斯继承文化批评传统，将文化批评研究推广到日常生

---

① 徐满泽、刘卓红：《英国文化马克思主义解放主体理论的三次变迁》，《广东社会科学》2015 年第 6 期，第 74 页。

活批评中，丰富了"文化"作为普通大众的日常生活与感性实践的新意涵，促进了对传统文化观念的反思与批判。尤其是他注重借鉴批评理论中的文本分析方法与民族志方法来开展文化研究，为整个"文化主义"的理论范式注入了新的元素。同时，他还肯定了大众阅读有利于工人阶级整体智识的提高，力图通过开展成人教育活动来重塑工人阶级的文化水平。

另一方面，"英国马克思主义历史学的意义在于开创性地解决了马克思主义基本原理同英国民族理论传统相结合的问题，从而使得本土化的马克思主义得以正式形成"[①]。该意义的产生与英国马克思主义历史学的理论特点是分不开的：一是秉承英国的经济哲学传统，注重运用唯物史观来研究具体的历史问题和现实问题，拒绝抽象的理论建构；二是秉承英国史学研究的实证传统，强调具体问题具体分析；三是秉承英国社会主义平民传统，坚持人民史观，突出对人民群众及其日常生活的分析与研究。这些理论特质不仅为英国文化马克思主义认识到"经验"传统的重要意义，还提供了具体问题具体分析的方法以及自下而上的研究视角。威廉斯充分吸收了历史学中的研究方法和研究视角，并运用这一方法考察与分析"文化"概念，赋予了文化以"经验性""日常性""主体性"的重要特性，不仅在理论上充分呼应了历史学的理论观点，也为文化主义范式的成型作出了突出贡献。由此可见，威廉斯正是在全面吸收并融合文化批评与历史学派的基础上，推动"文化主义"理论范式的创立与发展。

在英国文化马克思主义的中期阶段，为了弥补早期文化主义在理论上的缺陷，结构主义的范式遂成为文化研究在理论上的重要转折点。鉴于结构主义在理论化程度上比本土的文化主义更具普适性，在第二代新左派的代表人物安德森的领导下，英国文化马克思主义开始大规模地转向结构主义的理论范式。结构主义的核心是意识形态，在它那里，"文化"与"意识形态"都被视为结构的产物。所以结构主义对文化的这种阐释必然会褫夺文化本身的主体性、能动性、经验性。它对主体能动性的消解直接动摇了以工人阶级作为解放主体的核心地位，尽管第二代新左派的理论家们仍然将工人阶级作为主要的解放对象，但是其关注的重点却从整体的"均质"的工人阶级转向为工人阶级内部的"异质"的亚群体。虽然结构主义的出现的确使得整体的文化研究提升到一个全新

---

① 张一兵：《当代国外马克思主义哲学思潮》（中卷），南京：江苏人民出版社，2012，第410页。

的发展阶段，尤其是相较于文化主义而言更具理论上的普适性，但是结构主义理论也并非无懈可击，其封闭和循环的结构无意中架空了社会历史的真实存在，成为其最为致命的缺陷。

针对结构主义对文化主义的矫枉过正，第一代新左派的理论家们也分别作出了不同的理论回应。与汤普森的激烈态度不同，威廉斯对结构主义秉持一种求同存异的态度进行理论上的调整，在批判的同时也肯定了结构主义的合理之处。当然，真正调和了文化主义与结构主义争论的关键还是葛兰西文化霸权理论的引入。文化霸权理论指出意识形态是权力斗争的场所，它并非如结构那样封闭与僵化，这便为文化场域留下了可供流动的空间。也就是说，文化领域实际上可以成为各种社会势力、权力斗争的根据地。为了强调文化在物质意义上的实践性和创造性对主体的意义与作用，在综合吸收了阿尔都塞的结构主义和葛兰西的文化霸权理论的基础上，威廉斯提出了文化三元动态结构理论。该理论认为在社会发展过程中的同一时期可能会同时存在的三种文化形态，即主导文化、残余文化、新兴文化。它们之间始终存在着吸收和反吸收，压制与反压制的斗争。三种文化形式的动态结构充分体现了文化发展是一个极为活跃而又复杂的叠合过程，揭示了文化活动的物质性和实践性。可以说，威廉斯一方面肯定了"结构"对文化的影响，不仅肯定了结构对文化意义生成的作用，还反思了文化主义过于抽象和经验的缺点；另一方面，通过改造文化霸权揭示了文化动态发展的原因，更好把握当下文化发展过程中的现实关系，为文化斗争的开展提供了理论依据和行动指南。

在英国文化马克思主义的第三阶段，面对文化问题的日益复杂，文化研究以更为开放的理论视野，将各种新兴的后现代理论纳入自己的研究视域中来，英国文化马克思主义由此转向后现代主义阶段。这一时期的代表人物，斯图亚特·霍尔在引入后马克思主义[①]思想后，整合吸收了后结构主义、后殖民主义、媒介理论与符号学等新的理论资源，推动文化研究走向全新的"话语分析"模式。后马克思主义所秉承的是这样一种理论视角，即"把历史、文化、社会和

第六章 威廉斯文化思想的理论评析

---

① 后马克思主义：一般来说，狭义上的后马克思主义指拉克劳和墨菲的社会主义理论。它尝试把后结构主义、后现代主义、后殖民主义和女性主义等新进发展理论嫁接到马克思主义之中，运用它们的理论方法在解构基础上建构激进、民主、多元的社会主义理论，从而实现对马克思主义的重建。

政治都当成不可还原的'话语性'的东西"①，通过解构主义来分析和看待文化、社会和主体性等重要的政治范畴，其目的是将"作为一种全球文化和政治力量的马克思主义从 20 世纪的衰退中挽救回来，并对其重新调整定位，使之在迅速变化的氛围中重新展现其价值"②。需要强调的是，作为一种话语理论，"接合"是整个后马克思主义的核心理论概念，用来阐释意义、价值、关系、身份和取向的活动和过程。在威廉斯那里，接合是"表达、阐述"之意，是一种社会性的文化物质生产方式。他认为语言就是一种能动的、变化的、经验的接合表述，即作为一种社会在场显现在这个世界上。换句话说，语言的接合也是一种符合性的表意行为，是有意义的社会创造，因此它是一种实践性的物质活动。

霍尔在文化霸权理论的基础上，结合阿尔都塞以及拉克劳、威廉斯等人关于"接合"的思考并对其加以拓展，重新阐释了"接合理论"。该理论强调在一定条件下将两种或多种不同要素连接在一起的方式，体现为在差异化的要素中建构同一性的一种关联实践。该理论是文化研究又一次重大的理论突破，它不仅"超越了简单的霸权与抵抗的二元对立关系，凸显了多变性、多样性与语境化的特征，还避免了走向还原论和本质论的双重困境，实现了接合理论中的差异性中同一的辩证关系"③。在文化研究中，"接合理论"强调了文化文本可能发挥出不同的意义，并且同一文化文本的意义始终为斗争和谈判的场域。这意味着文化文本不是固定不变的，而是在不同的社会、历史和文化背景下，通过接合的方式产生不同的意义。总的来说，霍尔的接合理论为文化研究提供了新的视角和方法，强调了文化文本的多元性和动态性，同时也揭示了不同社会、历史和文化背景下的差异和斗争。在霍尔的影响下，文化研究秉承葛兰西的"历史集团"的概念，将解放的主体对象和主体力量由工人阶级置换为女性、少数族裔、生态主义者等边缘群体所构成的"从属集团"，这些边缘群体与工人阶级一道成为这个集团中被接合的重要力量，其解放的路径就是在具体的文化文本意义中借助于符号对权力的抵抗。实际上，威廉斯在历史符号学上的理论建树，同样也为文化研究的后现代转向提供了一定的理论支撑。尽管，威廉斯本人并不认可后现代的立场，但是他的文化思想无疑为文化研究的后现代阶

---

① 保罗·鲍曼：《后马克思主义与文化研究》，黄晓武译，南京：江苏人民出版社，第 4 页。

② Stuart Sim, *Post Marxism: An Intellectual History* (New York: Rutledge, 2000), p. 1.

③ 邹威华：《斯图亚特·霍尔的接合理论研究》，《当代外国文学》2012 年第 1 期，第 46 页。

段提供了诸多理论上的启示。

综上所述，威廉斯的文化思想在文化马克思主义的发展历程中始终占据重要地位。作为早期文化主义的开拓者，威廉斯通过观照工人阶级的文化问题，重启工人阶级的革命动力，肯定了文化领域对工人阶级的解放作用。作为结构主义转型期的主要推动者，他在结构主义的冲击下，改造葛兰西的文化霸权思想，提出文化动态理论，将文化阐释为斗争和解放的重要场域。作为文化研究走向后现代阶段的启发者，他的"接合"理论与符号学为后马克思主义的发展注入了诸多的活力因素，将文化的解放力量推向更为开阔的语言表意世界。

第二节　威廉斯文化思想的理论特质

作为 20 世纪英国著名的马克思主义理论家、文化研究奠基人，雷蒙·威廉斯针对当代资本主义社会的新变化，力求在文化维度上探寻一条人的解放之路。无论是西方马克思主义还是本土的英国文化马克思主义，都为威廉斯从文化视域分析解决当前的社会问题提供了一定的理论启示。有基于此，威廉斯遵循马克思主义的基本立场立足现代性的理论视野，运用跨学科的研究方法，以关切"人的解放"为叙述主线，从文化维度对当代资本主义社会展开全方位的理论批判。不仅为西方马克思主义文化理论提供了一条不同的研究路向，也为深入理解当代资本主义的发展逻辑提供了全新思考。为此，下文将从威廉斯文化思想中几个重要的理论问题入手来揭示威廉斯文化思想的理论特质。

一、"共同文化"彰显解放意蕴

为消解精英文化与大众文化的对立，应对资本主义新形势下政治和文化的复杂关系，推动民主进程的积极开展，威廉斯通过重释文化概念的意涵与作用，结合社会主义视域中的共同体意识，形成了共同文化思想。威廉斯强调"共同文化"是一种基于生命平等，人们能够自由贡献且自由创造意义和价值的共同参与过程。

可以说，共同文化思想在整个威廉斯文化思想中占据最为重要的地位，它不仅是其文化理念的重要体现，也是其追求人的解放的诉求所在。作为一种可以适应社会变化、伴随历史进程发展的文化思想，威廉斯希望通过这种方式实现人的解放和平等发展。共同文化有着四个显著特征。一是共同文化所内含的平等性。威廉斯认为共同文化首先是一种平等的文化，而这种平等是基于生命存在的平等。二是共同文化所内含的参与性。威廉斯指出，共同文化的要义在于它是一种大多数人都能够共同参与的文化活动，人们能够在此过程中共同选择、创造、分享文化，从而实现文化的积极发展。三是共同文化所内含的差异性，威廉斯认为包容文化多元性是发展共同文化的基础，共同文化的实现本身就有赖于差异性的个体的积极参与，因此差异性也是共同文化的一个重要特点。四是共同文化所内含的动态性，共同文化强调的是一个动态的参与过程，它是由大多数人创造参与，因此它呈现的就是一个动态的复杂过程，始终处于变化与发展之中。事实上，正是"共同文化"所内含的四个特征充分彰显了关于民主、自由、平等的解放意蕴。

一，共同文化推动民主进程的积极开展。我们知道，民主最深刻的意义就在于它是关于人的解放的重要内在要求，从某种程度来说，社会主义民主本身就是人的解放的直接体现。在威廉斯看来，文化在本质上就是民主的，社会各个阶层和群体都有权利和义务参与到意义和价值的创造中，这种浓厚的政治意蕴意味着文化是民主生活必不可少的重要组成部分。他进一步指出民主的进程有赖于文化共享的实现，而文化共享的建立则在很大程度上还取决于文化传播体制的完善。为此，威廉斯主要基于共同文化的理念，从文化扩张和民主传播两条路径来推动民主的进程：一是推动文化有效扩张。威廉斯认为通过将文化有效地推广和普及到大众教育、公众阅读、大众刊物、共同语言以及文学形式等领域，将原本属于"大众"的文化权利归还于大众本身，使得大众有机会选择、接受与创造文化，就能消除由资本主义生产方式所带来的不平等的文化境况。二是完善民主传播体制。大众民主的发展有赖于文化共享的进程，而文化共享的建立则在很大程度上取决于文化传播体制的完善。他认为传播的机制要么是控制，要么是民主。由于文化本身的民主属性，他最为推崇民主式的传播体制。实际上，民主传播的核心在于保障大众传播和接收信息的权利，以便能够在社会建构中实现实际参与和自由贡献，从而推动民主进程的积极开展。

二，共同文化提倡自由参与的文化权利。自由参与的文化权利是共同文化最为重要的理念，其目的就是提倡所有的文化创造者都能够自由地参与到文化构建之中。一般来说，自由参与的实现自身就是主体解放的一种重要体现。威廉斯认为，当前文化的困境主要源自资本主导的文化体制对现实造成了各种压力和束缚，其结果是社会的各个层面深受资本主义意识形态的浸染，尤其是文化上各种限制更是剥夺了大多数人自由参与文化建设的权利。资本在经济和资源上的支配地位，直接延伸到文化和政治的层面，它通过意识形态给人们提供了一种虚假的自由感。实际上，市场的自由运作背后恰恰限制了真正意义上的自由发展，例如资本对文化机构的垄断直接限制了大部分文化生产者的自由。有鉴于此，共同文化所提倡的正是自由参与的文化权利。其一，共同文化强调自由的文化制度。威廉斯认为提升文化活力的方式在于公开讨论、扩大联系，在实践中形成自由参与的文化制度。其二，共同文化强调选择文化的自由权利。威廉斯指出，在一个完整社会的所有活动中，文化传统可以看作是对前人所做的一种持续不断的选择和再选择，文化的选择有利于推动文化向前发展。同时，共同文化也将文化的自由选择看作是自我完善的一个重要部分。其三，共同文化强调创造文化的自由权利。在威廉斯看来，文化的本质就是一个自由创造的过程。创造性活动能够使得我们真正理解共同生活的性质，即通过创造性活动与整体生活方式之间的各种意义关联，人们能够发现解放自身以及社会的真正力量所在。

三，共同文化推崇平等合理的文化意识。我们知道，文化的多样性和差异性是人类文化长期发展的一种必然的结果，文化的差异与多样性才是构成现实的存在。威廉斯从来就不否认文化的差异化与多样化，实际上，威廉斯坚信，各种文化间的交流与碰撞是推动文化进步的关键所在。唯有充分尊重文化的多元性与差异性，我们才能共同构建一个真正意义上的共同文化。他进一步指出，文化冲突似乎不可避免，但是能够求同存异的根本，在于是否具有平等合理的文化意识。因此他对"平等"的理解本身也内含了文化多元化与差异化的合理性。对"平等"的追求的问题并非来自文化本身，而在于是否推崇平等的文化意识。具体而言：其一，文化平等是走向社会平等的基础。在威廉斯看来，共同文化的最终目的是实现社会的平等。事实上，"不平等"感是现代社会的一种重要体验，正是资本的介入导致现代社会日益贫富扩大，使得"不平等"成为这个时代社会畸变的显著特征。共同文化目的是弥合资本主义生产方式对现代生活所制造的"不平等"，弥合不同阶级之间的日益加剧的分裂。其二，共同文化拒绝文化上的等级意识。威廉斯指出平等不仅是精神状态，还是现实的物质存在。威廉斯指出对平等的诉求是基于大多数人在现实中所遭遇的不平等对待。在他看来，文化上的不平等日益渗透在人们生活的方方面面。因此为了消除生活中的不平等，不同文化间应该展开平等对话，拒绝文化上的等级意识。其三，共同文化主张对话间主体的地位平等。威廉斯认为，无论是精英文化，还是大众文化，都是文化意义和价值的创造主体，它们在整个文化的构建中是一种相互对话、相互补充、互相否定、互相协调的关系，所以也不应该有地位上的高低之分。总的来说，平等是构筑共同文化的重要前提，也是实现人类解放的前提，脱离了平等的基本权利，解放诉求也就无从谈起。

四，共同文化肯定"大众文化"的解放潜能。在威廉斯那里，共同文化的初衷就是为大众以及大众文化而辩护，其目的是大众的文化地位和文化权利，从而与精英文化主义展开斗争。在威廉斯那里，大众文化就是一种民有、民享、为民的文化，这也在根本上体现了文化思想鲜明的解放旨趣。首先，共同文化揭示了大众是社会发展的能动主体。威廉斯十分反对精英主义将大众看作无知的"群氓"，更不认可"大众文化"是低劣庸俗的文化。相反，他秉承历史唯物主义观点，认为大众才是创造历史的真正主体，正是大众能动参与才积极推动了历史的发展进程，肯定大众文化是构建社会历史发展的潜在积极因素。换句话说，"大众"体现的是人民性，有着重要的社会地位和历史功能。其次，大众文化有着自己的发展空间。威廉斯认为传统的精英主义文化通过对文化话语权的垄断遮蔽了大众文化的生存空间，这种对大众文化的偏见在根本上忽视了大众文化应有的发展空间。然而，文化作为一种整体的生活方式，它来自大众的日常生活世界。事实上，对文化的界定本身就是对精英主义文化的一种祛魅，其目的就是为了将不同意义上的文化有价值地结合在一起，从而实现精英文化与大众文化的和谐共存。最后，大众文化有着自己的发展形式。威廉斯认为共同文化的目的是构建一个和谐有机的文化共同体，也就是理想的未来社会。在他看来，理想的社会有赖于对自然生长的扶持，也就是说，它是"自然成长"的社会。而大众文化的发展形式蕴涵了扶持自然生长和积极创造的潜能，因此是构建理想社会不可或缺的重要组成部分。

总之，在威廉斯看来，共同文化的本意就是为了打破了少数人垄断信息的权利，扩展文化生产者的自由，合理地利用公共文化资源，最终是打造一个以大众为主体的自由民主平等的文化共同体。在此共同体中，一切个体都能获得自由参与文化创造的权利，并在文化创造中实现自身的价值，从而实现人的最终解放。

二、文化唯物主义凸显理论创新

"文化唯物主义"是"在历史唯物主义内有关文化的物质性和文学生产的特殊性的理论"。文化唯物主义就是要以文化分析为切入点，在反思与探讨马克思主义文化理论的基础上，重新确定马克思主义与文化理论的内在关系，进而同马克思主义建立起一种新的自觉联系。作为贯穿整个威廉斯文化思想的理论核心，文化唯物主义是其在把本土文化思想同马克思历史唯物主义进行有机结合的理论产物，也是其文化思想最具原创性的精华所在，其目的是凸显文化的整体性、物质性、过程性和实践性。

第一，明确文化的整体性与历史性。威廉斯在对文化概念的梳理和分析中就曾指出，文化所蕴含的强调人类能力的一种重要意义，就是"人类创造其自身的历史"。换句话说，文化关乎人类的自由和发展。通过对文化这个词的深入探讨。威廉斯在总结前人对文化的定义的基础上提炼了文化的主要四种意涵。一是指涉心灵的普遍状态或习惯，主要表达对完美观念的追求；二是指涉社会知识的普遍发展；三是人类艺术的普遍发展；四是由物质、精神、知识等构建的整个生活方式。威廉斯这几种定义综合起来，将文化界定为一种"整体的生活方式"，并且认为"文化"词义的变化真切地记录了人类社会的发展过程。为了深入阐释这种定义的特点，他提出了三种定义"文化"的尺度：理想型的文化定义强调某种永恒秩序或普遍价值；文献型的定义则是把文化看作是所记录的智力和想象的作品总汇；社会型的定义突出文化与特定生活方式之间的联系。在他看来，文化概念的定义是开展文化分析的前提和基础，否则就会丧失对文化整体性的判断。事实上，将文化界定为"一种整体的生活方式"也是意在说明人只有在整体的历史进程以及在社会的复杂关系之中才能实现自身的本质力量。

第二，突出文化的过程性与复杂性。一般来说，在传统马克思主义那里，经济基础决定上层建筑这个理论公式常常被视为马克思主义文化理论的基础，甚至习惯于被用来推导分析文化与社会的内在关系。其原因在于，人们将文化仅仅看作理智和想象的产物，而忽视了文化在整个社会生活中的复杂性与过程性。因此，在用这个公式来阐述文化的创造性特征时，其理论缺陷就会十分明显。威廉斯指出，马克思所提出的基础与上层建筑的公式只是一种带有启发式的类比，不能将其等同于现实的写照，否则就会产生牵强的谬误。威廉斯认为"基础"和"上层建筑"这一对概念只是一个比喻性的说辞，主要用来描述那些难以界定的政治文化等意识形态活动。事实上，在现实生活中文化并非仅仅只是抽象和静止的观念，而是直接渗透在日常生活中的动态因素。文化与社会现实生活之间的复杂关系决定了文化不是在"基础"之上而是在"基础"之中。因此，人为地将文化与社会分割开来，只会导致对马克思这个命题的片面理解。所谓的机械论和决定论就是因为忽视了文化与社会的内在联系，才导致对文化进行僵化的阐释。就此而言，威廉斯通过反思基础与上层建筑的命题，把文化从上层建筑中解放出来，重新激活了基础与上层建筑间辩证运动，唤醒了文化长期被掩盖的内在动力。

第三，强调文化的物质性与实践性。威廉斯在重新把文化界定为一种整体的生活方式的基础上，将文化理解为一种囊括各种关系的社会综合体，认为文化不仅是一种普遍的生活经验，还是一种重要的物质生产方式。实际上，生产长久以来被看作是一种创造力的正面价值，而对于"文化"的生产则常常囿于物质和历史条件的限制，只能在一定的文化框架范围进行。为此，威廉斯将马克思的这种唯物主义观点扩张到文化实践中来，通过对文化生产的物质方式、社会法律制度的进一步阐释，深化了马克思有关文化生产的内涵。威廉斯认为，文化活动本质上是一种物质生产方式，只有深入理解这一点，人们才能真正把握自身所处的社会关系。他通过剖析物质媒介与意义之间的复杂联系，批判了唯心主义将文化视作抽象观念或价值的观点，揭示了文化生产在物质生产中所承担的作用。文化唯物主义认为，文化在社会生产过程中具有建构现实的重要功能，它通过表征意义体现其实践性，并通过生产意义彰显其物质性。这种物质性与实践性相结合的特点，使得文化成为社会历史发展中不可或缺的重要组成部分。

第四，重视文化的动态性与批判性。为了调和结构主义和文化主义的理论之争，重启主体的革命解放意识，威廉斯批判吸收葛兰西的文化霸权理论，创建了文化动态结构理论，形成了全新的研究范式。具体来说，威廉斯在葛兰西霸权理论启发下，提出由残余文化、主导文化和新兴文化构成的文化动态结构，这无疑是其对文化认识的一个深化。在这种新的文化理论模式中，文化就不再是简单的由文化理想和文化经典所组成的静止综合体，而是一个动态的持续发展、演变、斗争、协商，不断收编、黏合的过程综合体。尤其在不同的社会阶级之间，文化往往成为争夺权力和利益的重要工具。因此，文化唯物主义认为文化是社会实践中诸要素互动而产生的结果，是一个充满斗争和蕴含解放的重要场域。

综上所述，文化唯物主义的理论特质主要体现在其物质性视角、社会过程观、能动性体现、实践意识观和阶级斗争观等方面。这些特质使得文化唯物主义在理解和解释文化现象时具有独特的视角和方法论，也为人们深入认识和理解文化与社会的关系提供了重要的理论工具。

三、与汤普森、霍加特的文化理念异同辨析

威廉斯、汤普森和霍加特作为英国文化研究的重要人物，他们的文化理念既有相似之处也有差异。这些差异不仅反映了他们个人的学术背景和研究方向，也体现了文化研究领域的多元性和复杂性。然而，尽管他们的观点和方法有所不同，但他们都强调了对传统文化的重视和对大众文化的关注，都认为文化与社会是密切相关的。这种共识使他们的研究在一定程度上具有了互补性和协同性，为我们更全面地理解文化马克思主义的发展提供了重要的视角和思路。考虑到汤普森和霍加特的文化理论与威廉斯的文化理论存在极为紧密的内在联系。通过对威廉斯与早期文化研究中的这两位代表人物——汤普森和霍加特的文化思想进行比较分析，可以更好理解威廉斯文化思想的理论特点。

汤普森与威廉斯都是第一代新左派的代表人物，他们都将学术热情投向了文化研究。对文化概念的阐释一度是他们二人争论的焦点，并且引起了整个新左派内部的广泛争论。威廉斯认为文化是一种整体的生活方式，包括知识、信仰、艺术、法律、风俗习惯等各个方面。而汤普森则更注重文化的历史性和社会性，认为文化是一种历史的积淀和传承，是人们在历史长河中不断创造和积累的结果。因此，他更关注文化在历史发展中的作用，以及文化如何影响和塑造社会。威廉斯首次对文化提出界定是在其代表作《文化与社会》一书之中，通过对文

化概念的考察、分析、探讨后，他将文化界定为一种整体的生活方式。在这里，威廉斯认为文化涵义的演变与社会历史的发展息息相关，它的发展变化就是对社会、经济、政治等等生活领域变革的一种持续反映，因此它处于不断变动的生成之中且与我们的生活紧密相连。正是鉴于文化的这种日常性、生成性、能动性等特点，威廉斯希冀通过建构一种"共同文化"来改造我们日常的生活世界。更为重要的是，他希冀通过"文化革命"的方式来实现人的最终解放。汤普森对威廉斯的文化观念持认可态度，但对于威廉斯对文化的定义，他持有不同看法。这是因为，在研究方法上，汤普森倾向于采用历史学和社会学等方法。他通过对历史的深入研究和分析，揭示出文化在历史发展中的作用和影响。这种方法使他能够从更广阔的视角理解文化，同时也使他的研究具有了一定的历史性和社会性。在汤普森看来，将文化定义为整体的生活方式无法深入揭示社会斗争的实质，这可能会将推动社会发展的真正动力导向抽象化的误区。此外，汤普森指出，威廉斯所倡导的共同文化理念在一定程度上忽视了个体在社会中的实际作用。在缺乏明确的阶级界限和差异性的情况下，构建真正的共同文化变得不切实际。因此，汤普森强调阶级斗争是理解和推动社会主义革命的核心基础。他认为，在文化的生产过程中，社会生产力和阶级矛盾的斗争与冲突发挥着至关重要的作用。为此，他将"整体的生活方式"修改为"整体的斗争方式"。在汤普森看来，在阶级社会主义的社会进程中，要表现不平等、剥削和权力关系的冲突，必须依赖一种革命性变革的理论。为此，他主张将总体性概念和阶级斗争理论相结合，形成"整体的斗争方式"。简而言之，汤普森认为威廉斯那种整体的生活方式遮蔽或是忽视了阶级的真正作用。

在探讨有关"阶级"作用的观点时，不难发现，汤普森在《英国工人阶级形成》一书中所提出的见解，对于理解阶级作用具有重要影响。汤普森的斗争理论相较于威廉斯的观点，的确更富有现实意义和革命活力，其立场更加坚定，理论更为彻底，这一点也在新左派内部也产生了广泛深刻的影响。威廉斯后来也在一定程度上认同并采纳了汤普森关于阶级的观点。他在分析阶级冲突与阶级斗争时，明确指出，前者是资本主义社会的固有矛盾，表现为绝对的利益冲突；而后者则涉及到自觉的持续努力，旨在改变作为阶级冲突基础的社会关系。实际上，威廉斯在界定以文化为整体生活方式的过程中，并未忽视阶级的作用。相较于一般革命观念中推翻旧有社会秩序、争取文化政治权利的诉求，威廉斯认为，当前更为紧迫的任务是解决文化和教育发展进程中所面临的各种障碍。换言之，威廉斯更多地从文化和教育发展的角度，来探讨阶级冲突和阶级斗争的意义。他明确表示，自己是在一个实质性的层面上，思考文化进步和民主实践的社会主义革命观念。

相较于汤普森，霍加特与威廉斯的文化理念有着更多的相似性。威廉斯与霍加特有着共同的家庭背景以及相似的成长经历，他们在学术路径上有着共同的志趣。正是霍加特的《识字的用途》与威廉斯的《文化与社会》一道开启了大众文化抵抗精英主义的先河。他们对工人阶级文化和大众文化所做的研究奠定了整个英国文化研究的理论基础。相较于威廉斯，霍加特对文化的理解更强调其地域性和民族性。他认为，文化是一个民族或地区的独特标志，反映了其独特的历史、传统和生活方式。因此，他更关注文化在塑造民族身份和地域特色中的作用。霍加特在《文化的用途》里深入工人阶级的生活世界，对工人阶级及其文化做出了深入的研究，从整体上探讨了工人阶级文化生成和变革机制。可以说，从工人阶级的日常生活入手来解读文化是霍加特与威廉斯最为相同的地方。只不过相对于威廉斯对工人阶级文化的政治诉求，霍加特更加倾向于从工人阶级生活的内部来分析文化。他将理论的重点聚焦于大多数人的日常生活，即从人们的日常生活态度、日常话语形式和日常生存环境中来追问文化的意义所在。通过对工人阶级日常共同的"经验"展开系统的分析和梳理，霍加特肯定了文化与生活的互动关系。总的来说，对工人阶级文化的探讨是他们二人最为重要的一个共同主题。在他们看来，文化研究的意义首先就在于为英国工人阶级找回革命的动力，即通过对工人阶级文化的救赎来推动社会的变革。工人阶级的成人教育是他们开展文化救赎的重要手段，二者都期望通过积极的教育方式提高工人阶级整体的文化素养，强化工人阶级的批判意识、分析意识和阶级意识。

霍加特与威廉斯的不同点在于，如何面对日益盛行的商业文化对工人阶级的不断冲击，他们提出了不同的看法。大众商业文化的日益流行削弱了工人阶级的共同经验，使之走向单一化与贫乏化，其背后隐藏的是资本主义意识形态在文化上的"收编"。针对这一现象，威廉斯认为霍加特的问题在于将工人阶级文化逐渐同这种大众商业文化混淆起来。换句话说，在霍加特看来，工人阶级已经丧失了自己的独立性。但是威廉斯却恰恰相反，他认为工人阶级与资产阶级最大的区别，并不是来自消费水平，而是他们具有不同的自然观和社会目的，正是由于不同阶级发展的"社会意图"不同，文化才呈现出一个动态发展的三元结构。事实上，威廉斯与霍加特之所以面对消费文化有着不同的态度，其根源还是在于霍加特在文化分析上过于"经验"，以至于忽视了日常生活背后还存在着不同的结构。为了突破这种"经验"的局限性，在研究方法上，威廉斯倾向于采用文本分析和结构主义等方法。他通过对文本进行深入的分析和解读，揭示出其中的文化含义和价值观念。这种方法使他能够更深入地理解文化，同时也使他的研究具有了一定的理论性和系统性。

综上所述，威廉斯与汤普森、霍加特之所以存在上述的理论异同点，究其根本，主要是因为他们对待工人阶级革命方式的理解不同。就汤普森来说，对阶级斗争的强调是整个汤普森文化思想的核心。在他看来，任何对历史唯物主义的阐释都不能脱离"阶级斗争分析"方法这个前提，因为历史唯物主义作为一种"解放理论"，只有在工人阶级的斗争中才能实现。因此，如果想创造革命，实现人的解放，形成工人阶级意识，就必须依靠工人阶级的斗争。正是基于这种斗争理念，汤普森表达了"文化作为一种整体的生活方式"遮蔽了文化是不同生活方式这一事实。在汤普森那里，阶级斗争是理解现实的个人、现实的社会关系以及历史总体的切入点，人的解放就是通过"斗争"争取而来。这种对革命的不同理解显然与威廉斯的有着一定出入。而对于霍加特来说，尽管他同威廉斯一样将工人阶级作为文化政治的解放主体，但是在看待工人阶级的主体能动性的问题上，他们二者有着不同理解。在霍加特看来，工人阶级的变革与解放有赖于其日常生活世界。他主张通过变革日常生活态度，提升工人阶级的道德情感、价值选择和文化态度，加强工人阶级在日常生活实践中辨识是非的能力，自觉推进群体的社会主义意识和生活态度的发展。从某种程度来说，这正是他过分依赖"经验"来推动工人阶级对自由和解放的一种具体体现。其结果就是，工人阶级在各种文化理论浪潮中逐渐丧失了自身的革命性。总的来说，威廉斯认为文化是一种整体的生活方式，而且从未否定文化内在斗争方式的存在。在他看来，文化不仅包含了斗争的生活方式，也包含了日常的生活方式，它是一段整体的、漫长的解放历程。

第三节　威廉斯文化思想的理论得失和启示

威廉斯作为英国文化研究的奠基人和西方马克思主义的重要代表人物，其文化思想是历史唯物主义与文化研究相结合的产物，根植于英国本土经验化的文化理论与西方马克思主义的理论成果。尽管他的文化思想对英国文化研究和文化马克思主义产生了深远的影响，但也避免不了在理论建构上存在着这样或那样的不足。为此，深入探究威廉斯文化思想的理论得失能够为当代中国文化建设提供有益的理论启示。

一、威廉斯文化思想的理论贡献

罗伯特·戈尔曼在《"新马克思主义"传记辞典》中评价雷蒙·威廉斯为"战后英国学识最渊博、最有成就、读者最广泛、影响最大的社会主义作家"[1]。也有许多学者将他看作是"英语世界最权威、最坚定、最有原创性的社会主义思想家"[2]。作为英国新左派的领军人物之一，威廉斯以跨学科的方式广泛研究了文学艺术、政治、大众传媒、哲学、历史等诸多领域的理论和现实问题，对践行社会主义提供了极富创见性的理论探讨。纵观其一生的学术生涯与实践经历，威廉斯始终坚持马克思主义的基本立场，以人的解放为终极诉求，并将文化领域作为开辟人类解放的疆场，不仅取得了丰硕的理论成果，还作出了重要的理论贡献。概括来说，威廉斯文化思想的理论贡献主要表现在以下几个方面：

第一，创建"文化研究"这一新兴学科。一般来说，对于文化的定义人们往往莫衷一是，对于文化的研究因而往往也是众说纷纭。实际上，文化研究与对文化的研究是两个既相互联系又有所区别的问题。广义的文化研究可被视为

---

[1] 罗伯特·戈尔曼：《"新马克思主义"传记辞典》，赵培杰等译，重庆：重庆出版社，1990，第852页。

[2] Robin gable, *Resources of Hope*: *Culture, Democracy, Socialism* (London and New York: Verso, 1989), p.4.

对文化的研究，即一切对文化问题的研究都可被视为文化研究。而狭义地理解，是将文化研究作为一门独立的新兴学科。就此来说，直到 20 世纪 60 年代伯明翰当代文化研究中心的成立，"文化研究"才正式作为一门跨学科的新兴学科走入人们的理论视野。

鉴于威廉斯对"文化研究"所产生的深刻影响，我们不得不将其视为"文化研究"的开创性人物之一。其对"文化研究"的影响主要有：其一，威廉斯为"大众"在文化研究领域中争取到了一席之地。他基于现实社会的共同经验来解读文化，并将文化定义为一种全面的生活方式，改变了传统上只将文化看作是高雅艺术或精英文化的产物，而是涵盖了人们的日常生活、社会关系、信仰、习俗等各个方面。这一定义不仅彻底批判了精英文化的立场，使得文化研究能够关注更广泛的社会现象，同时也对"大众"在参与文化建设中的重要作用给予了积极认可，从而拓宽了文化研究的视野。威廉斯提倡消除文化间的等级差异，以平等的视角审视精英文化与大众文化之间的差异，并否认它们在审美上存在的高低之分。其最终目的是实现两种文化的实质性共存，从而推动文化研究的全面进步。正是由于威廉斯对"大众"的正名，文化研究的目的不再停留于过去那种仅限于伟大理论作品的剖析，而是走向了更为广泛的"大众"日常生活世界。

其二，开启跨学科的研究范式。威廉斯的研究方法体现了跨学科的研究范式。他根据文化研究的理论特点和现实需求，开创了从多个学科视角综合研究文化的先河。在探讨各种文化形式和解决具体问题时，威廉斯始终从社会、政治、经济和文化的整体视角出发，深入探索它们之间的交互关系，寻找解决方案。他融合了社会学的制度分析、文学批评的文本分析方法、政治经济学的文化生产、分配、流通和消费理论，以及霸权理论来揭示文化的动态结构[①]。这种全面深入的研究方法和多样化的文化形式，使文化研究成为典型的跨学科研究。威廉斯巧妙地融合了历史主义、结构主义、符号学、马克思主义和女权主义等不同的理论话语，穿梭于语言学、人类学、文学批评、心理学、历史学、社会学、哲学等多个学科领域。

霍尔在评价威廉斯的文化思想时提到，威廉斯的文化思想能够为重新描述

---

① 陆扬、王毅：《文化研究导论》，上海：复旦大学出版社，2015，第 16 页。

社会主义提供一种全新的理论话语，特别是他所提供的文化分析方法在整个新左派政治理论中始终处于核心地位。简而言之，威廉斯对社会与政治的文化分析对于新左派理解现代社会的政治问题有着十分重要的作用。事实上，由此可见，文化研究的创建和发展并不是仅仅只是针对文化自身的研究，它更是一种从文化视域对政治和社会所开展的研究。

其三，推动文化与政治深度融合。如前所述，霍尔在评价威廉斯的文化思想时指出，威廉斯的文化思想为重新解读社会主义提供了新的理论视角，特别是他所提出的文化分析方法，在新左派政治理论中占据核心地位。简而言之，威廉斯对于社会与政治的文化分析，对于新左派理解现代社会的政治问题具有至关重要的作用。事实上，文化研究的兴起，初衷就是为了回应现实的政治问题。威廉斯等新左派成员将文化与政治紧密结合，可视为积极应对社会多元化发展和探索社会主义政治新路径的理论尝试。威廉斯从文化领域对资本主义所展开的全方位分析与批判，揭示出资产阶级意识霸权在文化领域中的建构过程与运作机制，为工人阶级重启革命动力，打破资产阶级的文化霸权注入了理论源泉。从根本上说，这种鲜明的政治意图不仅蕴含了对当下社会生活的深刻关切，更体现出一种为未来积极寻找替代方案而作出的努力建构。因此，文化研究的创立与发展，并不限于对文化的内部研究，更是一种从文化视角出发，对政治和社会所进行的深入研究。

第二，拓展与丰富了历史唯物主义的文化维度。威廉斯曾在《你是马克思主义者，对吧？》中表示，他更倾向于将自己定位为一个历史唯物主义者、共产主义者抑或社会主义者，而不是一个"马克思主义者"。实际上，他对自己所作出的这种描述很大程度上囿于特定时代以及他早年所接触的"马克思主义"的经历，他对"马克思主义者"的误读正是机械化和庸俗化理论模式下对"马克思主义"所进行的解读。但是，无论如何，他始终秉持马克思主义的一贯立场，遵循历史唯物主义的方法，探求社会主义的革命斗争。有基于此，文化唯物主义的提出意味着威廉斯不仅遵循和继承了历史唯物主义，还从文化维度拓展与丰富了历史唯物主义。具体来说，

其一，从文化维度重释了历史唯物主义中的"能动性"思想。他深入剖析了历史唯物主义的核心命题——"基础与上层建筑"，并揭示了二者之间的能动关系。在这一过程中，他将"上层建筑"纳入文化实践的范畴，从而摒弃了

传统上对"上层建筑"所持有的"被动式"和"反映式"的抽象理解。同时，他还将"基础"的活动视为一个动态过程，而非静态状态。通过采用"中介论"而非"反映论"的方式，他深入阐述了基础与上层建筑之间的能动辩证关系，从而有效避免了走向唯心主义的解读。

其二，从文化维度丰富了历史唯物主义中的"创造性"思想。历史唯物主义，从某种程度上讲，是一种深入解析人类社会发展的理论体系。威廉斯所阐述的核心观点在于，文化作为一种整体的生活方式，与社会整体之间存在着紧密而不可分割的联系。作为一种物质实践性的文化既是人类创造自身历史过程的精神描述，同时也是人类创造自身历史的全部生活方式。就此而言，脱离文化的唯经济论无法从真正意义上揭示社会发展的普遍规律。

其二，从文化维度拓展了历史唯物主义中的"主体性"思想。"现实的人"是贯穿整个历史唯物主义的一条重要原则，它所凸显的是社会历史的整体发展从来离不开作为实践主体的"现实的人"。换言之，是现实的个体通过实践活动塑造了自身的活动和物质生活条件。威廉斯从日常生活的视角审视"主体"的生存状态，认为现实的人即日常生活中的生动个体，现实的主体是特定社会感觉结构的经验产物。他特别强调"经验"在文化实践中的关键作用，并揭示了这种经验对主体的影响。威廉斯认为，主体在现实生活中通过实践活动构建自我，不同的实践塑造了不同的主体，进而形成了各异的生活方式，这些生活方式的总和构成了文化。因此，威廉斯从文化维度对主体性进行了深入的解读，进一步肯定了"现实的人"的重要理论意义。

其四，从文化维度深化了历史唯物主义中的"阶级性"思想。马克思和恩格斯曾强调人类历史就是阶级斗争的历史，注重阶级分析是历史唯物主义的一个重要方法。在威廉斯看来，将阶级看作一个无关紧要的过时概念的观点是无法成立的，现代的社会体系仍然是建立在阶级基础之上的。文化的阶级性和不平等性恰好佐证了我们的社会仍然是一个阶级的社会。为此威廉斯始终站在工人阶级的立场上，从工人阶级文化入手对资本主义的生产方式展开深入批判，旨在从工人阶级的生活方式中找到打开构建未来社会主义社会的新密匙。

其五，从文化维度强化了历史唯物主义的"实践性"思想。威廉斯深入探讨了语言及各种文化机制在构建社会中所隐含的社会作用与权力，并从社会物质生产的多样性与社会关系视角，详细阐释了"意义与价值"的形成过程。这一研究不仅从语言学维度扩展了"实践"的范畴，更揭示了语言所具备的独特的"表意实践"与"社会表征"功能，从而进一步丰富了实践的文化内涵。

第三，从文化维度丰富与发展了马克思主义的解放思想。威廉斯曾表示，共同文化的构建不是为了一种抽象的理念，而是因为我们需要这种理念才能生存下去。威廉斯认为，在现代社会中，尽管存在各种文化差异和冲突，但也有可能形成一种共同文化。他认为，这种共同文化并不是一种强加于人的统一文化，而是一种基于共同的社会经验和价值观念的文化。这种探索对于促进不同文化之间的交流和理解，以及构建社会主义具有重要的启示意义。在他看来，共同文化所秉持的是全人类的发展视角，它遵循的是人类解放的价值维度。实际上，威廉斯共同文化思想与马克思哲学的人类解放维度具有高度内在统一性，是马克思对人的解放研究和探索的逻辑展开。

众所周知，马克思的全部思想都是以现实的人为起点的，其本质是一种充满了解放意蕴的理论学说。对马克思来说，真正的解放是每一个人的自由而全面的发展，是人和人类社会的理想目标和必然归宿。"解放"是一种实践过程，但它更是一种观念和思想方式。从这个角度来说，威廉斯可以被看作是从文化领域积极践行这一原则的"马克思主义者"。他从文化维度继承与发展了马克思主义的解放思想，特别是继承与发展了马克思主义有关解放的整体性意蕴。如果说人的解放是贯穿整个马克思主义理论学说的主线，那么整体性就是人的解放内在规定性。因为无论是从历史性上来看，还是从共时性来理解，人的解放始终是作为一个整体过程的具体展开。正因如此，威廉斯在关注人的解放问题时也始终注意把握解放的这种整体性。在他看来，文化是一种整体生活方式，文化解放就是有关整体生活方式的解放，是有关"整体性"的解放。它既包含了社会、经济、政治、文化等各个领域，又贯穿历史发展的不同阶段，只有整体性的解放才是人的真正解放。可以说，他所提出的"共同文化"本身就是这样一个重要的整体性概念，其终极目标就在于真理的发现或人类的解放。共同文化的宗旨是让人类大众能够全面自由地参与到社会历史的发展中来，最终目的就是要构建一个整体具有生活意义和价值的文化共同体。在文化共同体那里，每一个个体都能在文化实践中创造价值和意义，从而实现整体生活方式的解放。

值得一提的是，威廉斯不仅继承了马克思主义的解放理念，他还将其付诸现实的解放实践，即通过社会主义运动的形式来实现人的解放。他主张从文化领域来构建平等、自由、民主的社会主义社会，在他看来，一个成功的社会主义运动不仅是一场有组织的现实运动，更是一场极富感情和想象的运动。"漫长的革命"就是他对这种运动、价值、意义的感知。为此，他借助于"文化革命"的方式一方面对当下社会进行详尽批判，另一方面为践行人类全面发展的目标提供一种现实依据。正如他反复强调的那样，推动漫长的革命得以进行的人类源自这么一种信念，即坚信通过破除旧的社会形式所造成的各种压力和束缚，通过发现新的共同的制度，人能够主导自己的生活。

二、威廉斯文化思想的理论局限

虽然威廉斯的文化思想对于我们在当前如何坚持与发展马克思主义具有重要的理论价值，但是它的理论建构中也存在一些问题和局限，还有值得商榷和有待甄别的具体观点。只有客观理性地对待他的理论缺陷才能真正做到"取其精华，去其糟粕"。概而言之，威廉斯文化思想上的理论缺陷主要有以下几个方面：

一，模糊了"文化"的作用。威廉斯将文化定义为"整体的生活方式"，并赋予其能动性、实践性和物质性的特点。他这样做的目的是强调社会历史发展的整体性，以便从整体上把握社会内部各因素间的相互关系。这一做法虽然打破了传统观念中的机械决定关系，但也在一定程度上夸大了文化的作用。伊格尔顿在《文化的观念》一书中对此进行了批评，他指出了两个明显的弊端。首先，所谓的"生活方式"是一个模糊的概念，无法确定其多样性或单一性。其次，"整体"这一概念也是抽象的，其范围难以界定。因此，所谓的整体的生活方式成为了一个难以明确界定的概念，无法真正把握文化的作用。此外，伊格尔顿还对威廉斯赋予文化实践以物质性的做法表示质疑。他认为，文化实践具有物质性，必然导致物质性的泛化，从而使"文化"这一概念失去其应有的逻辑力量。文化作为一种解放力量，只能涉及社会的某个领域和部分，并不能真正解放生活的全部。因此，伊格尔顿的批判在一定程度上削弱了文化作为一种总体解放的效力。

二，渐进的改良主义。威廉斯曾将文化与政治深度融合以期寻找革命的"第三条道路"，他从文化领域视域对社会主义运动的构想的确提供了一条不同于暴力革命的解放道路。不可否认，他对整个资本主义体制的批判态度是彻底的和坚决的，但他从文化领域开展漫长革命的方式却值得商榷，因为从某种程度上来说这种革命更像是一场渐进式的改良革命。针对这一问题，汤普森就曾明确地指出：威廉斯所倡导的革命方式过于温和。在汤普森看来，威廉斯一味强调文化在社会中所起的作用，但抛弃了斗争和权力在现实生活中的强大力量。实际上，威廉斯之所以拒斥暴力的革命斗争，主张毛细血管式社会改良的根本原因在于：一方面他高估了文化对人的塑造能力，另一方面他也低估了当代资本主义社会中没有被改变的阶级政治、社会结构等其他一切因素，也极大地低估了资本主义国家的政治权力。因此他所提倡的文化革命，在某种程度上来说只能是一种妥协式的改良革命。

三，泛化的跨学科研究。威廉斯所开辟的跨学科研究方法为整个文化研究奠定了方法论基础，之后的文化研究基本上也都遵循着这种跨学科的路径。需要承认的是，跨学科的研究范式的确打破了各个学科之间的界限和壁垒，使得综合型、交叉型的新知识、新概念和新方法得以产生。但也要注意到，任何学科的发展都有着自己的理论特点和方法基础，还有自己的学科边界和研究范围，因此毫无限制、不加区分地进行学科综合，势必导致文化研究在理论建构过程中"无根可循"，而对对象的泛化研究也导致目标上"无的放矢"。伯明翰文化研究中心最终走向衰落便是一个很好的例证。虽然它的最终陨落与其"去政治化"的理论方向有着很大关系，但是这种跨学科的文化研究方式本身也起到推波助澜的作用。值得一提的是，文化概念的不断拓展，文化对象的日常化、琐碎化、多样化都最终致使文化研究从大众文化批判转向了对其进行不断地阐释、阅读、解构，其结果就是"文化"丧失了本来应有的批判维度。为此，我们必须警惕跨学科研究方法的"泛化"，以避免造成对解放主体的消解。

四，弱化了经济基础的力量。众所周知，经典马克思主义注重强调"经济分析"在整个资本批判中的重要地位，旨在通过经济维度实现对资本主义生产方式的瓦解。马克思从资本主义的经济关系出发，通过对资本主义社会异化劳动和雇佣劳动的考察与剖析，形成了资本主义批判理论，因此经济的优先性在整个马克思理论中的地位不言而喻。而威廉斯所开创的文化唯物主义，坚持反对将文化看作是经济活动的派生物和附属物，强调文化本身就是社会发展构成中的一种重要力量，主张把文化和经济看作同等重要的理论范畴。事实上，尽管威廉斯对"基础与上层建筑"命题的反思解冻了文化所蕴含的解放力量，但是也因此弱化了经济基础对上层建筑的作用。在某种意义上来说，文化唯物主义在无形中遮蔽了传统政治经济学批判的重要作用。实际上，就当前社会的发展现实来看，经济力量仍然是变革资本主义生产方式的主要力量，因此在文化领域挖掘解放力量的同时不应否定经济优先的前提，否则仅仅依靠文化的解放力量无法实现真正的历史变革。

五，自相矛盾的思想阐述。威廉斯文化思想有着自身独特的发展脉络，在不同理论的影响下不可避免地产生了一些理论盲点，甚至还存在着自相矛盾的局限性。一方面，威廉斯将文化界定为整体的生活方式，其本意是为了强调整体内部各要素之间的关联。但是把文化作为一种社会总体性的文化，容易导致一种明显的泛文化的境地，从而模糊了文化、政治、经济之间的界限和功能。同时，这种界定也容易将社会问题简化为某种单一的文化语境，进而导致文化研究陷入某种抽象的境地。另一方面，威廉斯文化思想对"经验化"的强调也存在着一定的弊端。这是因为在威廉斯那里，对"经验"的强调离不开具体的历史经验细节，而这种封闭僵化的结果也势必难以构建坚实的理论话语体系，进而无法提升其文化批判理论的深度与广度。当然，尽管威廉斯的文化思想有着这样或那样的理论局限性，但是这并不能否认他从文化领域对马克思主义理论发展所作出的贡献，他的文化思想对于当代中国的文化建设也具有启示意义。

三、对当代中国文化建设的理论启示与现实意义

文化是一个国家、一个民族的灵魂，它体现了民族的精神风貌、价值观念和历史文化传统。改革开放以来，中国在经济、社会和技术方面取得了巨大的进步，人民的生活水平不断提高，社会财富也在迅速积累。然而，随着社会的进步，社会关系也变得日益复杂，这推动了社会、经济、文化结构的深刻变革。在这个新时代的社会发展背景下，满足人民日益增长的文化需求已经成为时代赋予我们的新使命。因此，如何借鉴西方先进文化的发展经验，结合中国特色，走出一条符合中国特色社会主义文化建设总体要求的道路，成为了我们当前面临的重要课题。

威廉斯的文化思想根植于西方现代社会，他深入研究了现代社会发展的困境，并提出了许多富有原创性和启示性的理论见解。威廉斯的文化思想不仅继承了马克思唯物史观的分析视角，还广泛吸纳了人文社科领域的最新研究成果。

他强调文化与社会、经济、政治的紧密联系，认为文化不仅是社会现象的反映，也是社会变革的推动力量。威廉斯认为，文化不仅是艺术和文学的表现，更是人们日常生活的重要组成部分，是人们在社会交往中形成的共同价值观和行为规范。在当前的文化建设中，威廉斯的文化思想为我们提供了一种全新的视角和思考方式，有助于我们更好地理解和应对当前文化建设中的挑战与机遇。

第一，威廉斯从"大众"的视角为我们坚定了中国当前文化建设的前进方向。与我国的文化建设主旋律相吻合，大众文化建设着重以社会主义核心价值体系为指引，积极发掘富有积极意义的大众文化形式，推崇那些兼具先进性和思想性的优秀作品。在贴近生活、贴近大众、贴近实际的原则下，它致力于满足大众对文化发展的权利诉求和现实需求，从而充分发挥"大众"在文化建设中的核心作用。大众文化不仅反映了"大众"的价值追求，而且体现了社会发展的时代特征。

在此背景下，威廉斯的大众立场为我们的大众文化建设提供了宝贵的启示。威廉斯认为，文化源自大众的意识和实践，是生活的生动体验。文化作为一种整体的生活方式，其发展离不开大众的参与。他强调，文化不是"少数人"的特权，而是通过"自下而上"的视角展现了大众作为一个能动、社交的群体，而非传统精英主义所描述的乌合之众。这突显了"大众"在文化建设中的天然合法性。此外，威廉斯指出，"大众文化"的发展为真正的大众民主创造了可能性。在他看来，大众文化不再仅仅是主流意识形态的传播工具，而是成为大众争取权力、反抗霸权的话语平台，使得大众的各种思想、声音、利益和诉求得以充分表达。

威廉斯还强调了大众文化的解放潜能。在整个英国文化马克思主义的发展过程中，大众文化一直是理论家们关注的焦点。大众文化与政治的紧密联系构成了其理论叙述的核心。对大众文化的研究实质上是对人类自由和解放的探索。威廉斯秉持马克思主义人类解放的价值取向，对大众文化建设持积极态度，试图从中挖掘出抵制的潜能和反抗的途径，以实现大众的最终解放。因此，结合我国文化建设的实际，借鉴威廉斯的大众文化思想有助于推进马克思主义的大众化。通过将理论与实践相结合，以先进的马克思主义理论引导大众文化建设，使马克思主义成为广大人民群众的共同理念，融入日常生活方式之中。

第二，威廉斯的文化分析方法为我国当前处理传统文化问题提供了重要的参考。"文化"是一个民族的生活方式的具体体现，而传统文化是一个国家民族在长期的社会实践中所积淀的物质文明和精神文明的文化遗产，是民族特有的思维方式的精神表达。需要指出的是，当前中国正处于向现代社会快速转型的时期，现代化的多元价值不可避免地对中国传统文化范式构成了一定的挑战。为此，在我国当前的社会转型期，如何在现代化进程中创新性发展、创造性转化传统文化成为了文化建设的重要课题。威廉斯主张在具体的社会语境和文化变迁中来思考和看待文化，即通过整个生活方式中各个因素之间的关系来阐明文化的意义和价值，从总体上来把握文化与社会发展之间的规律与走向。他在《关键词》中强调，在社会、历史变迁的过程中，意义与关系往往是多样化与多变的，因此我们从词义的变迁中既要看到过去与现在的关联，也要看到文化发展中的变异、断裂与冲突，文化的变迁以及词汇的特定表达在一定程度上都彰显或遮蔽了相应的社会历史意义。对我们来说，20世纪以来的中国经历了从传统到现代、从封闭到开放的社会发展历程。激烈的社会转型、动荡的历史变迁、剧烈的文化洗礼成为这一时期最为显著的特征。从这个角度来说，威廉斯的文化分析方法为我们重新定位传统文化在现代社会中的发展提供了很好的思路。针对当前的文化建设的问题，一方面我们的确需要在传统文化中寻求有助于当代社会发展的文化资源，另一方面我们也必须站在时代的高度，结合具体的历史文化语境对其做到取舍有度，合理利用。

第三，威廉斯的文化共同体思想为构建人类命运共同体提供了一个可能的理论支撑。21世纪以来，全球化的发展使世界关系日益紧密，各国相互联系、相互依存、相互合作、相互促进的程度空前加深，文化和文明的多样化遂成为当前世界的一个重要特征，多种文明如何相处成为当前国内外共同面临的现实问题。在这种背景下，我国着眼于人类发展和世界前途，提出打造人类命运共同体的中国理念与方案，以期建设一个持久和平、普遍安全、共同繁荣、开放包容、清洁美丽的新世界。从这个意义上说，威廉斯所构筑的文化共同体思想显然与中国理念与方案在理论内核上保持着高度的一致。从"求同"的角度来看，求同是我们顺应发展的客观要求，面对多样化文化格局，我们必须坚持立足于在不同文化契合中，在遵循共赢文化逻辑的基础上谋求一种"共同文化"。威廉斯所强调的正是人们在意义和价值的创造中所追求参与的一种自由的、奉献性的共同过程。文化共同体就是在注重生命平等的前提条件下，让所有人都能够共同参与、共同创造和共同享有的文化，它旨在促进人与人之间的有效交流，保障人类社会生存与发展。从"存异"的角度来说，人类文明多样性是世界的基本特征，正是文化和文明的差异性才使得世界绚丽多彩。"差异化"本身并不是冲突的原因所在，真正的问题是需要我们在尊重差异化的原则下展开平等对话，以求打破现实中的文化壁垒。威廉斯所主张的共同文化并不是一种同质的文化，它是由差异化的个体共同参与建构，这种共同文化并非由统治阶级或霸权国家以意识形态的方式强加于大众，而是在尊重文化多样性、差异性和复杂性的基础上走向共同发展的文化自觉。从"归宿"的角度来说，"人类命运"指的是人类存在的主要目标、基本状况、基本问题及其解决方法，关乎整个人类的历史、现状和未来。威廉斯将"人类解放"作为其整个文化思想的价值诉求和理论归宿，构筑文化共同体的本意就是要为"人类命运"寻找一套整体可行的解放途径，从而实现人的全面自由发展这一终极归宿。因此，威廉斯文化思想中所蕴含的价值理念，对我们在多元化和全球化的时代背景下构建人类命运共同体具有积极的启示意义，为我们提供了宝贵的理论参考。

综上所述，威廉斯的文化思想对于我国当代文化建设具有重要的理论参考价值。通过深入研究威廉斯的文化思想，我们可以更好地认识文化在社会发展中的作用，为推动我国文化建设提供有益的启示和借鉴。同时，我们也应该意识到，文化建设是一项长期而艰巨的任务，需要我们在实践中不断探索和创新，走出一条符合中国特色社会主义文化建设总体要求的道路。

结　语

在英国的文化研究领域，雷蒙德·威廉斯（Raymond Williams）是一位不可忽视的重要人物。他作为英国文化马克思主义的代表人物，成功地将马克思主义理论与英国本土的文化研究相结合，通过不断汲取和融合其他文化理论的理论成果，形成了自己独特而丰富的文化思想。威廉斯的学术贡献不仅深化了我们对文化的理解，还为历史唯物主义的发展注入了新的活力。威廉斯对文化的理解突破了传统的局限。他强调文化是整体的生活方式，意味着文化是一个不可分割的整体，而非仅仅是经济活动的附属品。在威廉斯看来，文化与政治、经济、社会之间存在着密切共生的关系。这种共生关系使得文化不再是上层建筑的一部分，而是与经济基础相互渗透、相互影响的。这种理解方式打破了文化与经济之间的机械性决定关系，赋予了文化以整体性、复杂性、实践性和物质性的特征。他进一步指出，文化是一种具有自身独特性的社会实践，这种社会实践不仅受到经济基础的制约，还通过个体的创造性和主观能动性对经济基础产生影响。因此，文化不仅是社会的产物，还是推动社会变革的重要力量。

威廉斯的文化思想为我们理解和分析当下社会文化现象提供了重要的视角。他深入阐述了文化的物质性和生产性，引导我们关注文化实践背后所蕴含的物质基础和社会关系。在威廉斯的理论框架中，文化唯物主义占据了核心地位。他通过将"文化"与"唯物主义"相结合，强调了文化活动的物质形态和文化实践的基础性作用。这一理论打破了传统马克思主义对文化与社会关系的既定认识，赋予了文化以物质性和生产性的实践内涵。这种实践活动的深远意义在于，它不仅塑造了个体的思维方式和行为模式，还推动了社会的演进和变革。此外，威廉斯对文化整体性的重视也提醒我们在分析评价文化现象时，必须全面考虑文化与其他社会领域之间的相互作用和深远影响。

威廉斯文化思想彰显的是一种整体性的解放意蕴。他认为文化是一种整体生活方式，所以它的解放必然就是有关整体生活方式的解放，也是有关"整体性"的解放。在他看来，解放既涉及社会、经济、政治、文化等各个领域，又贯穿历史发展的不同阶段，只有整体性的解放才是人的真正解放。依照马克思解放思想的整体性逻辑，解放由政治解放、社会解放与人类解放三个部分所构成。为此，威廉斯以文化主体来切入工人阶级革命实践意识，从而阐释其政治解放思想，以文化生产来入手对现代资本主义社会的文化批判，从而展现其社会解放思想，从文化共同来建构理想的社会主义图景，从而揭示其人类解放思想。尤其是他对共同文化的阐述是对马克思主义解放思想的真正继承与发展，构建了一个人类大众能够全面自由参与的整体生活意义和价值的文化共同体，以期保障每一个个体都能在文化实践中创造价值和意义，从而实现整体生活方式的解放，从根本上彰显马克思主义的价值旨趣。

威廉斯的文化思想致力于应对当前资本主义政治与文化的复杂交织，积极推动民主进程的发展，并试图从文化角度探寻社会主义的解放之路。为了打破少数人垄断信息的权利，扩展文化生产者的自由，合理地利用公共文化资源，最终实现打造一个以大众为主体的自由民主平等的理想社会，威廉斯确立了以生命平等为前提，以与邻为善为内核，以自然扶持为导向的重要原则，提出通过文化扩张的有效途径来预设理想的社会主义道路。正是这种对社会主义道路的不断探索，再次重申了社会主义不是一种只能停留在纸上的空想理论，而且还是一种实践运动和一种理想的社会制度。

威廉斯文化思想在整个文化研究领域中发挥着承上启下的作用，推动了"文化研究"这一新兴学科的发展，为积极应对社会生活多元化发展和走出社会主义政治困境提供了一种理论尝试。他从英国传统文化批评理论那里汲取营养，批判性地吸收英国利维斯主义的批评传统中有关文学道德培育、文化批判模式、文本分析方法、大众审美机制以及民族志研究的重要理论方法，奠定了英国早期文化研究的理论基础。他在综合吸收阿尔都塞的结构主义和葛兰西的文化霸权理论基础上阐述了文化三元动态结构理论，从而调和了文化研究中期的文化主义与结构主义的争论。他在语言学和历史符号学的理论建树也为文化研究的后现代转向提供了一定的理论素材和理论启示。可以说，威廉斯的文化思想始终贯穿于整个文化马克思主义的主要发展脉络。他不仅肯定了文化领域对工人阶级的解放作用，将文化阐释为斗争和解放的重要场域，还将文化的解放力量推向更为开阔的语言表意世界。

威廉斯的文化思想之所以是一种重要的理论范式，主要因为其文化思想有着十分深刻的社会学意义。一方面，威廉斯认为文化问题向来不是孤立地存在于社会之中，文化作为一种整体的生活方式必定与社会历史发展紧密地联系在一起，因此只有通过对大量社会现象和复杂的社会过程予以研究，才能真正把握文化的发展脉络。另一方面，文化被视为一种物质性的生产活动，文化生产就是一种物质的、社会的过程，且在社会历史发展中发挥着重要的作用，因此在这个意义上，他又将其文化思想称之为文化社会学。可以说，文化生产作为威廉斯文化社会学思想中的核心概念，正是他对现代社会展开文化分析的重要切入点。他从文化生产入手来聚焦现代社会危机，围绕由资本主导的现代化进程中的现代工业、现代技术、现代城市等问题进行相关探讨，展开对现代资本主义社会的文化批判。总之，威廉斯的文化思想不仅表达了对现代社会的现实思考和理论关怀，还对未来社会的构建提供了诸多开放性和前瞻性的启示。

威廉斯作为文化研究的开拓者和集大成者，其文化思想中还有着丰富前景和有待深入的广阔境地。一般来说，文化研究的核心就在于去探讨文化是如何影响人们的日常生活，它通过不断阐释日常生活中交织着的各种权力关系，揭示了文化的变革潜能。文化研究所关注的各种方式的文化实践，就是权力在人们的日常生活和社会形态中的一种博弈。实际上，结合当前发展的语境来看，全球化下的文化冲突背后就是各种权力寻求支配的一种显现，对我们来说，如何寻找到平衡当下权力关系的着力点应是文化研究最为迫切需要解决的问题。为此，深入挖掘威廉斯对文化研究的理论贡献应该是进一步开掘其文化思想价值的增长点，毕竟在他那里，文化承载了积极和希望的力量。

作为文化研究的奠基人与集大成者，威廉斯文化思想中蕴含着丰富的潜在价值与待探索的广阔领域。一般而言，文化研究的本质在于剖析文化如何渗透并影响人们的日常生活，通过深入解读日常生活中复杂多变的权力关系网络，揭示文化所蕴含的变革力量。文化研究聚焦于各种形式的文化实践，这些实践实际上是权力在人们日常生活和社会构造中的一场较量。在当前全球化语境下，各种文化冲突的背后实际上是不同权力主体寻求主导权的体现。因此，对于我们而言，如何在当前复杂的权力关系中寻求平衡点，已成为文化研究面临的重要课题。为此，进一步挖掘威廉斯文化思想的内在价值仍具有重要意义。毕竟，在威廉斯的那里，文化承载着积极与希望的力量。

余 论

城市意象批判与城市图景建构
——雷蒙·威廉斯城市文化思想探析

摘要：雷蒙·威廉斯从文化分析的角度审视了英国近代以来的城市化进程，对城市空间的变迁作出了深刻的文化解读。他通过分析城市所承载的意象和观念，揭示当前城市危机的根源在于资本主义的发展模式，强调唯有不断抵抗资本主义才有化解危机的可能，并由此提出了共同文化的城市构想。城市马克思主义的兴起，重新唤起了威廉斯城市文化思想的内在价值与意蕴。从城市意象的批判到城市图景的建构，他始终将文化分析同资本主导城市化进程进行勾连，这种从文化变迁中透析资本主义城市发展趋势的研究方法，为批判城市异化现象注入了新的理论活力。因此，威廉斯的城市文化思想不仅为城市马克思主义提供了一条不同的研究路向，也为深入理解当代资本主义的发展逻辑提供了全新思考。

关键词：雷蒙·威廉斯；城市意象；文化研究；资本主义

Abstract: Raymond Williams examined the process of urbanization in modern England from the perspective of cultural analysis, and made a profound cultural interpretation of the changes of urban space. By analyzing the images and concepts of cities, he reveals that the root of the current urban crisis lies in the development model of capitalism, stresses that only by constantly resisting capitalism can the crisis be solved, and thus puts forward the concept of a city with a common culture. The rise of urban Marxism has revived the intrinsic value and implication of Williams's urban cultural thought. From the criticism of urban image to the construction of urban landscape, he always associates cultural analysis with the process of capital-led urbanization. This research method, which dialyzes the development trend of capitalist cities from cultural changes, injects new theoretical vitality into criticizing the phenomenon of urban alienation. Therefore, Williams's urban cultural thought not only provides a different research direction for urban Marxism, but also provides a new thinking for understanding the development logic of contemporary capitalism.

Key words: Raymond Williams; The Idea on The City ; Cultural Studies; Capitalism

针对城市的异化问题，早在 19 世纪马克思与恩格斯就从资本生产的角度展开对现代城市发展的思考，将城市看作是"资本生产与交换赖以集中与扩张的价值形式的地理场所表现"[1]，强调城市乃是资本主义生产方式得以产生、维系和扩展的重要平台。尽管囿于特定的历史条件，马克思与恩格斯未能将其城市思想形成为一个系统化的理论体系，但是从资本主义生产方式来透析城市的发展无疑为理解现代城市问题提供了研究指南。以亨利・列斐伏尔、大卫・哈维、曼纽・卡斯特为代表的城市马克思主义学者在继承马恩的基础之上，尝试在资本主义生产方式理论框架下从不同视角对城市发展问题予以重新阐释，通过批判资本主义城市化进程所带来的各种矛盾、危机，探寻实现城市正义的解放道路，从而开创了城市马克思主义的理论流派[2]。

城市马克思主义的兴起，丰富和深化了马克思主义城市政治思想，拓展了马克思主义对当代社会批判的理论视野，也重新唤起了雷蒙・威廉斯（Raymond Williams）城市文化思想的内在价值与意蕴。作为 20 世纪英国著名的马克思主义理论家，文化研究奠基人，威廉斯同样认为要想把握现代人的生活状况，理解现代城市十分关键。只不过与列斐伏尔、哈维、卡斯特等侧重从资本积累或消费的视角来审视城市危机的学者不同，威廉斯注重从文化研究的角度来剖析城市发展的问题。正因如此，本文将基于城市马克思主义的理论旨趣，以"城市意象"为核心线索，重审威廉斯的城市文化思想的价值与意义。

一、城市生活形塑城市意象

威廉斯曾从词义变迁的角度指出，"城市（city）"这个词在13世纪就已存在，用以指涉重要或理想的"定居地"。16世纪后，随着都市生活的日渐重要，从而有了区分乡村（country）地区与城市地区（urban）的新用法。到了19世纪，工业革命促使城市生活的快速发展，导致"城市"一词特指英国首都伦敦。至此，"城市不仅作为一个独特类型的定居地，还隐含着一种完全不同的生活方式以及现代意涵"[3]。为了更好地从文化维度来剖析现代城市的发展，威廉斯不仅从词义上考察了城市的起源，还深入考察了近代以来的英国文学作品（包括诗歌、戏剧、散文、小说、随笔）中围绕城市发展所形成的各种意象和观念。

首先，威廉斯认为文学作品为理解城市变迁提供了现实的文化素材，通过梳理这一时期有关"城市"发展的各种意象与观念，可从文化层面上对英国近代以来的城市化进程作出深刻解读。他将文学作品中为了回应城市发展而产生的现代思想主题归纳为五个类别。第一个是由城市发展而带来的陌生主题。现代城市作为"一群陌生人"的效果是现代城市生活最为首要和直观的体验，而个体在人群中的孤独寂寞则是这一陌生感觉的深刻延续。如诗歌《一个城市的毁灭》《一座伟大城市中的孤寂》和《恐怖的夜之城》等都展现出个体在城市中所体验到的极度孤独与痛苦。第二个是由城市扩张所带来的异化主题。威廉斯认为孤独与城市之间的联系扩大成为了主观或社会意义上的异化，如《玛丽·巴顿》《董贝父子》以及《阴曹地府》就将人与人、人与社会之间的异化关系表现得淋漓尽致。第三个是由城市黑暗面所带来的"神秘"主题。这种"黑暗"主要表现为文学作品里一方面开始关注城市里的各种犯罪事实，如柯南道尔的《福尔摩斯探案集》，另一方面通过现实主义的手法展现了"黑暗地区"的贫穷和可怜。第四个是城市被看作人类团结的新基点的主题。例如华兹华斯、狄更斯、恩格斯等都看到了城市里所蕴含的有关团结的新可能性。实际上，工人阶级和革命团结等新兴词汇都与城市息息相关。第五个主题是城市发展所带来的积极方向。由于城市物质条件的改善，城市展现出巨大的活力、变化、自由的多样性和流动性。同时这种对物质性的强调也恢复了城市作为一个光明和学习之地的传统意喻。由此可见，城市意象是城市经验（经历）的社会产物，围绕城市发展所形成的各种意象和观念正是人们在城市生活中的经验写照和情感概括。

其次，威廉斯认为城市意象揭示了城市化的内在特质，集中体现了现代城市的发展态势和特征。第一，城市空间具有流动性和孤立性。"现代性"体验所强调的那种"稍纵即逝"的实质就是流动性，城市就是这种流动性变化最为明显的社会和视觉体现。城市发展所带来的持续流动性不仅给人们造就了对这种时间体验的恐惧感，还催生了在城市空间里孤立和疏离的窒息感。用波德莱尔的话来解释，城市的这种社会特点——转瞬即逝、无法预测，还有它那实质性的令人激动的隔绝和人事变迁——被视为人类整个生活的现实。第二，城市意识追求创新性和持续性。一般来说，作为精神或文化意义上的现代性与社会变化有着紧密的联系，它的核心在于强调精神或文化上有关"新"的形式或体验，这种创新性和持续性也逐渐成为文化现代性的一种意识形态。如果说"乡村"通往过去，那么"城市"就意味着未来，"都市经验催生了有关未来的经验"[4]。的确，早期的现代主义在社会变化中发挥着前导、先驱和证明的重要作用，但它同样也对城市意识产生了深刻的影响，后来的城市进步主义对于未来盲目乐观的自信就是最好的例证。第三，城市形态展示出复杂性和开放性。各种文化关系都是对开放、复杂和有生气的社会过程的一种展开。相对于传统的封闭的社会，现代大都市所集聚的人口效应使得不同来源的文化得以碰撞，各种文化形式都能在这里找到某种立足点。第四，城市地位具有中心性和主导性。随着资本和权力不断地向大都市集中，经济和权力的不平衡发展同样也延伸到文化领域，成为一个全新文化维度的大都市有着影响巨大的文化力量，它与欠发达地区之间的文化差异也日益凸显，最终奠定了城市的中心性与主导性地位。

最后，在威廉斯看来，正是由于资本主导了城市化的进程，城市与乡村的传统意象才都发生了决定性的改变。城市化打破了传统城市的原生形态，对城市空间进行了根本改造，一方面革新了包括各种文化形式在内的整个社会秩序，成为政治、经济、文化要素交织的场所空间；另一方面作为一个空间使用和感知认同的过程，为人们对现代社会进行体验并加以想象提供了可能[5]。工业化和城市化的推进使得现代城市在各个层面都得到不断地强化和扩展，城市的聚集或集合最终形成了现代性的大都市。现代大都市的形成标志着资本主义下城市发展到了一个崭新的阶段。凭借技术上的先进优势和经济上的主导地位，现代性大都市的文化状况也随之发生决定性的改变。正如威廉斯所说："19 世纪下半叶和 20 世纪上半叶的大都市，变成了一个全新的文化维度。它现在远远超过了非常大的城市，甚至超过了一个重要国家的首都城市。它是新的社会关系、经济关系和文化关系开始形成的场所……"[6]。"大都市"向人们展现的是一个充满矛盾的"光明与黑暗的复合体"的文化意象：一方面，很多作家将城市看作是威胁美好"乡村生活"与"自然"的怪兽，城市所表达的往往是黑暗、压抑、犯罪、道德沦丧的意象；另一方面，也有作家将城市描述为未来的希望之所在，认为城市是超越"乡村"的存在，是光明和进步的象征。城市这种混乱和矛盾复合体所呈现的恰恰是城市化和工业化过程中人类状况的一个缩影，从根本上看这种文化意象的形成正是人们对 19 世纪以来新城建立与城市扩展的一种文化反映。

总之，威廉斯认为资本主义作为一种生产模式贯穿于整个城市化发展的大部分历史过程，"它的被抽象化了的经济驱动力、它在社会关系中的优先权利、它衡量增长、利益和损失的标准，几个世纪以来改变了我们的乡村，创造了我们这种类型的城市。当它发展到终极形式——帝国主义时，它改变了我们的世界"[7]。如前所述，现代城市所承载的文化意象实际上揭示了资本主导的城市化是一个导致异化、分离、外部化和抽象化的社会过程，其结果就是使得整个现代生活方式呈现出一种普遍性的"分裂"状态。

二、城市意象透视城市危机

威廉斯认为掩藏在城市意象背后的城市问题本身就是资本主义生产方式的具体显现，由于资本的历史本性及其运动逻辑必将导致资本发展的困境，资本主导的城市进程必将走向"分裂"扩大的城市危机。为此，他从文化视角对城市危机的根源作出相应的分析与批判。

第一，经济优先褫夺城市生存权利。威廉斯认为资本主义是一种自相矛盾的发展模式，它创造了大量的真正财富，却又不公平地分配财富，其结果是少数人通过掌控资本实现了对大部分人的控制和支配。在资本逻辑主导下，现代城市遵循的是经济优先原则，片面化或极端化地追求经济发展就是资本逐利的具体显现。这也是为什么资本主义国家在管理和规划经济体系时往往都是优先服务于那些掌握土地资源和生产方式所有权的少数人。例如，在城市化进程中，工业采矿的需求、道路交通的建设、房屋拆迁问题等等有关城市的发展变迁，从一开始就嵌入了资本主义体系的各种优先权。资本家通过利润计算来制定资本在城市乃至国家建设中的各种决策，其主要目的、程序和标准都体现出资本主义的本质。从某种程度上说，现代城市从根本上是资本按照自己的意愿所塑造的。尽管资本主义使得现代城市能够容纳更多人口，使得他们能够在城市里得以生存，但是它仅仅把人视为生产者和消费者，除了这些抽象的功能外，个体在城市里没有任何实质性的权利。在威廉斯看来，这种资本优先的原则褫夺了人们应有的城市权利。由于城市生活在根本上是围绕资本的逻辑所展开，这种发展只会导致人的生存愈发异化与抽象。从文化体验上来看，资本主义发展模式所导致的异化、分隔和抽象化的过程造成了非常严重的社会畸变，"它破坏了人类社群所珍视的那些有关坦率、联系、亲密和分享的经历"[8]。

第二，进步观念掩盖城乡剥削关系。不可否认的是，资本主义方式的确是有史以来促进物质生产和推动社会转变最为有效和强大的手段，以至于人们将其看作是实现人类解放和不断进步的根本动力。资本主义在经济上的高生产率以及对现代世界的现实改变，促使人们将城市简化为"进步"的化身。城市不仅依靠资本重新制定新的主导秩序，还打破"自然"对人的束缚，甚至肆意凌驾和改变"自然"的"法则"。正因如此，在文化意象上，城市向着"进步"，而乡村则常常意味着"落后"。对"进步"的执念赋予了城市以绝对的优先权，导致了"城市"对"乡村"的入侵、征服和改变获得了荒诞的合理性甚至是合法性，这同样也是资本主义所造成的惊人畸变。威廉斯指出：这种对"进步"的要求以及对现代化和文明的单一价值观的信心，使得人类对资本主义生产方式所引起的危机视而不见。通过重新审视城市与乡村二者之间的关系，威廉斯揭示了被"进步"所掩盖的真实危机。由于城市化所取得的成就被视为人类社会进步的标尺，在这个简单线性标尺上一旦标上了"发达"和"欠发达"的刻度，城乡之间的差别就显得"清晰"可见。城市是"先进的"和"发达的"，乡村则是"欠发达的"和"落后的"，这一对比模式不仅适用于城乡之间，还可以引申到地区、社会和国家之间。威廉斯进一步指出：资本主义为了掩盖城市对乡村剥削的实质，宣称"乡村"通过"改良"可以"进步"为城市，但是问题的关键在于，在现实情况下所谓的"欠发达"地区的发展恰恰是"发达地区"所需要的，甚至在某种程度上来说，"欠发达"地区正是由"发达"地区所造成的。另外在线性发展观念的误导下，人们还把"欠发达"地区的发展看作是"发达"地区的一个初级阶段。然而实际结果表明：这种模式的发展只会导致贫富差距日益扩大，并不能从根本上改变城乡之间的剥削关系。在资本主义发展模式下，城市无法拯救乡村，乡村也拯救不了城市，所谓的"发展"和"进步"最终只不过是掩盖城市对乡村的剥削实质的抽象概念。

第三，文化都市形塑资本意识形态。城市化进程不仅推动城市成为一般经济秩序的中心，还成为政治文化发展变化的中心，其所造成的文化变迁以及由此而派生的城市文化表征着人类发展到城市化阶段的新形态。威廉斯认为，在资本主义发展到其终极形式时，大都市作为一种新的形态改变了我们的世界——文化大都市的出现从最深层次改变了城市原有的意义和功能，凭借经济、政治和文化上的绝对主导地位，大都市作为一种全新的文化维度在意识形态的层面发挥着显著的作用。一方面，资本通过城市汇集、强化和再造了包括各种文化价值以及各种文化形式在内的整个社会秩序，从而形塑了以资本为核心的现代城市文化。如果说文化是某种表示意义的符号体系，那么城市在某种意义上就是体验新的文化符号的空间和场域。在现实意义中来看，城市就是一组标志着权力和威望、状态和影响的交流系统和符号集合。另一方面，文化大都市作为新的社会关系、经济关系和文化关系的场所，为资本主义意识形态的发展提供了各种发展条件。威廉斯指出，文化上的现代主义的出现与大都市的形成有着紧密的联系，现代主义在大都市的发展中找到了栖身之处。然而在资本的逻辑下，"现代主义很快丧失了它的反对资产阶级的姿态，达到了与新的国际资本主义轻松自在的结合"[9]，大都市最终沦为资产阶级意识形态的阵地。就此而言，现代大都市所体现的是一种有关现代性的意识形态，它不仅从内部孕育了资本主义意识形态，还从外部表征着资本主义意识形态。

综上所述，城市意象所呈现出的那些分开的、孤立的、外部的和抽象的"分裂"感都是资本逻辑在城市展开的具体表现。事实上，由于资本逐利的本性必将导致资源有限性与需求无限性之间的矛盾日趋激烈，最终也难以维系现代城市的持续发展，资本主导的城市进程必将人类引向可怕的危机。要想化解危机，人类必须团结起来共同抵抗资本主义。

三、共同文化重构城市图景

针对资本主义城市意象所呈现的分裂感、异化感、孤立感和抽象感，威廉斯希冀以文化革命的方式建构一个共同文化的城市图景，以期从文化维度恢复城市生活的整体感、有机感、联系感和具体感。

威廉斯认为资本主义生产方式造就了现代城市生活的异化体验，改变这种状况的根本途径在于革命。考虑到现实革命斗争的复杂性，他认为对抗资本主义的斗争将是一场"漫长的革命"。只不过相对于单纯的经济革命和政治革命，他认为文化革命在改变人性和制度上具有更为深远和彻底的意义，即通过变革人们整体的生活方式同资本主义展开长期斗争以求得共同文化的理想愿景[10]。

具体来说，威廉斯主要以推动文化扩张和民主传播两条路径来建构共同文化。一是推动文化有效扩张。威廉斯认为"文化扩张"是构筑共同文化的有效方式，通过将文化有效地推广和普及到大众教育、公众阅读、大众刊物、共同语言以及文学形式等领域，将原本属于"大众"的文化权利归还于大众本身，使得大众有机会选择、接受与创造文化，就能消除由资本主义生产方式所带来的不平等的文化境况。二是完善民主传播体制。在威廉斯看来，文化在本质上是民主的，社会各个阶层、各个群体都有权利和义务积极参与到社会"意义和价值"的生产和扩展中来。大众民主的发展有赖于文化共享的进程，而文化共享的建立则在很大程度上取决于文化传播体制的完善，其目的就是为了大众能够在社会建构中实现实际参与和自由贡献。总之，文化扩张和民主传播都是为了打破了少数人垄断信息的权力，扩展文化生产者的自由，合理地利用公共文化资源，从而奠定共同文化的现实基础。

威廉斯强调在整体性社会发展过程中，人们通过共同文化的方式将各种价值和意义建构起来并在历史中发挥作用，这乃是共同文化的意义之所在。"共同文化"作为一个开放的概念，既有十分丰富的理论意义，又有可供践行的现实空间，威廉斯正是在此基础上勾勒出一个生命平等、与邻为善、"自然扶持"的共同文化的城市图景。

其一，共同文化的城市理念以生命平等为前提。威廉斯认为由资本所造就的多种多样的不平等乃是阻碍我们构建共同体的源头所在，诸如城市生活中体现在经济或政治上的不平等是人们日常中最为直接的体会，甚至文化上的不平等也日益明显地影响着我们的"经验"感受。在他看来，共同文化下的城市首先必须是个承认生命平等的城市。所谓的尊重生命平等是一种对所有阶级和所有人都能适用的平等理念。它是人们都能够平等地参与、创造和享有文化的权利的理论前提。值得一提的是，威廉斯对"平等"的理解实际上内含了文化多元化与差异化的合理性，也就是说，只有保障了人类的个体性和多样性才能建构真正的共同文化的城市生活。因此，以生命平等为前提乃是城市所需秉承的重要理念。

其二，共同文化的城市生活以与邻为善为准则。共同文化不仅主张文化多样化与差异化，同时还蕴含着文化共同体所具有的共同价值取向和目的追求。为此，威廉斯汲取工人阶级团结观念的核心成分——"与邻为善"的价值观念，并将其作为构筑城市文化共同体的相处准则。在他看来，工人阶级的集体主义、团结互助和共同进步就是他们在长期共同生活中遵循"与邻为善"的一种具体体现，这种价值观念有利于维护和促进共同文化的发展。他从其社区生活的描述中揭示了"与邻为善"在本质上是一种广泛、积极的相互责任和邻里情谊，这种在工人阶级内部有关邻里之间自发的互助帮扶体验成为他塑造理想共同经验的一个核心基础。他认为，"邻里"在某种程度上可以看作"社会"或"国家"的一个缩影，它承载了人与人之间的交往关系，是人与人之间具体接触、交涉与联系的重要方式。总之，"与邻为善"的相处准则为排除社会等级的区分和不平等，为所有社会成员都能够平等地成为城市生活的主体和参与者提供了一个契机。

其三，共同文化的城市发展以自然扶持为导向。威廉斯指出：随着人类进入到工业时代，"支配性理念"成为人类主宰与控制其自然环境的理论和实践的主题，这种支配性思维甚至已经内化为人类的内心活动和思维方式。然而，强调"支配"与"控制"的思维方式几乎扼杀了我们整个共同生活，特别是在资本主义体系下，资本的支配对整体的人类生活造成的影响更是显而易见，对土地、动物甚至是对他人的商业性利用已经彻底破坏了人类生活的本意，驾驭自然、征服自然、改变自然的支配性模式无形中已经构成了扩展的资本主义的固有思维方式。为了打破这种固有的"支配"思维方式，"扶持自然生长"的文化观念就显得非常有必要了。所谓自然成长就是要指出整体的潜在能量，而非为了某种支配模式而积蓄的能量。在他看来，"任何文化在其整个过程中都是一种选择、一种强调、一种特殊的扶持。共同文化的特征就是在于这种选择都是自由的和普遍的"[11]。也就是说，共同文化的城市发展同样以自然扶持为导向，是一个在"扶持"与"自然生长"之间相互协调的辩证发展过程。

总的来说，共同文化的城市图景是威廉斯从文化维度审视城市的解放诉求所作出的一种理论回应，其目的是弥合资本主义生产方式对现代城市意象所制造的"分裂"。实际上，所谓的民主平等的城市政治权利、与邻为善的城市生活氛围、自然和谐的城市发展空间，其内在意蕴就是对"分裂"的一种本真抵制。尽管这种城市构想呈现出一定的乌托邦色彩，但它却表达了威廉斯对理想城市生活方式的多样性和可能性的乐观憧憬。

结　语

　　威廉斯与列斐伏尔、哈维、卡斯特等研究城市空间理论的学者一样，都将资本作为审视城市问题的切入点，注重在资本主义生产方式理论框架下探讨城市。不同的是，经典城市理论学者扬弃城市空间场所理论，深挖城市空间生产现象，强调了空间在整个问题领域上的主导作用，而威廉斯更多的则是延续马克思的思路，即从历史角度来分析资本主导下的城市变迁。在秉承马克思主义立场上，威廉斯基于文化视角分析批判资本主义生产方式对现代城市化历程所造成的危机，探寻了实现城市发展的替代性方案，为当前城市发展提供了一条不同的理论路向。他以城市化进程中折射在文化艺术领域内的各种意象观念为起点，通过对城市意象的分析与批判揭示了资本主导的城市发展所存在的种种弊端，并以此为基础从文化维度勾勒了理想的城市图景。从城市意象的批判到城市图景的建构，威廉斯始终将文化分析同资本主导城市化进程进行勾连，这种从文化变迁中透析资本主义城市发展趋势的研究方法，为批判城市异化现象注入了新的理论活力。尤其是在当前中国进入工业化、城市化快速发展的新时代，威廉斯的城市文化思想对如何避免西方城市发展的弊端，探析城市发展的文化路径，引领城市文化的发展方向，打造"共同文化"城市图景，实现城市的和谐健康与可持续发展，无疑具有重要的启示意义。

注释：

1. 刘怀玉：《城市马克思主义的问题域、空间话语与中国实践》，《理论视野》2017 年第 2 期。

2. 张佳：《新马克思主义城市空间理论的核心论题及其理论贡献》，《江汉论坛》2017 年第 9 期。

3.Raymond Williams.Keywords: *A Vocabulary of Culture and Society*（New York: Oxford University Press），1985,P.56.

4. 雷蒙·威廉斯：《城市与乡村》，韩子满、刘戈、徐珊珊译，北京：商务印书馆，2013，第 374、407、403 页。

5. 德拉波·史蒂文森：《城市与城市文化》，李东航译，北京：北京大学出版社，2015，第 169 页。

6. 雷蒙·威廉斯：《现代主义的政治——反对新国教派》，阎嘉译，北京：商务印书馆，2004，第 45、53 页。

7. 雷蒙·威廉斯：《漫长的革命》，倪伟译，上海：上海人民出版社，2013，第 3 页。

雷蒙·威廉斯对英国文化马克思主义的理论贡献

　　雷蒙·威廉斯是英国重要的马克思主义者和文化研究的奠基人，他将马克思主义理论与英国本土文化研究结合起来，在不断汲取和融合其他文化理论成果中形成了独特的文化思想，将整个英国文化马克思主义推向了一个全新的理论高度，为英国文化马克思主义的创立和发展作出了重要的理论贡献。

、威廉斯对英国文化马克思主义的理论探索

　　英国文化马克思主义是战后英国文化与政治的产物，它既受惠于本土特色的"经验主义"传统，又从欧陆马克思主义那里汲取先进的理论成果，最终孕育出自己独特的理论品质。一般来说，英国文化马克思主义大体上可分为三个既相互联系又相互区别的发展阶段。如果从文化研究的理论范式划分来看，整个英国文化马克思主义大致可划分为早期的文化主义阶段、中期的结构主义阶段、晚期的后现代主义阶段。如果按文化主题来区分，又可分为早期的工人阶级文化、中期的亚文化与后来的多元文化。如果按解放主体来区分，英国文化马克思主义早期"明确关注工人阶级的解放，而中期则指向工人阶级和群体，后期指向各边缘群体所构成的从属集团"。以研究英国文化马克思主义而著称的美国学者丹尼斯·德沃金认为，英国文化马克思主义是由威廉斯、汤普森、霍加特等英国第一代新左派思想家所创立并流行于战后至 20 世纪 70 年代英国的那种非教条的、批判的马克思主义传统。威廉斯对英国文化马克思主义的理论探索，贯穿于整个英国文化马克思主义的三个发展阶段，并发挥着承上启下的重要作用。

　　首先，在英国文化马克思主义的早期阶段，威廉斯与霍加特、汤普森一道开启了"文化主义"的先河。他们以文化为核心概念，注重历史的真实性、突出实践的具体性、强调经验的重要性，重启了工人阶级的革命动力。受英国传统的文化批评与英国马克思主义历史学的理论影响，威廉斯在批判吸收这两个理论的基础上，推动了"文化主义"的形成。威廉斯作为文化批评传统的继承人，

在汲取利维斯主义的基础上将文化批评研究推广到日常生活批评，从而丰富了文化作为普通大众的日常生活与感性实践的新意涵，开启了对传统文化观念的反思与批判。他肯定了大众阅读有利于工人阶级整体智识的提高，力图通过开展成人教育活动来重塑工人阶级的文化水平。特别是他注重借鉴批评理论中的文本分析方法与民族志方法来开展文化研究，为整个文化主义的理论范式形成铺平了道路。威廉斯充分吸收了英国马克思主义历史学中的研究方法，注重运用唯物史观来研究具体的历史问题和现实问题，突出对人民群众及其日常生活的分析与研究，并运用这一方法考察与分析"文化"概念，赋予了文化以"经验性""日常性""主体性"的新特征，不仅在理论上充分呼应了历史学的理论观点，也为早期文化研究的成型作出了有益的探索。

其次，在英国文化马克思主义的中期阶段，威廉斯丰富与完善了文化唯物主义，调和了文化主义与结构主义的理论之争。为了弥补早期文化主义在理论上的缺陷，结构主义的范式遂成为文化研究的理论转折点，并最终走向葛兰西的"文化霸权理论"。鉴于结构主义在理论化程度上比本土的文化主义更具普适性，在第二代新左派的代表人物安德森的领导下，英国文化马克思主义开始大规模地转向结构主义的理论范式。结构主义的核心是意识形态，在它那里，"文化"与"意识形态"都被视为结构的产物，所以结构主义对文化的这种阐释必然会褫夺文化本身的主体性、能动性、经验性。结构主义的出现的确使得整体的文化研究提升到一个全新的发展阶段，尤其是相较于文化主义而言更具理论上的普适性，但是结构主义理论也并非无懈可击，其封闭和循环的结构无意中架空了社会历史的真实存在，成为其最为致命的缺陷。实际上，针对结构主义对文化主义的矫枉过正，第一代新左派的理论家们也分别作出了不同的理论回应。与汤普森的激烈态度不同，威廉斯对结构主义秉持一种求同存异的态度进行了理论上的调整，在批判的同时也肯定了结构主义的合理之处。威廉斯还对葛兰西文化霸权理论进行了吸收和改造。文化霸权理论认为意识形态是权力斗争的场所，它并非如结构那样封闭与僵化，从而为文化场域留下了流动的空间。也就是说，文化领域可以成为各种社会势力、权力斗争的根据地。正是在综合吸收了阿尔都塞的结构主义和葛兰西的文化霸权理论的基础上，威廉斯进一步丰富与完善了文化唯物主义，提出了文化三元动态结构理论，它一方面肯定了"结构"对文化的影响，即肯定了结构对文化意义生成的作用，反思了文化主义过于抽象和经验的缺点；另一方面，通过改造文化霸权揭示了文化动态发展的原因，为文化斗争开展提供了行动指南。

最后，在英国文化马克思主义的第三阶段，威廉斯的文化思想为文化研究走向后现代阶段提供了诸多理论上的启示。随着文化在不断深化的社会关系中扮演着更为重要的角色，文化研究以更为开放的政治和文化视野将各种新兴的后现代理论纳入到自己的研究视域和问题范式中来，英国文化马克思主义由此转向后现代主义阶段。这一时期的文化研究整合吸收了后马克思主义、后结构主义、后殖民主义、媒介理论与符号学等新的理论资源，从而走向了全新的"话语分析"模式，即"把历史、文化、社会和政治都当成不可还原的'话语性'的东西"。作为一种话语理论，"接合"是整个后马克思主义的核心理论概念，被用来理解意义、价值、关系、身份和取向的活动和过程。实际上，后马克思主义的接合理论正是通过阐述威廉斯的"接合"（articulation）概念引申拓展而来。在威廉斯那里，接合是"表达、阐述"之意，是一种社会性的文化物质生产方式。他认为语言就是一种能动的、变化的、经验的接合表述，即作为一种社会在场显现在这个世界上。换句话说，语言的接合也是一种符号性的表意行为，是有意义的社会创造，因此它是一种实践性的物质活动。就此而言，威廉斯对接合概念的阐述为接合理论的形成奠定了重要基础。另外，他在历史符号学上的理论建树，同样也为文化研究的后现代转向提供了一定的理论素材。

二、威廉斯对英国文化马克思主义的理论贡献

威廉斯作为英国文化马克思主义的开拓者，他通过观照工人阶级的文化问题，重启工人阶级的革命动力，肯定了文化领域对工人阶级的解放作用。作为结构主义转型期的主要推动者，他在结构主义的冲击下，改造葛兰西的文化霸权思想，丰富与完善了文化唯物主义，提出了文化动态三元结构理论，将文化阐释为斗争和解放的重要场域。作为文化研究走向后现代阶段的启发者，他的"接合"理论与符号学为后马克思主义的发展注入了诸多的活力因素，将文化的解放力量推向到更为开阔的语言表意世界。具体来说，威廉斯对英国文化马克思主义的理论贡献主要表现在以下几个方面：

第一，创建并推动了"文化研究"范式，为英国文化马克思主义提供了一种新的理论视角。威廉斯作为"文化研究"的开创性人物，极大地丰富和完善

了英国文化马克思主义理论。具体来说，一是让"大众"在文化研究的领域找到一席之地。他从现实社会的共同经验中来理解文化，并且将文化界定为一种整体的生活方式。这背后不仅是对精英文化立场所展开的彻底的批判，同时也是对"大众"在参与文化建设中不可替代的作用的一种积极肯定。他主张消除文化间的等级，以平等的态度来审视精英文化与大众文化的差异，否认它们在审美上的高低，其根本目的就是为了求得二者的实质性共存。正是由于威廉斯对"大众"的正名，文化研究的目的不再停留于过去那种仅限于伟大理论作品的剖析，而是走向了更为广泛的"大众"日常生活世界。二是开启了跨学科的研究范式。由于文化研究自身的理论特点和现实需要，威廉斯开创了从多个学科的视角对文化予以研究的先河，他在考察不同的文化形式和分析具体的问题时，往往都会从社会、政治、经济和文化的整体视域出发，力求从它们的交互关系中寻找解决的路径。正如有的学者所指出的那样，威廉斯从社会学那里吸收了开展大众文化的制度分析，从文学批评那里提取了文本分析的方法，借用政治经济学阐释了文化的生产、分配、流通和消费，还借鉴霸权理论来理解文化的动态结构。这种全方位的考察和多种多样的文化形式将文化研究塑造成为一种典型的跨学科研究。通过从各个理论话语中吸收文化理论元素，威廉斯使得文化研究交汇了历史主义、结构主义、符号学、马克思主义、和女权主义等等不同的理论话语，游走于语言学、人类学、文学批评、心理学、历史学、社会学、哲学等等各个学科之间。三是将文化与政治进行深度融合。霍尔在评价威廉斯的文化思想时提到，威廉斯的文化思想能够为重新描述社会主义提供一种全新的理论话语，特别是他所提供的文化分析方法在整个新左派政治理论中始终处于核心地位。文化研究的兴起从一开始就是为了回应现实的政治问题，威廉斯等新左派成员将文化与政治进行深度融合也可看作积极应对社会生活多元化发展和走出社会主义政治困境的一种理论尝试。威廉斯从文化领域对资本主义所展开的全方位分析与批判，不仅是对资本主义社会图景的分析与诊断，还揭示出资产阶级意识霸权在文化领域中的建构过程与运作机制，从而为工人阶级重启革命动力打破资产阶级的文化霸权注入了理论源泉。从根本上说，这种鲜明的政治意图不仅蕴含了对当下社会生活的深刻关切，更体现出一种为未来寻找积极的替代方案而做出的努力建构。由此可见，文化研究的创建和发展并不是仅仅只是针对文化自身的研究，它更是一种从文化视域对政治和社会所开展的研究。

第二，拓展和丰富了历史唯物主义，为英国文化马克思主义寻求了一个新的解读方法。威廉斯始终秉持马克思主义的一贯立场，遵循历史唯物主义的方法，拥护社会主义的革命斗争，坚定共产主义的信仰。文化唯物主义的提出，表明威廉斯不仅遵循和继承了历史唯物主义，还从文化维度拓展与丰富了历史唯物主义。

其一，从文化维度拓展和丰富了历史唯物主义中的"能动性"思想。他通过深化历史唯物主义的核心命题"基础与上层建筑"，揭示了二者之间的能动关系。一方面，他将"上层建筑"纳入到文化实践的范畴之内，消解了对"上层建筑"传统的"被动的""反映式"的抽象表述；另一方面，他把"基础"的活动界定是一个过程而不是一种状态，通过用"中介论"取代"反映论"的方式阐述了基础与上层建筑间能动辩证关系，进而避免了历史唯物主义走向唯心主义的解读。

其二，从文化维度阐释了历史唯物主义中的"创造性"思想。从某种意义上来说，历史唯物主义就是把握有关人类社会发展的理论学说。威廉斯向我们所证明的就是，文化作为一种整体的生活方式，它与整个社会是密切联系在一起的。作为一种物质实践性的文化既是人类创造自身历史过程的精神描述，同时也是人类创造自身历史的全部生活方式。就此而言，脱离文化的唯经济论无法从真正意义上揭示社会发展的普遍规律。

其三，从文化维度拓展与丰富了历史唯物主义中的"主体性"思想。"现实的人"是贯穿整个历史唯物主义的一条重要原则，它所凸显的是社会历史的整体发展从来离不开作为实践主体的"现实的人"。换句话说，正是现实的个人通过自己的实践活动创造出来他们自身的活动和物质生活条件。威廉斯从日常生活经验中来观照"主体"的生存境遇，在他看来，现实的人不外乎就是日常生活中鲜活的个体，现实的主体就是特定社会感觉结构的经验产物。为此，他极其注重"经验"在文化实践中所扮演的角色，并揭示了这种经验对主体的作用。在他看来，"主体在现实生活中通过实践活动建构自身，依据不同的实践，不同的主体形成了不同的生活方式，这些生活方式所构成的整体就是文化"。因此，威廉斯从文化维度进一步对主体性予以深度解读，肯定了现实的人的重要理论意义。

其四，从文化维度拓展与丰富了历史唯物主义中的"阶级性"思想。马克思与恩格斯曾强调人类历史就是阶级斗争的历史，注重阶级分析是历史唯物主义的一个重要方法。在威廉斯看来，将阶级看作一个无关紧要的过时概念的观点是无法成立的，现代的社会体系仍然是建立在经济的阶级基础之上的。文化的阶级性和不平等性恰好揭示了我们的社会仍然是一个阶级的社会。为此威廉斯始终站在工人阶级的立场上，从工人阶级文化入手对资本主义的生产方式展开深入的批判，旨在从工人阶级的生活方式中找到打开构建未来社会主义社会的新密匙。

其五，从文化维度丰富和拓展了历史唯物主义的"实践性"思想。威廉斯对语言和各种文化机制在建构社会过程中所隐存的社会作用和社会权力进行了深入研究，通过社会物质生产多样性和社会关系的角度来阐释"意义和价值"的产生过程，进而从语言学的层面拓宽了"实践"范畴，揭示了语言所具有的独特的"表意实践"和"社会表征"的作用，进一步丰富了实践的文化内涵。

第三，继承与发展了马克思的解放思想，为英国文化马克思主义开辟了一个新的解放路径。威廉斯曾明确表示，共同文化的构建不是为了一种抽象的理念，而是因为我们需要这种理念才能生存下去。在他看来，共同文化所秉持的是全人类的发展视角，它遵循的是人类解放的价值维度。实际上，威廉斯共同文化思想与马克思哲学的人类解放维度具有高度内在统一性，是对人的解放研究和探索的逻辑展开。

众所周知，马克思的全部思想都是以现实的人为起点的，其最根本的关怀是人，其本质是一种充满了解放意蕴的理论学说。对马克思来说，真正的解放是每一个人的自由而全面的发展，是人和人类社会的理想目标和必然归宿。"解放"是一种实践过程，但它更是一种观念和思想方式。从这个角度来说，威廉斯可以被看作是从文化领域积极践行这一原则的"马克思主义者"。他从文化解放的层面继承与发展了马克思主义的解放思想，特别是继承与发展了马克思主义有关解放的整体性意蕴。如果说人的解放是贯穿整个马克思主义理论学说的主线，那么整体性就是人的解放内在规定性。因为无论是从历史性上来看，还是从共时性来理解，人的解放始终是作为一个整体过程的具体展开。正因如此，威廉斯在探讨文化与解放的关系时，也始终注意把握解放的这种整体性。在他看来，文化是一种整体生活方式，文化解放就是有关整体生活方式的解放，是有关"整体性"的解放。它既包含了社会、经济、政治、文化等等各个领域，又贯穿历史发展的不同阶段，只有整体性的解放才是人的真正解放。可以说，他所提出的"共同文化"本身就是这样一个重要的整体性概念，其终极目标就在于真理的发现或人类的解放。共同文化的宗旨是让人类大众能够全面自由地参与到社会历史的发展中来，最终目的就是要构建一个整体生活意义和价值的文化共同体。在这一文化共同体那里，每一个个体都能在文化实践中创造价值和意义，从而实现整体生活方式的解放。因此，共同文化也可以被看作是人类解放在文化领域内的深入和展开。

威廉斯不仅继承了马克思主义的解放理念，他还将其付之于现实的解放实践，即通过社会主义运动的形式来实现人的解放。他主张从文化领域来构建平等、自由、民主的社会主义社会。在他看来，一场成功的社会主义运动不仅是一场有组织的现实运动，更是一场极富感情和想象的运动。"漫长的革命"就是他对这种运动、价值、意义的感知。为此，他借助于文化革命的方式一方面对当下社会进行全面诊断和详尽批判，另一方面为践行人类全面发展的目标提供一种现实依据和行动指南。正如他反复强调的那样，推动漫长的革命得以进行的人类源自这么一种信念，即坚信通过破除旧的社会形式所造成的各种压力和束缚，通过发现新的共同的制度，人能够主导自己的生活。

注释：

1. 不过由于英国文化马克思主义发展的特殊性，学界对其时间跨度界定也存在着一定的分歧。例如有的学者就认为英国文化马克思主义形成于 20 世纪 40 年代，有的则认为形成于 50 年代，同样地，有的学者认为英国文化马克思主义终结于 70 年代，而有的则倾向于终结于 80 年代，还有的认为直到伯明翰中心的关闭才意味着文化马克思主义的真正结束。

2. 徐满泽、刘卓红：《英国文化马克思主义解放主体理论的三次变迁》，《广东社会科学》2015 年第 6 期。

3. 保罗·鲍曼：《后马克思主义与文化研究》，黄晓武译，南京：江苏人民出版社，第 4 页。

4. 接合（articulation）有"清晰表达"之意，又有"连接""贯通"之意，威廉斯用此词凸显语言活动的建构性。在他看来，"意义"并不是现实生活本身所固有的，它是处于特定社会关系中的人们通过语言表意活动选择、确立、建构出来的。

5. 陆扬、王毅：《文化研究导论》，上海：复旦大学出版社，2015，第16页。

6. 张一兵：《当代国外马克思主义哲学思潮》（中卷），南京：江苏人民出版社，2012，第421页。

英国文化马克思主义"文化"研究的演变

　　任何理论派别的兴起都与特定的历史条件和现实背景息息相关，英国文化马克思主义正是英国理论家结合英国实际所创立的有别于苏联模式的马克思主义学派。文化马克思主义的兴起最早可以追溯至 20 世纪初的法兰克福学派。随着资本主义社会进一步发展，个人、社会、阶级、性别、民族、国家等问题不断注入文化研究领域，引起了英国一批哲学家的关注。以威廉斯、安德森、霍尔等为代表的一批哲学家主张从文化视角重新审视马克思主义理论发展，强调文化与政治的联系，形成了自成体系的英国文化马克思主义哲学流派。纵观整个英国文化马克思主义的发展，我们可以以"文化"主题演变的历程为视角，将文化马克思主义的发展划分为三个阶段：第一阶段为第一代新左派文化马克思主义的文化主义，第二阶段为第二代新左派的结构主义转向，第三阶段即伯明翰大众文化研究的拓展。通过对英国文化马克思主义的深入考察，他们开启的文化视域，强调文化与政治的联系，为马克思主义的当代发展开辟了一条理论创新的渠道，即对文化内在的革命性的挖掘为当代社会变革寻求力量的源泉，本文力图从文化研究演变的历程中挖掘文化的批判性与创新性，希冀通过文化研究的演变逻辑深入了解英国文化马克思主义的理论价值。

一、英国马克思主义文化研究的兴起

　　英国是马克思的第二故乡，马克思本人不仅在英国创作了大量丰富的理论成果，也为英国的马克思主义发展留下了丰硕而又宝贵的理论资源。从传统的角度来说，在马克思主义经典的经济基础——上层建筑理论模式的解读下，文化这个重要的领域被看作是由经济决定而从属于上层建筑的一个部分。如凯尔纳所言："从马克思主义的视角来看，文化形式通常总是诞生于特定的历史环境，服务于特殊的社会经济利益，并履行重要的社会职能。"显然，在主流马克思主义理论中，文化更多表现为一种由经济决定的实践产物，而英国文化马克思主义却从文化的视角通过跨学科和理论上的兼容并蓄，开辟了从历史学、历史社会学、到文学批评、文化研究、政治学等广阔的文化理论视野。

从时代背景来看，在英国文化马克思主义诞生之前，英国本土的马克思主义发展相对滞后。这是因为英国传统马克思主义自身发展相对封闭，囿于特定的历史环境（在苏联模式的主导下），英国马克思主义所阐发的政治理论也只能是依附于苏联共产党的理论模式。英国文化马克思主义的兴起，为英国马克思主义的发展带来新的转机。尽管英国文化马克思主义一开始就与苏联模式分道扬镳，但是文化马克思主义理论的形成还是得益于共产党内部的理论贡献，特别是英国共产党历史学家小组所作的理论研究所提供的方法论基础。正是由于英国共产党的知识分子对教条化的斯大林主义的不满，为了摆脱这种僵化的理论模式，进而转向历史学与文化研究，为文化马克思主义的创立埋下伏笔。随着第二次世界大战结束，英国的左派知识分子沿着战前开辟的道路，继续致力于英国本土问题的研究，逐步创造出了一种具有英国特色的马克思主义理论传统。

从文化传统来看，文化马克思主义形成之前，英国受传统经验哲学影响深远，文化上推崇利维斯主义的精英文化。文化马克思主义正是在批判继承传统的基础上发展而来。一方面，共产党历史学家小组就秉承了经验哲学的传统，从相对开放的历史唯物主义出发来研究具体问题，"他们相信历史学知识的客观性，并接受由同行们确立的经验主义控制。"与此同时，他们也从实证角度出发，力求具体问题具体分析，从而构建他们自己的马克思主义观，但这并不妨碍他们坚定的马克思主义立场，正如德沃金所言："一方面他们忠实于正统，另一方面他们接受同行标准"。正是经验的传统使得文化马克思主义者可以拒斥抽象理论的约束，向斯大林主义提出了自己的质疑。另一方面，早期新左派代表人物霍加特与威廉斯等人通过对利维斯精英文化的批判来构建自己的文化观，致力于把理论目光投向现实和文化实践活动，主张注重对普通人民群众及其日常生活的分析与研究，通过消解精英文化与大众文化的对立，借助于重新对文化给出新的定义来切入马克思主义理论研究的领域。

从现实条件来看，文化研究兴起离不开早期新左派代表人物的具体现实活动。第一代左派人物早年积极参与共产党活动、人民阵线运动、成人教育工作以及核裁军运动，这些经历都为其文化研究奠定了理论基础。通过参与这些活动，早期文化马克思主义者们对工人阶级的现状有了更为深入的了解，同时也把目光投向了工人阶级文化，把文化与政治联系起来，重新唤起革命的主体。这就意味着，工人阶级被他们看作是推动社会变革的重要力量。文化研究的目的是给工人阶级进行社会主义革命的重要工具。综合来看，这些实践活动为文化理论研究提供了丰富的现实素材。

文化研究的兴起是英国马克思主义发展的一个重要转折点，为马克思主义理论研究开启了一个崭新的领域。英国文化马克思主义将文化纳入哲学范畴，将文化上升到哲学高度并予以系统的理论研究，"进而同主流马克思主义传统——尤其是斯大林主义、机械主义和经济主义——划清了界限"。当然，英国文化马克思主义的发展并非一蹴而就的，而是在各有侧重的理论主题探索中逐步形成的。

二、英国马克思主义"文化"研究的演变历程

纵观整个英国文化马克思主义的发展，不难发现文化马克思主义之所以一波三折，是由其不同时期的"文化"理论所关注的视角不同所产生的。本文沿用丹尼斯·德沃金基于"将英国马克思主义看成一个连贯的思想系统，不局限于某个学科或其中某个人"来称谓英国文化马克思主义，笔者为了更好地指代文化研究演变特将英国文化马克思主义的发展划分为三个阶段：概括说来，第一代新左派开辟了"文化"研究的新领域，奠定了"文化"研究的理论基础。第二代新左派则力图扬弃文化马克思主义的经验化与本土化特点，试图通过融入结构主义对文化马克思主义予以改造，使该学派在结构主义与文化主义的激烈争论中继续发展。时任伯明翰文化中心主任的霍尔通过引入葛兰西的霸权理论来调和内部两派的争斗，最终使得文化研究转到新的"大众文化"研究。下面我们就从"文化"主题演变的三个阶段来梳理英国文化马克思主义的发展之路。

（一）第一代新左派时期的文化主义

一般说来，霍加特，威廉斯，汤普森被看作第一代新左派的代表人物。他们将理论研究的视域自觉投向"文化"，把文化与政治联系起来，以寻求马克思主义理论的新发展。霍加特作为第一代新左派的代表人物，其著作《文化的用途》通过人类学的研究方法，将英国工人阶级置于大众文化考察之下，通过分析文化在日常生活中对工人阶级所造成的影响，试图找出工人阶级革命新出

路。霍加特在考察日常生活的过程中，以阶级为中介，关注工人阶级的生活方式，拒绝了利维斯主义所主张的精英文化定义，选择了大众文化为工人阶级文化正名，这对文化上一直占主导地位的利维斯主义精英文化观带来巨大冲击。

同样关注日常生活的文学批评家威廉斯则将文化界定为"生活的整体方式"。他揭示出文化的本质是民主的、普通的、大众的。这也促使威廉斯在反思文化现状时作出了与霍加特相同的判断，即对反民主、反社会主义和反工人阶级的文化保守主义及精英主义立场进行驳斥，强调文化并不是少数精英的专利，而是包括工人阶级在内的全体社会成员共同参与、共同创造、共同享有的。"文化原先是指心灵状态或习惯，或是指知识与道德活动的群体，但在现时代，它指的是整个生活方式，它是针对我们共同生活的环境中一个普遍而且是主要的改变即社会生产发展的一种普遍反映。"相比于霍加特来说，威廉斯更加注重大众本身，他贯彻的是一种更为彻底，更为激进的文化观，取消了精英文化与大众文化的二元对立，站在更为坚定的立场上来捍卫工人阶级的文化"合法性"。值得强调的是："威廉斯和霍加特积极投入工人阶级的教育计划并致力于社会主义工人阶级政治，将他们的文化研究形式作为推动社会进步的工具。"除此之外，汤普森针对威廉斯对于文化所作出"整体的生活方式"的基础之上选择以"冲突的方式"进行补充修正，认为"整体的斗争方式"更能从实践的角度来理解文化的含义。他认为这种补充完善，更能表达出工人阶级对革命意识、民主观念和集体主义的诉求，无产阶级文化的形成应该从斗争的角度去追溯。

第一代新左派的代表人物一方面以阶级为中介，认为阶级是历史和文化的构成，进而对工人阶级生活方式予以充分的考察研究，从文化整体性的角度为工人阶级文化正名，发掘工人阶级文化的抵抗潜能，重启无产阶级革命动力的源泉。另一方面也结合历史唯物主义的角度审视文化，创建了文化唯物主义的理论范式，以自下而上的视角审视大众日常生活，并通过这种颠覆性的视角转换，实现了对传统文化观的批判。他们从分析阶级冲突与阶级关系来关注底层文化的现状，指明了底层人民同样是文化生成的积极参与者，打破了传统精英文化观的垄断，从而实现"大众"主体地位的回归。

（二）第二代新左派时期的结构主义转向

第二代新左派试图终结趋向于保守的第一代新左派的文化马克思主义，其做法就是引入欧陆西方马克思主义理论的方式，希冀用更具国际化的眼光与诉求来提升英国马克思主义理论的高度。具体说来，第二代新左派代表人物将结构主义的研究范式注入文化研究中来，旨在提升文化马克思主义的理论化深度，提供具备可操作性的科学方法，打破英国文化马克思主义本土化研究的局限性。结构主义认为第一代新左派的文化主义主要存在以下几个问题：一是本土化与经验化过于浓重的文化主义无法构建理论的话语，其呈现出的封闭僵化结果势必无法提升文化马克思主义的理论深度与广度。二是脱离科学范式的支撑，文化主义面对外来消费文化和传媒文化冲击无法作出有效的回应。三是文化主义过于关注历史经验的细节，而忽视了历史发展的整体性。

为力促文化主义能够向结构主义顺利转型，第二代新左派对第一代新左派发出了猛烈的攻击。安德森从结构主义出发，强调政治国家视角的优先性，主张从普遍性出发看待特殊性，从世界角度来审视英国的发展。伊格尔顿则在文化理论领域运用结构主义创建了意识形态批评理论，他对文化所作出意识形态的解读完成了对第一代新左派文化理论批判。诚然，站在经验立场上的文化主义与站在实证立场上的结构主义有着根本上的不同，这就势必导致结构主义对文化有着另一种模式的解读。结构主义运用结构的和抽象的术语解读文化，强调的是文化的结构本性。"在结构主义那里，文化是生产和体验意义领域，是决定性的和生产性的领域，通过它，社会现实被建构、被生产、被阐释。文化是产生生活经验的前提，是意识和经验的基础。"简言之，结构主义为我们展现的是一种特定结构下的意识形态文化观。

针对结构主义的挑战，第一代新左派也作出了自己的回应。其中威廉斯选择了调和的态度，从结构主义中汲取养分并进一步丰富和完善自己的文化理论。一方面，威廉斯从结构主义那里接受了关于人类心理和文化中的无意识观念，承认文化也是无意识的总体性，人的存在也是一种历史的无意识总体，即接受总体性思维来对其文化理论予以补充；另一方面，通过符号学的引入完善了自身文化理论的不足。汤普森为应对结构主义的冲击则激烈全面地批判结构主义，他在《理论的贫困或太阳系仪的错误》中，细数结构主义的种种"贫困"之处，通过历史唯物主义的角度审视结构主义，对结构主义理论缺乏真实的社会历史和人民群众主体的日常认识活动提出了尖锐的批判。"结构主义在汤普森看来缺乏认识论的合法性，即只适用于抽象理论，而不能面对普通群众的日常性认识活动，同时在停滞化的结构化存在中，无法对文化马克思主义所关注的过程性问题做出解答。"第一代新左派所开辟的文化视角，关注的就是普通群众的日常生活，强调的就是群众的主体作用，把文化看作是过程中的整体范畴。而结构主义则消解了主体在文化中的地位，把文化和人都置身于结构之下。

总的来说，无论是文化主义还是结构主义范式都各有所长，对文化研究都有着极富创新的理论建构。双方在争论中都看到了自身理论的不足和亟待完善的地方。

（三）伯明翰大众文化研究的拓展

伯明翰当代文化研究中心的成立是英国文化马克思主义发展的一个重要事件，使得文化研究走向更为理论化与学术化的道路。霍尔担任中心主任后，试图调和结构主义与文化主义的冲突，通过引入欧陆西方马克思主义代表人物葛兰西的"霸权理论"完成了对结构主义与文化主义的超越。之所以要借鉴霸权理论来丰富文化研究，是因为英国文化研究意识到新的消费和媒体文化正在形成一个新的资本主义霸权模式，工人阶级的文化受到了消费文化的冲击，以至于工人阶级的整体性及其革命意识下滑。文化领域俨然已经成为无产阶级与资产阶级斗争的场所。而结构主义虽然完成了对文化主义的一次理论上的提升，但是"阿尔都塞结构主义是马克思主义的经济决定论底色、教条主义、功能主义，尤其是对阶级斗争的忽视，极大地限制了它作为马克思主义文化及意识形态分析方法的潜力。"在这种情况下，"霸权"理论成为调和二者矛盾的较为合适的选择，因为"霸权"理论既承认涉及这一斗争的不平等的权力关系，同时又承认存在着被压制的社会群体的谈判和反抗的空间，充分注意到了文化意识形态的复杂性。霸权理论既坚持主体的能动性又承认结构的制约作用，因此它的介入弥补了文化主义与结构主义各自的不足。一方面，相对文化主义来说，霸权理论具备了更为广泛的适用性和理论上更高的国际视野，克服了文化主义过于侧重经验的不足。另一方面，霸权理论将文化的形成看作具体实践的过程，而不是拘泥于特定空间结构去考察文化的生成，从而克服了结构主义过于抽象和形式的特点，同时也揭示出意识形态是一个文化斗争场所，恰恰表明了文化具有现实性与实践性。霸权理论将文化视野从阶级扩展到整个社会，研究领域指向了更为广阔的大众文化，为伯明翰学派文化转型提供了理论基础。伯明翰学派把视野投向大众文化，认为大众文化在工人阶级融入现存资本主义社会的过程中起着重要作用，将文化分析与社会、政治、经济研究紧密结合起来，从而在文化领域中寻找抵抗文化霸权的力量。

这一阶段的文化研究主要侧重以下几个方面：

第一，对资本主义文化的生产、消费和流通环节予以深入研究。霸权理论和意识形态理论的介入使得伯明翰学派文化研究得以转型。实际上，消费文化正是资本主义文化商品化的表现形式，它深入普通群众生活的日常，对大众的生活产生深刻的影响，甚至展现出了一种"无阶级感"的幻象。文化研究者则通过"霸权理论"在资本的逻辑中揭示意识形态霸权在文化领域中的建构过程和运作机制，指明了从大众文化中挖掘抵抗资本主义的潜在功能的必要性。

第二，从工人阶级文化转向亚文化领域。亚文化归属于边缘群体和弱势群体，与主流文化有着本质的区别，亚文化实际上表征了一种反霸权的意识形态。文化研究者们致力于青年亚文化的研究，试图找到抵抗日益泛滥的大众文化的文化形式。"亚文化中隐藏的是阶级结构，亚文化的出现实质上源于工人阶级母体文化内部的矛盾，包括传统的工人阶级生活方式和新的消费主义观念之间的矛盾。"所以说，青年亚文化中蕴涵了作为工人阶级政治斗争与反抗的潜能。

第三，开启了女权主义文化研究。女权主义者反对伯明翰中心对女性亚文化的忽视，并认为其在亚文化研究中没有对女性参与亚文化给予合理的阐释。正是这一时期女权主义兴起，而女性的话语权在伯明翰学派早期是被忽略或者是不被重视的，文化研究者迫于形势而转向女权主义研究，但这并不妨碍其在女权文化方面所作出的贡献。从边缘群体与弱势群体的角度来看，女权主义文化同样可以被归为广义亚文化的一部分。文化研究者将女权主义与种族问题结合起来，寻找女性政治权利解放的可能，从而拓宽了文化研究的理论视野。

综上所述，伯明翰时期的文化研究结合葛兰西的霸权理论超越了结构主义与文化主义的范式，开启了霸权文化的研究方式。文化研究者从大众文化的视域中找寻批判与对抗文化霸权的途径以便谋求社会主义政治解放的可能，将文化研究提升到更具理论性与操作性的层面，从而实现了文化研究的主题的又一次升华。

三、英国文化马克思主义文化研究的演变逻辑及理论启示

通过对英国马克思主义"文化"研究历程的考察，我们不难发现：文化研

究经历了从传统到现代，从本土化到国际化，从经验化到理论化，从工人阶级单元拓展到边缘群体多元视角的演变过程，它在批判吸收了多种理论传统的基础上形成了英国特色的理论研究范式。

英国文化马克思主义的文化研究理论，具有明晰的演变逻辑。从第一代新左派开启了"文化"视域，他们便以经验的方式关注文化的日常，完成了从精英文化到大众文化的转向。这种转向指明了文化是全体社会成员的共同生活方式，这种界定不仅揭示了资产阶级精英文化观的虚假性与欺骗性，也为饱受歧视的无产阶级文化正了名。在此基础上，第一代新左派结合文化研究创建并运用文化唯物主义去分析研究文化问题，反思了经济基础与上层建筑理论模式的僵化之处，从文化物质生产性的角度摆脱了苏联马克思主义教条的文化观窠臼。第一代新左派最为突出的两个特点，即经验化与本土化。一方面，"经验化"是第一代新左派在秉承英国哲学传统基础上所建构的具体问题具体分析的文化研究方法，认为文化既是实践也是经验，是塑造一个社会文化共同体的过程；另一方面，"本土化"则反映出英国文化马克思主义不拘泥于苏联模式的单一发展，实现了对经典马克思主义的继承，发展了特色鲜明的马克思主义理论。

第二代新左派的异军突起则直接表明，部分文化研究者开始认为经验化与本土化过于浓重的第一代新左派文化主义无法跟上时代的潮流，除了尚有不足与亟待完善的地方之外，他们还认为第一代新左派文化主义缺乏较高的理论化程度和相对狭隘的国际化视野。随着战后世界格局的演变与发展，全球化的趋势进一步加强，资本在工业社会对人的控制与奴役愈发隐蔽，第一代新左派的文化主义面对新兴传媒文化与消费文化的冲击显得力不从心。消费文化正是资本主义文化商品化的表现形式，它深入普通群众生活的日常，对大众的生活产生深刻的影响，甚至展现出了一种"无阶级感"的幻象。问题的关键在于，第一代新左派理论文化理论的焦点就是希冀重新唤起阶级意识，在工人阶级的问题上有所作为。以安德森为代表的第二代新左派等代表人物对英国马克思主义的发展有着不同的看法，他们不仅对第一代新左派的文化理论存有质疑，甚至声称英国根本就没有马克思主义传统。基于此立场，第二代新左派试图引入欧陆西方马克思主义理论来建构英国的马克思主义。阿尔都塞主张把结构主义和马克思主义结合起来，用结构主义的理论和方法重新理解和阐释马克思主义，试图通过重新解读马克思主义，形成与马克思主义人道主义化的倾向背道而驰的科学马克思主义。结构主义强调整体性，而非个体性和非历史性的特征正符合第二代新左派批判第一代新左派文化主义的理论需要，这也是为什么结构主义的介入能够如此迅速对第一代新左派造成巨大冲击的原因。第二代新左派在结构主义集体转型中指出了第一代新左派文化研究的不足，那就是经验性的文化何以可能，文化的来源出自哪里。结构主义理论为第二代新左派提供了一种更具认知性和可操作性的话语，即从意识形态理论中阐明了文化的来源。除此之外，结构主义理论打破了第一代新左派相对封闭的文化马克思主义观，开辟了文化马克思主义研究的国际视野。尽管，第二代新左派希冀通过结构主义批判了第一代新左派文化马克思主义传统，从而实现了英国马克思主义的理论化与国际化发展，但这种急于求成的拿来主义并没有实现对第一代新左派的彻底纠正。作为第一代新左派代表人物的汤普森为应对结构主义的冲击则激烈全面地批判结构主义，通过历史唯物主义的角度审视结构主义，对结构主义理论缺乏真实的社会历史和人民群众主体的日常认识活动提出了尖锐的批判。争论的双方显然都认识到自身理论的不足，这种情况直到引入葛兰西的"霸权理论"后才得以解决。

伯明翰当代文化中心时期秉承了第一代新左派文化研究的整体性视野，将文化研究结合政治、经济、社会等多个领域来实现文化研究跨学科的转型。伯明翰学派同样是将大众文化作为研究视角的切入点，与第一代新左派时期仅关注工人阶级文化不同，他们将文化研究领域扩至青年亚文化，女权主义与种族主义等更弱势边缘群体的文化领域。那么针对第一代新左派的"经验化"与"本土化"的"诟病"，伯明翰学派引入了西方马克思主义中的"霸权理论"来弥补其理论上的不足。葛兰西的"霸权理论"指的是一个阶级主宰另一个阶级的意识形态及文化，通过控制文化内容和建立重要习俗以统一意见来达到支配目的。显然，文化领域已经成为无产阶级与资产阶级斗争的场所。"文化霸权"在实现阶级统治和经济支配过程中的能动性，具有未完成性的特点，把大众文化从意识形态中完全解放出来，突出"大众文化"在建构社会和政治中的"意义"。从中可知，"文化霸权"不仅保留了第一代新左派的文化主体性与能动性，还具备可操作性的理论品质。第二代新左派结构主义所运用的意识形态理论对整个文化马克思主义的发展产生了深刻的影响，这也是伯明翰学派同第二代新左派的理论共通点。伯明翰学派同样认同文化是意识形态下的产物，即意识形态通过国家机器、学校、教育等文化机构实现对文化的建构。然而，第二代新左派结构主义运用了意识形态理论实现了对第一代新左派对于文化构建理论的批判，但是其结构主义方法却抹杀了个体的主观能动性与反抗的潜能。"文化霸权"揭示出文化是一个支配者与被支配者间不断斗争的变化过程，而不是像结构主义那样拘泥于特定空间结构去考察文化的生成，这样一来就克服了结构主义无法揭示出主体能动性的缺陷。

英国文化马克思主义的出场意味着文化概念已打破传统语境中的内涵与外延，文化领域不再拘泥在上层建筑，不再简单地等同于精神生产，文化俨然包含了物质性与生产性的双重属性。显然文化范畴的拓展，标志着英国文化马克思主义形成了独树一帜的理论体系。英国文化马克思主义基于自身的历史主义传统开辟了一条具有本土化、民族化特色的马克思主义研究道路，文化研究的逻辑演变也为当今马克思主义在文化领域的发展提供以下三个方面的启示。

一是应强调文化主体性与实践性。

文化研究理论指出，文化视域一旦转向普通大众，文化的整体性活动方式就蕴含了文化自身的物质性与实践性，其主体就是普通大众本身。在英国文化马克思主义看来，重塑大众主体的能动性，不仅在理论上拒斥了经济决定论，而且在实践中突显了革命力量的来源。这与马克思所揭示的人民群众历史观应该是一脉相承的，即反映出大众既是历史主体又是文化主体，大众创造历史本身，也是物质活动的载体。英国文化马克思主义坚持从实践立场出发去理解文化，将文化看作是整体的实践方式，以过程性与实践性去理解文化，而不是让文化停留在概念性的范畴与程式化的形式上。

二是应注重跨学科的研究方法。

纵观英国文化马克思主义的发展，文化主义研究者们一开始就涉及诸多理论，其跨学科的研究方法是其文化研究得以繁荣发展的重要保证。同样，我们也不应将文化研究局限于一门学科，而应将其看作一个领域。文化研究涵盖了历史学、社会学、经济学、人类学、文学批评等诸多方面。而正是这种跨学科的研究方法，促使文化研究从关注阶级、性别、种族拓展到传媒文化、大众文化等更为开阔的视域。特别是后现代所呈现出多元化，多样性，差异性，边缘性的文化态势，更值得我们运用跨学科的方法加以审视与思考。

三是应兼具本土化特色与国际化视野。

文化主义者秉承马克思主义哲学传统，遵循历史唯物主义立场和坚持阶级斗争的方法，从文化的角度重新审视马克思主义的发展。将文化领域放在一个等同于政治与经济领域同等重要的地位，强调文化与政治的辩证发展，开辟了有别于苏联模式的马克思主义理论道路。因此我们应该继承发展其英国文化马克思主义两个方面的内容，一方面，学习注重领会马克思主义的精神与方法，而不拘泥于苏联模式的单一发展，突出对经典马克思主义的继承，运用文化研究范式进一步丰富与拓展文化研究领域。另一方面，应该立足于全球化的角度来认识现今文化研究的意义，如何打破资产阶级在全球的文化霸权理应是一个认真思量的问题。

注释：

[1] 丹尼斯·德沃金：《文化马克思在战后英国》，李凤丹译，北京：人民出版社，2008。

[2] 雷蒙·威廉斯：《文化与社会》，吴松江译，北京：北京大学出版社，1991。

[3] 萝钢，刘象愚主编：《文化研究读本》，北京：中国社会科学出版社，2000。

[4] 李凤丹：《英国文化马克思主义的逻辑与意义》，北京：人民出版社，2015。

[5] 徐德林：《重返伯明翰》，北京：北京大学出版社，2014。

[6] 陈先达：《被肢解的马克思》，上海：上海人民出版社，1990。

[7] 张一兵：《当代国外马克思主义哲学思潮》，南京：江苏人民出版社，2012。

[8] 道格拉斯·凯尔纳：《文化马克思与文化研究》，张秀琴、王葳蕤译，《学术研究》2011 年第 11 期。

[9] 张亮《汤普森与英国马克思主义的文化转向》，《马克思主义与当代思潮》2008 年第 5 期。

[10] 伏珊、邹威华：《斯图亚特霍尔与"文化霸权"理论》，《成都师范学院学报》2013 年第 8 期。

参考书目

一、中文文献

[1] 马克思、恩格斯：《马克思恩格斯文集》（1–10卷），北京：人民出版社，2009。

[2] 艾瑞克·弗洛姆：《爱的艺术》，李建鸣译，上海：上海译文出版社，2012。

[3] 艾瑞克·弗洛姆：《健全的社会》，王大庆、许旭虹、李延文、蒋重跃译，北京：国际文化出版公司，2007。

[4] 艾瑞克·霍布斯鲍姆：《极端的年代 1914—1991》，郑明萱译，北京：中信出版社，2014。

[5] 艾瑞克·霍布斯鲍姆：《1789—1848 革命的年代》，王章辉等译，北京：中信出版社，2014。

[6] 爱德华·汤普森：《英国工人阶级的形成》，钱乘旦译，南京：译林出版社，2013。

[7] 爱德华·汤普森：《共有的习惯》，沈汉等译，上海：上海人民出版社，2002。

[8] 安东尼奥·葛兰西：《狱中札记》，曹雷雨、姜丽、张跣译，郑州：河南大学出版社，2014。

[9] 安东尼奥·葛兰西：《葛兰西文选》，李鹏程编，北京：人民出版社，2008。

[10] 保罗·鲍曼：《后马克思主义与文化研究》，黄晓武译，南京：江苏人民出版社，2011。

[11] 伯纳德·克里克：《民主》，史献芝译，南京：译林出版社，2018。

[12] 伯特兰·罗素：《西方哲学史》，何兆武、李约瑟译，北京：商务印书馆出版，

2009。

[13] 陈先达：《哲学与文化》，北京：中国人民大学出版社，2016。

[14] 陈修斋、杨祖陶：《欧洲哲学史稿》，武汉：湖北人民出版社，1983。

[15] 陈学明、王凤才：《西方马克思主义前沿问题二十讲》，上海：复旦大学出版社，2008。

[16] 陈奇佳：《马克思精神生产理论的当代诠释》，北京：人民出版社，2011。

[17] 岑乾明：《马克思恩格斯的城乡观及其当代价值研究》，北京：中国社会科学出版社，2013。

[18] 戴维·麦克莱伦：《马克思以后的马克思主义》李智译，北京：中国人民大学出版社，2004。

[19] 丹尼尔·德沃金：《义化马克思主义在战后英国》，李凤丹译，北京：人民出版社，2008。

[20] 党圣元、邱运华、孙士聪：《马克思主义与文化研究》，北京：中国社会科学出版社，2015。

[21] 道格拉斯·凯尔纳、斯蒂文·贝斯特：《后现代理论》，张志斌译，北京：中央编译出版社，2015。

[22] 段忠桥：《重释历史唯物主义》，南京：江苏人民出版社，2009。

[23] 德拉波·史蒂文森：《城市与城市文化》，李东航译，北京：北京大学出版社，2015。

[24] 弗朗索瓦·利奥塔：《后现代状况》，岛子译，长沙：湖南艺术出版社，1996。

[25] 格奥尔格·弗里德里希·黑格尔：《小逻辑》，贺麟译，北京：商务印书馆，1985。

[26] 赫伯特·马尔库塞：《爱欲与文明》，黄勇、薛明译，上海：上海译文出版社，2012。

[27] 赫伯特·马尔库塞：《单向度的人》，刘继译，上海：上海译文出版社，2008。

[28] 赫伯特·马尔库塞：《理性与革命》，程志明译，上海：上海人民出版社出版，2007。

[29] 胡海波、郭凤志：《马克思恩格斯文化观研究》，北京：中国书籍出版社，

2015。

[30] 胡小燕：《文化观念的重构与变迁》，北京：人民出版社，2016。

[31] 何卫华：《雷蒙·威廉斯：文化研究与"希望的资源"》，北京：商务印书馆，2017。

[32] 纪佳妮：《重释人的解放》，上海：复旦大学出版社，2015。

[33] 雷蒙·威廉斯：《文化与社会：1780年至1950年英国文化观念之发展》，彭淮栋译，台湾：台湾联经出版事业公司，1985。

[34] 雷蒙·威廉斯：《文化与社会》，吴淞江、张文定译，北京：北京大学出版社，1991。

[35] 雷蒙·威廉斯：《电视：科技与文化形式》，冯建三译，台湾：台湾远流出版公司，1992。

[36] 雷蒙·威廉斯：《现代主义的政治：反对新国教派》，阎嘉译，北京：商务印书馆，2002。

[37] 雷蒙·威廉斯：《关键词：文化与社会的词汇》，刘建基译，北京：三联书店，2005。

[38] 雷蒙·威廉斯：《现代悲剧》，丁尔苏译，南京：译林出版社，2007年。

[39] 雷蒙·威廉斯：《马克思主义与文学》，王尔勃、周莉译，郑州：河南大学出版社，2008。

[40] 雷蒙·威廉斯：《政治与文学》，樊柯、王卫芬译，郑州：河南大学出版社，2010。

[41] 雷蒙·威廉斯：《文化与社会1780—1950》，高晓玲译，长春：吉林出版集团有限责任公司，2011。

[42] 雷蒙·威廉斯：《漫长的革命》，倪伟译，上海；上海人民出版社，2013。

[43] 雷蒙·威廉斯：《乡村与城市》，韩子满、刘戈、徐珊珊译，北京：商务印书馆，2013。

[44] 雷蒙·威廉斯：《希望的源泉》，祁阿红、吴晓妹译，南京：译林出版社，2014。

[45] 卢卡奇：《历史与阶级意识》，杜章智、任立、燕宏远译，北京：商务印书馆，2004。

[46] 陆扬、王毅：《文化研究导论》（修订版），上海：复旦大学出版社，

2015。

[47] 陆扬、王曦、竺莉莉：《文化马克思主义》，上海：上海交通大学出版社，
2016。

[48] 路易·阿尔都塞：《保卫马克思》，顾良译，北京：商务印书馆，2010。

[49] 路易·阿尔都塞：《列宁和哲学》，杜章智译，台湾：台湾远流出版事业股
份有限公司，1990。

[50] 路易·阿尔都塞、艾蒂安·巴利巴尔：《读资本论》，李其庆、冯文光译，
北京：中央编译出版社，2001。

[51] 罗伯特·戈尔曼：《"新马克思主义"传记辞典》，赵培杰、李菱、邓玉庄译，
重庆：重庆出版社，1990。

[52] 罗尔夫·魏格豪斯：《法兰克福学派：历史、埋论及政治影响》，孟登迎、
赵文、刘凯译，上海：上海人民出版社，2010。

[53] 刘进：《文学与"文化革命"：雷蒙·威廉斯的文学批评研究》，成都：四
川出版集团，2007。

[54] 理查德·霍加特：《识字的用途》，李冠杰译，上海：上海人民出版社，
2018。

[55] 李佃来：《马克思的政治哲学》，北京：人民出版社，2015。

[56] 李凤丹：《英国文化马克思主义的逻辑与意义》，北京：人民出版社，
2015。

[57] 马克斯·霍克海默、西奥多·阿道尔诺：《启蒙辩证法：哲学断片》，渠敬东、
曹卫东译，上海：上海人民出版社，2006。

[58] 马克斯·霍克海默：《批判理论》，李小兵译，重庆：重庆出版社，1989。

[59] 马修·阿诺德：《文化与无政府状态》，韩敏中译，北京：三联书店，
2012。

[60] 迈克尔·肯尼：《第一代英国新左派》，李永新、陈剑译，南京：江苏人民
出版社，2010。

[61] 欧阳谦：《文化的转向：西方马克思主义的总体性思想研究》，北京：中国
人民大学出版社，2015。

[62] 欧阳谦：《文化与政治》，北京：中国人民大学出版社，2012。

[63] 佩里·安德森：《西方马克思主义探讨》，高铦、文贯中、魏章玲译，北京：

人民出版社，1981。

[64] 佩里·安德森：《思想的谱系：西方思潮左与右》，袁银传、曹荣湘译，北京：社会科学文献出版社，2010。

[65] 潘于旭：《从"物化"到"异质性"》，杭州：浙江大学出版社，2009。

[66] 乔瑞金：《英国的新马克思主义》，北京：人民出版社，2013。

[67] 让·雅克·卢梭：《论人类不平等的起源》，上海：上海三联书店，2009。

[68] 斯图亚特·霍尔、保罗·杜盖伊：《文化身份问题研究》，庞璃译，郑州：河南大学出版社，2010。

[69] 斯图亚特·霍尔：《表征：文化表征与意指实践》，周宪、许钧译，北京：商务印书馆，2013。

[70] 舒开智：《雷蒙·威廉斯文化唯物主义理论研究》，北京：学苑出版社，2011。

[71] 孙麾、丁立群：《马克思主义文化哲学研究》，北京：中国社会科学出版社，2015。

[72] 商文斌：《战后英共的社会主义理论及英共衰退成因研究》，北京：中国社会科学出版社，2010。

[73] 托尼·本尼特：《形式主义和马克思主义》，曾军译，郑州：河南大学出版社，2011。

[74] 特里·伊格尔顿：《马克思为什么是对的》，李扬、任文科、郑义译，北京：新星出版社，2011。

[75] 特里·伊格尔顿：《后现代主义的幻象》，华明译，北京：商务印书馆，2016。

[76] 特里·伊格尔顿：《理论之后》，商正译，北京：商务印书馆，2016。

[77] 特里·伊格尔顿：《二十世纪西方文学理论》，伍晓明译，北京：北京大学出版社，2007。

[78] 托尼·朱特：《战后欧洲史》（第2卷），林骧华译，北京：中信出版社，2014。

[79] 王伯鲁：《马克思技术思想纲要》，北京：科学出版社，2009。

[80] 王晓升：《为个性自由而斗争》，北京：社会科学文献出版社，2009。

[81] 王雨辰：《哲学批判与解放的乌托邦》，哈尔滨：黑龙江大学出版社，

2007。

[82] 王雨辰：《中国语境中的西方马克思主义哲学研究》，武汉：湖北人民出版社，
2010。

[83] 吴治平：《雷蒙·威廉斯的文化理论研究》，兰州：甘肃人民出版社，
2006。

[84] 徐崇温：《怎样认识"西方马克思主义"》，重庆：重庆出版社，2012。

[85] 徐德林：《重返伯明翰》，北京：北京大学出版社，2014。

[86] 许继红：《雷蒙·威廉斯技术解释学思想研究》，北京：人民出版社，
2016。

[87] 徐瑞康：《欧洲近代经验论和唯理论的哲学发展史》，武汉：武汉大学出版社，
2007。

[88] 杨祖陶：《德国古典哲学逻辑进程》，武汉：武汉大学出版社，2006。

[89] 仰海峰：《西方马克思主义的逻辑》，北京：北京大学出版社，2010。

[90] 伊哈布·哈桑：《后现代转向》，刘象愚译，上海：上海人民出版社，
2015。

[91] 衣俊卿：《西方马克思主义概论》，北京：北京大学出版社，2008。

[92] 衣俊卿：《现代性的维度》，黑龙江大学出版社，2011。

[93] 衣俊卿、胡长栓：《马克思主义文化理论研究》，北京：北京师范大学出版
集团，2012。

[94] 约翰·罗尔斯：《正义论》，何怀宏、何包钢、廖申白译，北京：中国社会
科学出版社，1988。

[95] 约翰·穆勒：《功利主义》，上海：上海世纪出版集团，2012。

[96] 约翰·马休尼斯，文森特·帕里罗：《城市社会学》，姚伟、王佳等译，北京：
中国人民大学出版社，2016。

[97] 约翰·伦尼·肖特：《城市秩序：城市、文化和权力导论》，郑娟、梁捷译，
上海：上海人民出版社，2015。

[98] 雅克·德里达：《马克思的幽灵》，何一译，北京：人民大学出版社，
2008。

[99] 袁祖社：《马克思主义人学理论与社会发展研究》，北京：人民出版社，
2016。

[100] 张一兵：《回到马克思》，南京：江苏人民出版社，1999。

[101] 张一兵：《文本的深度耕犁》，北京：中国人民大学出版社，2004。

[102] 张一兵：《当代国外马克思主义哲学思潮》（三卷），南京：江苏人民出版社，2012。

[103] 张一兵、夏凡：《人的解放》，河南人民出版社，2011。

[104] 张佳：《大卫·哈维的历史—地理唯物主义理论研究》，北京：人民出版社，2014。

[105] 张亮：《阶级、文化与民族传统》，南京：江苏人民出版社，2008。

[106] 张亮：《英国新左派思想家》，南京：江苏人民出版社，2010。

[107] 张亮：《重审马克思的"阶级"概念》，南京：江苏人民出版社，2016。

[108] 张亮、熊缨：《伦理、文化与社会主义》，南京：江苏人民出版社，2013。

[109] 赵国新：《新左派的文化政治：雷蒙·威廉斯的文化理论》，北京：外语教学与研究出版社出版，2009。

[110] F.R. 利维斯：《伟大的传统》，袁伟译，北京：三联书店，2009。

[111] 刘杰：《战后英国共识政治研究综述》，《世界历史》2000 年第 1 期。

[112] 于尔根·哈贝马斯：《论现代性》，载王岳川、尚水编《后现代文化与美学》，北京：北京大学出版社，1993。

[113] T.S. 艾略特：《关于文化定义的札记》，载《宗教与文化》，四川人民出版社，1992。

[114] 刘怀玉：《城市马克思主义批判与中国实践》，《文化研究》（第 33 辑），北京：社会科学文献出版社，2018。

[115] 傅德根：《走向文化唯物主义》，博士学位论文，中国社会科学院研究生院外文系，1998。

[116] 吴冶平：《雷蒙德·威廉斯的文化理论研究》，兰州：甘肃人民出版社，2006。

[117] 王晗：《雷蒙·威廉斯的文化社会学思想研究》，博士学位论文，扬州大学文学院，2011，第 76 页。

[118] 陈磊：《雷蒙·威廉斯"共同文化"观的形成及其意义》，《历史教学》2016 年第 3 期。

[119] 春玲、陈凡：《马克思技术批判视野中现代性追问的逻辑进程》，《中国社会科学》2015 年第 5 期。

[120] 戴一菲：《从〈文化与社会〉到〈布鲁姆兹伯里派〉——解析雷蒙·威廉斯文化研究的五个关键词》，《江淮论坛》2007 年第 2 期。

[121] 道格拉斯·凯尔纳：《文化马克思与文化研究》，张秀琴、王葳蕤译，《学术研究》2011 年第 11 期。

[122] 方珏：《英国马克思主义哲学的历史进程及其个性》，《哲学动态》2008 年第 4 期。

[123] 高颖君：《雷蒙·威廉斯的"情感结构"》，《武汉科技大学学报》2015 年第 6 期。

[124] 洪进：《威廉斯文化唯物主义思想述评》，《江淮论坛》2001 年第 5 期。

[125] 黄华军：《雷蒙·威廉斯大众文化思想的理论立场》，《广西师范大学学报》2005 年第 2 期。

[126] 黄擎：《文学研究中的"关键词批评"现象及反思》，《浙江大学学报》2011 年第 4 期。

[127] 何卫华：《雷蒙·威廉斯与文化研究视野中的大众传播》，《马克思主义与现实》2014 年第 5 期。

[128] 胡大平：《都市马克思主义导论》，《东南大学学报》，2016 年第 3 期。

[129] 胡小燕：《重构"文化"：T.S. 艾略特与雷蒙·威廉斯之间的关联》，《山东社会科学》2015 年第 10 期。

[130] 金惠敏：《一个定义·一种历史——威廉斯对英国文化研究发展史的理论贡献》，《外国文学》2006 年第 4 期。

[131] 金永兵、张庆雄：《伯明翰学派与英国"文化—文明"传统的比较》，《湖南社会科学》2015 年第 1 期。

[132] 亢宁梅：《大众文化：新的文化生长点——析威廉斯的文化唯物主义美学观》，《甘肃社会科学》2006 年第 4 期。

[133] 雷蒙·威廉斯：《电视：技术与文化形式》，陈越译，《世界电影》2000 年第 2 期。

[134] 李凤丹：《英国文化马克思主义研究方法与精神的现实意义》，《大连海事大学学报（社会科学版）》2016 年第 3 期。

[135] 李永新：《文化批评和美学研究中的领导权理论——兼论威廉斯和伊格尔顿对葛兰西领导权理论的接受与发展》，《文艺理论研究》2008 年第 2 期。

[136] 李永新：《文学与社会：以表意实践为中介——论雷蒙·威廉斯的历史符号学理论》，《江西社会科学》2010 年第 11 期。

[137] 李兆前：《雷蒙·威廉斯的"文化"概念透视》，《文学前沿》2005 年第 1 期。

[138] 李兆前：《雷蒙·威廉斯的文学范式思考》，《世界文学评论》2009 年第 2 期。

[139] 李兆前：《文化研究与"物质性"——威廉斯的文学研究的启示》，《文艺争鸣·理论》2006 年第 4 期。

[140] 李兆前：《雷蒙·威廉斯的生态社会主义思想》，《理论月刊》2014 年第 5 期。

[141] 李曦：《雷蒙·威廉斯：文化观念的逻辑重构》，《东岳论丛》2010 年第 9 期。

[142] 李勇：《英国的新马克思主义与左派》，《中国社会科学报》2017 年第 2 期。

[143] 刘进：《论雷蒙·威廉斯对英国现代文学的空间批评》，《外国文学》2007 年第 3 期。

[144] 刘进：《雷蒙·威廉斯与马克思主义传统》，《文艺理论研究》2011 年第 1 期。

[145] 刘颖：《威廉斯的"都市霸权"理论及其启发》，《齐齐哈尔大学学报》2007 年第 9 期。

[146] 刘怀玉：《空间生产的若干问题研究》，《哲学动态》2014 年第 11 期。

[147] 刘怀玉：《〈空间的生产〉的空间历史唯物主义观》，《武汉大学学报》2015 年第 1 期。

[148] 马驰：《伯明翰与法兰克福：两种不同的文化研究路径》，《西北师大学报》2005 年第 3 期。

[149] 马援：《英国新左派现代性文化批判的政治诉求》，《哲学动态》2017 年第 4 期。

[150] 欧阳谦：《卢卡奇的总体性思想辨析》，《教学与研究》2012 年第 4 期。

[151] 欧阳谦：《"文化唯物主义"的理论建构及其意义》，《教学与研究》2010 年第 12 期。

[152] 乔瑞金：《英国马克思主义的发展历程及其思想特征》，《当代国外马克思主义评论》2007 年第 00 期。

[153] 乔瑞金、许继红：《威廉斯传播技术的哲学解释范式研究》，《马克思主义与现实》2009 年第 6 期。

[154] 乔瑞金、薛稷：《雷蒙·威廉斯唯物主义文化观解析》，《马克思主义与现实》2007 年第 3 期。

[155] 乔瑞金、薛稷：《雷蒙·威廉斯文化观念思想探析》，《晋阳学刊》2007 年第 5 期。

[156] 山小琪：《大众与大众文化之辩——雷蒙·威廉斯的大众文化理论解析》，《国外理论动态》2016 年第 8 期。

[157] 田江太：《雷蒙·威廉斯的文化唯物主义思想探析》，《内蒙古大学学报（哲学社会科学版）》2016 年第 3 期。

[158] 王雨辰：《经典西方马克思主义政治哲学的理论主题与基本特点》，《社会科学辑刊》2016 年第 6 期。

[159] 王雨辰：《青年卢卡奇的文化哲学初探》，《武汉大学学报》（人文科学版）2002 年第 3 期。

[160] 王尔勃：《从威廉斯到默多克：交锋中推进的英国文化研究》，《西北师大学报》2005 年第 2 期。

[161] 王尔勃：《雷蒙·威廉斯及其晚期代表作〈马克思主义与文学〉》，《马克思主义美学研究》2001 年第 00 期。

[162] 王淑芹：《威廉斯的文化（文学）思想评述》，《山东社会科学》2006 年第 4 期。

[163] 王淑芹：《威廉斯对马克思关于经济基础与上层建筑关系的解读》，《理论学刊》2006 年第 5 期。

[164] 王逢振：《共同文化：文化与社会的关系》，《外国文学》1998 年第 4 期。

[165] 王晓升：《现代性、现代主义和后现代主义——概念的梳理》，《华中科技大学学报》2017 年第 5 期。

[166] 王小强：《谈雷蒙·威廉斯的"共同文化"思想的价值关怀》，《海南开放大学学报》2011 年第 4 期。

[167] 吴红：《立场、概念与方法——解读雷蒙·威廉斯〈马克思主义文化理论中的基础与上层建筑〉》，《社会科学论坛》2011 年第 12 期。

[168] 位迎苏：《文化视域中的传播研究——评雷蒙·威廉斯的传播思想》，《新闻界》2010 年第 1 期。

[169] 许继红：《威廉斯技术的社会哲学思想研究》，《自然辩证法研究》2008

年第 12 期。

[170] 薛稷：《雷蒙·威廉斯的文化人道主义思想探析》，《马克思主义与现实》
2011 年第 1 期。

[171] 徐蕾：《走向"文化唯物主义"之路——雷蒙·威廉斯与马克思主义文论的"关
键时刻"》，《南京社会科学》2016 年第 11 期。

[172] 阎嘉：《情感结构》，《国外理论动态》2006 年第 3 期。

[173] 杨炯斌：《威廉斯的文化社会学》，《黑龙江社会科学》2011 年第 2 期。

[174] 衣俊卿：《新马克思主义的文化批判理论及其启示》，《中国社会科学》
1997 年第 6 期。

[175] 伊格尔顿：《纵论雷蒙·威廉斯》，王尔勃译，《马克思主义美学研究》
1999 年第 00 期。

[176] 伊格尔顿：《理论的兴衰：20 世纪 80 年代以前文化理论的发展》，袁新译，
《马克思主义美学研究》2008 年第 00 期。

[177] 殷旭辉、王华：《文化与政治——评雷蒙·威廉斯的文化唯物主义理论》，
《学术论坛》2010 年第 1 期。

[178] 殷旭辉：《文化唯物主义的理论尝试——评雷蒙·威廉斯的马克思主义》，
《青海师范大学学报》2009 年第 6 期。

[179] 约翰·斯道雷：《文化研究中的文化与权力》，周敏译，《学术月刊》
2005 年第 9 期。

[180] 赵斌：《雷蒙·威廉斯的"文化与社会"》，《外国文学》1999 年第 5 期。

[181] 赵传珍：《威廉斯对文化"经济决定论"的批判和修缮》，《江西社会科学》
2014 年第 5 期。

[182] 赵传珍：《威廉斯对马克思主义意识形态理论的创造性转化及其限度》，《福
建论坛》2013 年第 11 期。

[183] 赵金平：《文化是一种整体的生活方式——雷蒙·威廉斯大众文化思想探析》，
《理论探讨》2015 年第 2 期。

[184] 赵金平：《雷蒙·威廉斯"共同文化"思想：基于一种整体性的文化观》，
《学术交流》2015 年第 4 期。

[185] 赵勇：《关于文化研究的历史考察及其反思》，《中国社会科学》2005 年第
2 期。

[186] 张亮：《雷蒙·威廉斯"文化唯物主义"视域中的电视》，《文艺研究》2008 年第 4 期。

[187] 张平功：《雷蒙·威廉斯的马克思主义文论精要》，《佛山科学技术学院学报》2006 年第 3 期。

[188] 张平功：《雷蒙·威廉斯的文化阐释》，《国外社会科学》2001 年第 2 期。

[189] 张平功：《历史之镜：雷蒙·威廉斯的文化唯物主义》，《学术研究》2003 年第 8 期。

[190] 张亮：《汤普森与英国马克思主义的文化转向》，《马克思主义与当代思潮》2008 年第 5 期。

二、外文文献

[191] Alan Connors. *Raymond Williams* (Bowman and Little field Publishers), 2006.

[192] Al–Fatah Hogan. *The Emergent and Residual in Cultural Ideology of Raymond Williams* (United States: LAP Lambert Academic Publishing), 2013.

[193] Andrew Milder. *Re-imagining Cultural Studies: The Promise of Cultural Materialism* (London: Sage Publications), 2002.

[194] Dai Smith: *Raymond Williams: a Warrior's Tale* (Parthian Books), 2008.

[195] Dennis Dworkin and Leslie G.Roman ed. *Views Beyond the Border Country: Raymond Williams and Cultural Politics* (London: Routledge), 1993.

[196] Edward Burnett Tylor.*The Origins of Culture* (New York：Harper and Row), 1958.

[197] Fred Inglis. *Raymond Williams* (London: Routledge), 1995.

[198] Jan Gorak. *The Alien Mind of Raymond Williams* (University of Missouri Press), 1988.

[199] Jim McGuigan. *Raymond Williams on Culture and Society: Essential Writings* (SAGE Publications Ltd), 2014.

[200] John Morgan and Peter Preston. *Raymond Williams: Politics, Education, Letters* (Palgrave Macmillan), 1993.

[201] John Eldridge and Lizzie Eldridge. *Raymond Williams: Making connections* (London: Routledge), 1994.

[202] John Higgins. *Raymond Williams: Literature, Marxism and cultural materialism* (London: Routledge), 1999.

[203] John Higgins. *Raymond Williams Reader* (Oxford: Blackwell Publishers), 2001.

[204] Hywel Dix. *After Raymond Williams* (University of Wales Press), 2013.

[205] Lesley Johnson. *The Cultural Critics: From Matthew Arnold to Raymond Williams* (Routledge and Kegan Paul), 1979.

[206] Nick Stevenson. *Culture, Ideology and Socialism: Raymond Williams and E.P. Thompson* (Vermont: Avebury), 1995.

[207] Paul Jones. *Raymond Williams Sociology of Culture* (Palgrave Macmillan), 2004.

[208] Perry Anderson. *"The Left in the Fifties"* (New Left Review),1965.

[209] Raymond Williams. *Culture and Society 1780-1950* (London and New York: Columbia University Press),1958.

[210] Raymond Williams. *The Long Revolution* (London: Pelican Books),1965.

[211] Raymond Williams. *Keywords: A Vocabulary of Culture and Society* (New York: Oxford University Press), 1985.

[212] Raymond Williams.*Second Generation* (London: Chatto and Windus), 1964.

[213] Raymond Williams. *Problems in Materialism and Culture:Selected Essays* (London: Verso), 1980.

[214] Raymond Williams. *Modern Tragedy* (Stanford: Stanford University Press), 1966.

[215] Raymond Williams.*Writing in Society* (London: Verso), 1984.

[216] Raymond Williams.*The Country and City* (New York: Oxford University Press), 1973.

[217] Raymond Williams. *Politics and Letters: Interview with New Left Review* (London: Verso), 1981.

[218] Raymond Williams. *Marxism and Literature* (London and New York: Oxford University Press), 1977.

[219] Raymond Williams. *Television: Technology and Cultural Form* (London: Routledge), 1990.

[220] Raymond Williams. *The English Novel from Dickens to Lawrence* (London: The Hogarth Press), 1984.

参考书目

[221] Raymond Williams. *Communications* (Harmondsworth: Penguin Books Ltd), 1962.

[222] Raymond Williams. *Drama in Performance* (Great Britain: C.A.Watts and Co.Ltd), 1968.

[223] Raymond Williams. *Drama from Ibsen to Brecht* (London: Chatto and Windus), 1968.

[224] Raymond Williams. *The Country and the City* (New York: Oxford University Press), 1973.

[225] Raymond Williams. *George Orwell* (New York: Viking Press), 1971.

[226] Raymond Williams. *The politics of modernism: against the new conformists* (London: Verso), 1989.

[227] Raymond Williams. *The Sociology of Culture* (New York: Schocken Books), 1982.

[228] Raymond Williams. *Towards 2000* (London: Chatto and Windus), 1983.

[229] Raymond Williams. *Writing in Society* (London: Verso), 1983.

[230] Raymond Williams. *Cobbett* (New York: Oxford University Press), 1983.

[231] Raymond Williams. *Border Country* (Edited by John McIlroy and Sallie Westwood, National Institude of Adult Continuing Education), 1993.

[232] Raymond Williams. *Resources of Hope: Culture, Democracy, Socialism* (Edited by robin Gable, London and New York: Verso), 1989.

[233] Raymond Williams. *Who Speaks for Wales? Nation, Culture, Identity* (Edited by Daniel Williams, Cardiff: University of Wales Press), 2003.

[234] Stephen Woodhams. *History in the Making: Raymond Williams. Edward Thompson and Radical Intellectuals 1936-1956* (Merlin Press Ltd), 2001.

[235] Thompson Willie. *The Long Death of British Labourism* (London: Pluto Press), 1992.

[236] Terry Eagleton. *Criticism and Ideology: A Study in Marxist Literary Theory* (London:Verso), 1978.

[237] Terry Eagleton. *Raymond Williams: Critical Perspectives* (Boston: Northeastern University Press), 1989.

[238] Tony Pinkney. *Raymond Williams* (Seren Books),1991.

[239] Chistopher Prendergast. *Cultural Materrialism: On Raymond Williams* (Universite of Minnesota Press), 1995.

[240] Jeff Wallace, Rod Jones and Sophie Nield. *Raymond Williams Now:Knowledge, Limits and the Future,ed* (Macmillan Press Ltd), 1997.

参考书目